高职高专"十三五"规划教材·财会专业

U0735364

财经法规
与会计职业道德

——项目化教程

主　编　苏效圣　陈　楠　张馨丹
副主编　何雪婧　杨　瑜　龚　睿　李　娟

南京大学出版社

图书在版编目(CIP)数据

财经法规与会计职业道德：项目化教程 / 苏效圣，陈楠，张馨丹主编. — 南京：南京大学出版社，2016.9
高职高专"十三五"规划教材. 财会专业
ISBN 978-7-305-17354-7

Ⅰ. ①财… Ⅱ. ①苏… ②陈… ③张… Ⅲ. ①财政法—中国—高等职业教育—教材②经济法—中国—高等职业教育—教材③会计人员—职业道德—高等职业教育—教材 Ⅳ. ①D922.2②F233

中国版本图书馆 CIP 数据核字(2016)第 173739 号

出版发行　南京大学出版社
社　　址　南京市汉口路 22 号　　　　邮　编　210093
出 版 人　金鑫荣

丛 书 名　**高职高专"十三五"规划教材·财会专业**
书　　名　**财经法规与会计职业道德——项目化教程**
主　　编　苏效圣　陈　楠　张馨丹
责任编辑　钱燕娜　蒋桂琴　　　　　编辑热线　025-83596997
照　　排　南京南琳图文制作有限公司
印　　刷　南京人民印刷厂
开　　本　787×1092　1/16　印张 13.75　字数 342 千
版　　次　2016 年 9 月第 1 版　2016 年 9 月第 1 次印刷
ISBN 978-7-305-17354-7
定　　价　30.00 元

网址：http://www.njupco.com
官方微博：http://weibo.com/njupco
微信服务号：njuyuexue
销售咨询热线：(025) 83594756

前　言

根据新的《会计从业资格管理办法》、《会计从业资格考试管理办法》和最新版的考试大纲等要求,充分考虑融入最新营业税改征增值税等政策的知识要点(相关法规截至 2016 年 5 月 1 日),我们组织专业的优秀教师深入研究法律法规和题库的更新,全面细致地修订了内容,新编写了《财经法规与会计职业道德》一书。

该书紧扣考试大纲的要求,其中的财经法规等章节以《中华人民共和国会计法》等相关法规为主线,详细介绍了会计法规的具体内容;会计职业道德等章节详细介绍了会计职业道德的基本内容、会计职业道德范畴、会计职业道德教育与修养、会计职业道德评价、会计职业道德自律与他律等内容。本书内容翔实,语言通俗易懂,注重法规理论与实际案例相结合,按章进行讲解、分析、训练,在知识的系统性、制度的适时性和实际操作中的实用性等方面作了有益尝试,可作为高职高专会计类专业教学用书,也可作为会计人员自学、继续教育培训用书。

本书由重庆工业职业技术学院苏效圣 、陈楠、张馨丹担任主编,重庆工业职业技术学院何雪婧、杨瑜、龚睿、李娟担任副主编,具体分工如下:苏效圣编写项目一,陈楠编写项目二,张馨丹编写项目三,何雪婧编写项目四,杨瑜编写项目五,龚睿、李娟负责附录的搜集和整理工作,全书由苏效圣统稿。

虽然力求完美,但由于时间紧迫和水平有限,书中仍难免有不足之处,敬请广大读者批评指正。对您提出的宝贵意见,我们将及时采纳并更正。

编　者
2016 年 5 月

目　录

项目一　会计法律制度 ·· 1

　　任务一　明确会计法律制度的概述 ······························· 1

　　任务二　知晓会计工作管理体制 ································· 3

　　任务三　掌握会计核算 ··· 7

　　任务四　了解会计监督 ··· 16

　　任务五　熟悉会计机构和会计人员 ······························· 21

　　任务六　明确会计法律责任 ····································· 27

　　工作评价与反馈 ··· 32

　　强化练习 ··· 33

项目二　支付结算法律制度 ·· 37

　　任务一　了解支付结算基本知识 ································· 37

　　任务二　熟悉现金管理制度 ····································· 40

　　任务三　熟悉银行结算账户及其管理制度 ····················· 42

　　任务四　掌握各种结算方式 ····································· 51

　　工作评价与反馈 ··· 67

　　强化练习 ··· 67

项目三　税收法律制度 ·· 71

　　任务一　税收概述 ··· 71

　　任务二　主要税种 ··· 78

　　任务三　税收征收管理 ··· 104

　　工作评价与反馈 ··· 123

　　强化练习 ··· 124

项目四　财政法规制度 ·· 127

　　任务一　明确预算法律制度 ····································· 127

　　任务二　了解我国政府采购法律制度 ··························· 137

　　任务三　熟悉国库集中收付制度 ································· 143

　　工作评价与反馈 ··· 146

　　强化练习 ··· 147

项目五　会计职业道德……………………………………………………… 150

　　任务一　职业道德与会计职业道德 ……………………………………… 151

　　任务二　会计职业道德与会计法律制度的关系 ………………………… 166

　　任务三　会计职业道德教育 ……………………………………………… 168

　　任务四　会计职业道德的检查与奖惩 …………………………………… 172

　　任务五　会计职业道德建设组织与实施 ………………………………… 176

　　任务六　会计职业道德案例分析 ………………………………………… 178

　　工作评价与反馈 …………………………………………………………… 183

　　强化练习 …………………………………………………………………… 183

附录一　中华人民共和国会计法 …………………………………………… 186

附录二　会计基础工作规范 ………………………………………………… 192

附录三　中华人民共和国税收征收管理法 ………………………………… 204

主要参考文献 ………………………………………………………………… 214

项目一　会计法律制度

【案例导入】

2014年9月1日,甲市国税局接到乙市国税局发来的一份"增值税专用发票传递卡",其内容是甲市某纺织公司销售给乙市某成衣厂价值50万元的棉布,涉及的税款为8.5万元。甲市国税局检查征收账时,发现该纺织公司未缴纳这笔税款,再到发票管理所查询,发现这份发票被甲市电视机厂所领用。显然,有人借用电视机厂的专用发票进行偷税。随后,稽查人员又找到纺织公司,经检查发现,发票上的公章是个体户老板陈某私刻的。最终,陈某被移交司法机关追究相关刑事责任,借出发票的甲市电视机厂也被处以相应罚款。同学们,这个案例涉及哪些会计法律制度? 涉及哪些会计法律关系? 相关责任人又该承担哪些法律责任? 希望大家在完成这一项目的学习任务后,能够做出正确的回答。

【学习目标】

认知目标:了解我国会计法律制度的构成,了解会计政策的执行现状以及税法的执行现状,同时进一步了解会计政策与相关法律的关系。

情感目标:通过本项目的学习,初步培养学生诚信守法的意识,以及作为一个"会计人"的职业自豪感。

技能目标:掌握会计核算流程,能够规范地进行会计书写,能够对会计法律制度案例进行初步分析。

任务一　明确会计法律制度的概述

一、会计法律制度的概念

会计的产生和发展经历了很长的历史时期,它是随着社会生产的发展和加强会计行业管理的要求产生的,并随着社会经济,特别是市场经济的发展和科学技术的进步而不断完善、提高的。会计作为一项记录、计算和考核收支的行业,无论是中国还是外国,在很早以前就出现了。

会计法律制度,是指国家权力机关和行政机关依法制定用以调整会计关系的各种法律、法规、规范性文件的总称。会计法律制度基本形成了以《中华人民共和国会计法》(以下简称《会计法》)为主体的法律体系,主要包括会计法律、会计行政法规、会计部门规章和地方性会计法规四个层次。

二、会计法律制度的调整对象

会计法律制度的调整对象是会计关系,包括会计行为与会计法律关系。

(一) 会计行为

会计行为是指在会计法律关系中进行的,会计人员处理会计信息,业务经办人员提供经济往来业务的原始凭证、单位负责人决策资金运用等会计法律关系参与者的行为,具体包括会计核算、会计监督和会计管理三类行为。

(二) 会计法律关系

会计法律关系是指国家机关、社会团体、公司、企业、事业单位以及外国在我国的常驻机构等其他组织在会计活动中发生的受会计法律规范调整的具体经济关系,它是会计主体在按照会计法律规范进行会计核算和财务管理时所形成的权利和义务关系。

三、我国会计法律制度的构成

(一) 我国的会计法律制度

我国的会计法律制度包括四个层次。

1. 会计法律

概念:会计法律是指由全国人民代表大会及其常委会经过一定立法程序制定的规范会计工作的法律。

制定者:全国人民代表大会及其常委会。

地位:最高层次,核心地位,主导作用。

典型代表:1999 年 10 月 31 日,第九届全国人民代表大会常务委员会第十二次会议再次对《会计法》做了修订,自 2000 年 7 月 1 日起施行。

2. 会计行政法规

概念:会计行政法规是指由国务院制定并发布,或者国务院有关部门拟定并经国务院批准发布的,调整经济生活中某些会计关系方面的法律规范。

制定者:国务院制定并发布;国务院有关部门拟定并经国务院批准发布。

典型代表:1990 年 12 月 31 日国务院发布的《总会计师条例》、2000 年 6 月 21 日国务院发布的《企业财务会计报告条例》等。

3. 国家统一的会计制度

概念:国家统一的会计制度是指国务院财政部门根据《会计法》制定的关于会计核算、会计监督、会计机构和会计人员以及会计工作管理的制度。

制定者:国务院财政部门。

典型代表:会计部门规章和会计规范性文件。

(1) 会计部门规章。

概念:会计部门规章是根据《立法法》规定的程序,由财政部制定并由部门首长签署命令予以公布的制度办法。

制定者:国务院财政部,由部门首长签署命令(财政部第××号令)。

典型代表:2001 年 2 月 20 日以财政部第 10 号令发布的《财政部门实施会计监督办法》、2005 年 1 月 22 日分别以财政部第 26 号、27 号令发布的《会计从业资格管理办法》和《代理记账管理办法》、2006 年 2 月 15 日以财政部第 33 号令发布的《企业会计准则——基本准则》等。

（2）会计规范性文件。

概念：会计规范性文件是主管全国会计工作的行政部门即国务院财政部门制定并发布的文件。

制定者：国务院财政部门。

典型代表：《企业会计制度》、《小企业会计准则》、《会计基础工作规范》、《企业会计准则》体系中 38 项具体准则及应用指南、《会计档案管理办法》、《金融企业会计制度》。

（3）地方性会计法规

概念：地方性会计法规是省、自治区、直辖市人民代表大会及其常委会在与会计法律、会计行政法规不相抵触的前提下制定的地方性会计法规。

制定者：省级以上人大及其常委会；计划单列市、经济特区人大及其常委会。

典型代表：《某省会计管理条例》、《某省会计从业资格管理实施办法》等。

目前我国会计法律制度的构成见表 1-1。

表 1-1 目前我国会计法律制度的构成

内容	制定颁布机构	常见的法律形式
会计法律	全国人大及其常务委员会	层次最高的法律规范：《会计法》
会计行政法规	国务院制定；或者国务院有关部门拟定，经国务院批准发布	《总会计师条例》《企业财务会计报告条例》
国家统一的会计制度，包括部门规章和规范性文件	国务院财政部门	① 规章：《会计从业资格管理办法》、《企业会计准则》 ② 规范性文件：《财政部门实施会计监督办法》、《会计基础工作规范》、《会计档案管理办法》、《小企业会计准则》等
地方性会计法律制度	省、自治区、直辖市人大及其常委会	《某省会计管理条例》、《某省会计从业资格管理实施办法》

? 小思考

我国的会计基本法是指哪一部法律？《企业会计准则》中的基本准则和具体准则在我国会计法律制度中的地位相同吗？为什么？现行的《企业会计制度》与《企业会计准则》在会计法律制度中所属层次相同吗？为什么？

任务二 知晓会计工作管理体制

会计工作管理体制是指国家划分会计工作管理职责权限的制度。它包括了会计工作管理组织形式、管理权限划分、管理机构设置等内容，规定了中央、地方、部门、单位在各自方面对会计工作的管理范围、职责权限及其相互关系，其内容可以概括为四个"明确"：明确会计工作的主管部门；明确国家统一会计制度的制定权限；明确对会计人员的管理内容；明确单位内部的会计工作管理职责。

我国会计工作管理体制在《会计法》和《注册会计师法》中已经作出了明确的规定,形成了会计工作的行政管理、会计工作的自律管理和单位会计工作的管理各有侧重、协调发展的会计工作管理体制。

一、会计工作的行政管理

(一) 会计工作行政管理体制

会计工作的主管部门是指代表国家对会计工作行使管理职能的政府部门:《会计法》第7条规定:"国务院财政部门主管全国的会计工作,县级以上地方各级人民政府财政部门管理本行政区域的会计工作。"这条规定表明,会计工作的主管部门是财政部门。我国对会计工作实行"统一领导,分级管理"原则下的政府主导型管理体制,即国务院财政部门是全国会计工作的主管部门,统一领导全国会计工作,县级以上地方各级人民政府应根据国务院财政部门的要求和规定,结合本行政区域内的实际情况,做好本部门、本行政区域内的会计管理工作。

应当指出的是,《会计法》规定财政部门是会计工作的主管部门,但并不排斥国家其他部门依法对会计工作进行管理,如审计机关、证券监督机构、税务机关、中国人民银行、保险监管机构等。

(二) 会计工作行政管理的内容

财政部门履行的会计行政管理职能主要有:

1. 会计准则制度及相关标准规范的制定和组织实施

(1) 国家实行统一的会计制度。国家统一的会计制度由国务院财政部门根据《会计法》制定并公布。

(2) 国务院有关部门可以依照本法和国家统一的会计制度制定对会计核算和会计监督有特殊要求的行业实施国家统一的会计制度的具体办法或者补充规定,报国务院财政部门审核批准。

(3) 中国人民解放军后勤部可以依照本法和国家统一的会计制度制定军队实施国家统一的会计制度的具体办法,报国务院财政部门备案。

2. 会计市场管理

(1) 会计市场的准入管理

从事会计工作人员,必须取得会计从业资格证,由我国县级以上财政部门进行管理。市场准入包括:会计从业资格、会计师事务所的设立、代理机构的设立。

对于不具备设置会计机构和会计人员条件的单位应当委托代理记账机构办理会计业务。代理记账机构应当经所在地的县级以上人民政府财政部门批准,并取得由财政部门同意印制的代理记账许可证书。

(2) 会计市场的运行管理

从事会计业务的机构或人员获准进入会计市场后,还应当持续符合相关的资格条件,并主动接受财政部门的监督检查。

(3) 会计市场的退出管理

从事会计业务的机构或人员获准进入会计市场后,还应当持续符合相关的资格条件,并主动接受财政部门的监督检查。不符合相应条件时,原审批机关可以撤回行政许可。发生违反

《会计法》《注册会计师法》行为的,财政部门有权对其进行处罚,情节严重的,可吊销其职业资格,强制其退出会计市场。

财政部门对会计出版市场、培训市场、境外"洋资格"的管理等也属于会计市场管理的范畴,财政部门对违反会计法律、行政法规规定、扰乱会计秩序的行为,都有权加以管理,严格规范。

财政部门对会计市场的管理还包括依法加强对会计行业自律组织的监督和指导。我国目前会计工作的自律管理组织主要有中国注册会计师协会、中国会计学会和中国总会计师协会。

3. 会计专业人才评价

我国的会计专业人才评价方式,包括:初级、中级、高级会计人才评价机制;会计行业领军人才的培养;对会计人员的表彰奖励。鼓励会计法规定,对认真执行会计法律制度、忠于职守、坚持原则、成绩显著的会计人员,给予精神鼓励或物质奖励。

4. 会计监督检查

会计监督是会计的基本职能之一,是我国经济监督体系的重要组成部分。

监督检查的主体:财政部门(国务院财政部门、国务院财政部门的派出机构和县级以上人民政府财政部门)。

财政部组织实施全国会计信息质量检查,并对违反《会计法》的行为实施行政处罚;县级以上财政部门组织实施本行政区域内会计信息质量检查,并依法对本行政区域内违反《会计法》的行为实施行政处罚。

财政部组织实施全国会计师事务所执业质量检查,并对违反《注册会计师法》的行为实施行政处罚;省、自治区、直辖市财政部门组织实施本行政区域内会计师事务所执业质量检查,并对违反《注册会计师法》的行为实施行政处罚。

二、会计工作的自律管理

(一)中国注册会计师协会

(1)中国注册会计师协会是中国注册会计师的行业组织,成立于1988年11月。

(2)最高权力机构——全国会员代表大会。

全国会员代表大会选举产生理事会。

(3)理事会下设13个专门委员会。

(二)中国会计学会

(1)创建于1980年。

(2)财政部管辖的社会组织。

(3)特点:学术性、专业性、非营利性。

(三)中国总会计师协会

(1)成立于1990年5月。

(2)中国总会计师协会是经财政部审核同意、民政部正式批准,依法注册登记成立的跨地区、跨部门、跨行业的全国非营利国家一级社团组织,是总会计师行业的全国性自律组织。单位会员主要为各省、市、自治区、计划单列市总会计师协会,中央企、事业单位,国有大中型企业以及具有一定规模的民营企业等。个人会员主要是企业、行政事业单位的总会计师,包括首席财务官、管理合伙人、财务主管、财务总监等个人及在企业、行政事业单位和民间非营利组织履行总会计职责的会计师等。该会接受社团登记管理机关民政部和业务主管单位财政部的业务指导和监督管理。

三、单位会计工作管理

财政部门对会计工作的管理是一种社会管理活动,属于外部管理活动。单位作为法人独立进行的会计工作管理属于单位内部的管理活动。会计人员具体从事会计工作,由所在单位负责组织管理。

单位内部会计工作管理主要包括:单位会计工作的组织领导、会计机构的设置、会计人员的选拔任用以及建立会计人员的回避制度。

(一) 单位负责人要组织、管理好本单位的会计工作

单位负责人是指单位法定代表人或者法律、行政法规规定代表单位行使职权的主要负责人。

单位负责人主要包括两类:一是单位的法定代表人(也称为法人代表),是指依法代表法人单位行使职权的负责人,如国有企业的厂长(经理)、公司制企业的董事长(执行董事或经理)、国家机关的最高行政官员等;二是指根据法律、行政法规规定代表非法人单位行使职权的负责人,如代表合伙企业执行合伙企业事务的合伙人、个人独资企业的投资人等。

《会计法》要求:

(1) 对本单位的会计工作和会计资料的真实性、完整性负责。

(2) 应当保证财务会计报告真实、完整。

(3) 应当保证会计机构和会计人员依法履行职责。

(二) 会计机构的设置

《会计基础工作规定》第 6 条规定,各单位应当依据会计业务的需要设置会计机构;不具备单独设置会计机构条件的,应当在有关机构中设置专职会计人员。由各单位根据会计业务的需要自主决定是否设置会计机构,主要取决于本单位会计业务的需要,即是否能保证本单位会计工作的正常进行,如果一个单位既没有设置会计机构,也没有配备专职会计人员,则应当根据财政部发布的《代理记账管理暂行办法》的要求,委托会计师事务所或者持有代理记账许可证书的其他代理记账机构进行代理记账,以使单位的会计工作有序进行,不影响单位正常的经营管理工作。《会计法》第 36 条规定,国有的和国有资产占控股地位或者主导地位的大型、中型企业必须设置总会计师。

(三) 会计人员的选拔任用由所在单位具体负责

在国家机关、社会团体、公司、企业、事业单位和其他组织从事会计工作的人员必须取得会计从业资格。

各单位不得任用(聘用)不具备会计从业资格的人员从事会计工作。

(四) 会计人员回避制度

回避制度是指为了保证执法或者执业的公正性,对可能影响其公正性的执法或者执业的人员实行职务回避和业务回避的一种制度。回避制度已成为我国人事管理的一项重要制度。在会计工作中,因亲情关系而共同作弊和违法违纪的案件时有发生,因此,在会计人员中有必要实行回避制度。

从会计工作的特殊性出发,《会计基础工作规范》第 16 条对会计人员回避问题做出了规

定,国家机关、国有企业、事业单位任用会计人员应当实行回避制度。单位领导人的直系亲属不得在本单位担任会计机构负责人、会计主管人员;会计机构负责人、会计主管人员的直系亲属不得在本单位中担任出纳工作。

根据规定,需要回避的直系亲属包括夫妻关系、直系血亲关系(父母子女、祖父母、外祖父母和孙子女、外孙子女)、三代以内旁系血亲(兄弟姐妹、叔侄等)以及近姻亲关系(岳父岳母和女婿、公婆和儿媳等)。

❓ 小思考

某单位负责人为粉饰公司业绩,授意公司的财务人员采取虚增收入、延迟费用列支等手段,虚增利润 3 000 多万元。事发后,该公司的董事长是否能以自己不懂会计工作,会计工作失误应当由机构负责人承担为由推脱责任?

任务三 掌握会计核算

会计核算是会计的基本职能之一,是会计工作的中心环节。会计核算是否规范,将直接影响和决定会计信息的质量。《会计法》所规范的会计核算,主要是限于事后核算方面的内容,即对基本的会计核算方法和程序只做出原则性的规定,没有做出操作性的规定。与它相关的法律规定是各单位进行会计核算应当遵循的基本规范。

一、会计资料的基本要求

(一) 会计核算依据的基本要求

会计资料是在会计核算过程中形成的,记录和反映实际发生的经济业务事项的资料,包括会计凭证、会计账簿、财务会计报告和其他会计资料。会计资料是记录会计核算过程和结果的载体,是反映单位财务状况和经营成果、评价经营业绩、进行投资决策的重要依据。会计资料同时也是一种重要的社会信息资源。

为了保证会计资料的真实性、统一性,我国政府建立了一系列规章制度,对会计资料进行规范。例如:财政部发布的《会计基础工作规范》,财政部、国家档案局发布的《会计档案管理办法》,以及财政部发布的《企业会计准则——基本准则》及《企业会计准则——具体准则》和《企业会计准则——应用指南》、《企业会计制度》、《金融企业会计制度》、《小企业会计制度》等。

生成和提供虚假会计资料是一种严重违法行为。"任何单位和个人不得伪造、变造会计凭证、会计账簿和其他会计资料,不得提供虚假的财务会计报告"。针对我国经济生活中存在的伪造、变造会计资料和提供虚假会计资料的情况,《中华人民共和国会计法》特别作出了规定。

所谓伪造会计凭证、会计账簿及其他会计资料,是指以虚假的经济业务事项为前提编造不真实的会计凭证、会计账簿和其他会计资料;所谓变造会计凭证、会计账簿及其他会计资料,是指用涂改、挖补等手段来改变会计凭证、会计账簿等的真实内容、歪曲事实真相的行为,即篡改事实;所谓提供虚假财务会计报告,是指通过编造虚假的会计凭证、会计账簿及其他会计资料或直接篡改财务会计报告上的数据,使财务会计报告不真实、不完整地反映真实财务状况和经营成果,借以误导、欺骗会计资料使用者的行为。

以假乱真、伪造、变造会计资料和提供虚假财务会计报告的主体为"任何单位和个人",既包括单位及其工作人员为单位内部的非法目的而实施的伪造、变造会计资料和提供虚假财务报告的行为,也包括为他人伪造、变造会计资料和提供虚假财务会计报告提供方便的行为。这种会计资料所记录和反映的经济业务事项的内容与实际发生的经济业务事项严重相违背,是一种虚假的会计资料,属于严重的违法行为。

（二）会计核算的基本规定

以实际发生的经济业务事项为依据进行会计核算,是会计核算的重要前提,是会计人员填制会计凭证、登记会计账簿、编制财务会计报告的基础,也是保证会计资料质量的关键。没有经济业务事项,会计核算就失去了对象;以不实甚至虚拟的经济业务事项为核算对象,会计核算就成了没有规范、没有约束、没有科学可言的"魔术"手段,使会计资料不仅没有可信度,反而会误导使用者,侵害相关者的利益,扰乱社会经济秩序。

单位进行会计核算必须遵循一定的程序。

（1）一切经济业务必须及时办理会计手续。

单位所发生的经济业务,即各单位在生产经营或预算执行过程中发生并引起资金增减变化的事项,如现金的收付、财务收发结存等;或者虽不引起资金增减变化,但需要在账簿中记录的事项,如费用的合理计算分配、有关账项结转等,都能客观地用货币计价,并影响资产负债表、利润表和现金流量表甚至税金中有关项目的增减变动。各单位对于发生的上述经济业务,都必须及时进行会计记录,办理会计手续,进行账务处理。

（2）办理会计手续由会计人员和经办人员共同进行。

办理会计手续,不仅涉及会计人员,还涉及采购、保管等经办人员以及会计事项有关的其他人员。为了保证跨级手续完整、真实,会计人员、经办人员和其他人员要按照规定办理好会计手续,如计量检验、办理财务收支的审批手续,取得或填制原始凭证,经办人员、复核人员和主管人员进行签章等。

（3）会计核算方法应按统一的规范进行。

各单位进行会计核算,要严格按照国家规定的会计制度进行。为加强管理,各单位应该建立健全内部会计控制制度,不能按照不同的核算口径做账外账、两本账。如果单位内部使用的与外部提供的会计数据不一致,会计核算就失去了意义,这也是法律不允许的,是一种严重违法行为。

（三）会计电算化基本要求

会计电算化是现代企业会计核算的基本手段。用电子计算机进行会计核算与手工会计核算,它们使用的原始会计资料是一致的,产生的其他会计资料也必须是相同的,因此这两者在会计法律上的规定是相同的。但是,在实行会计电算化后,除了部分原始会计资料以外,其他会计资料是由电子计算机按照规定的程序生成,为了保证电子计算机生成的会计资料真实、完整和安全,《会计法》对我国会计电算化作出了以下规定:一是使用的会计核算软件必须符合国家统一的会计制度的规定,必须通过我国财政部的审核批准。二是用电子计算机软件生成的会计资料必须符合国家统一的会计制度的要求。

二、会计核算内容

《会计法》规定,下列经济业务事项应当办理会计手续,进行会计核算:

（1）款项和有价证券的收付；

（2）财物的收发、增减和使用；

（3）债权债务的发生和结算；

（4）资本、基金的增减；

（5）收入、支出、费用、成本的计算；

（6）财务成果的计算和处理；

（7）需要办理会计手续、进行会计核算的其他事项。

三、会计凭证的规定

会计凭证是记录经济业务事项的发生和完成情况，明确经济责任，并作为记账依据的书面证明，是会计核算的重要会计资料。会计凭证按照填制程序和用途的不同分为原始凭证和记账凭证，具体分类情况见下表：

表 1-2　会计凭证的分类

会计凭证	按来源和用途不同	原始凭证和记账凭证
原始凭证	按取得的来源不同	自制原始凭证和外来原始凭证
	按填制方法不同	一次凭证、累计凭证和汇总凭证
记账凭证	按是否与货币有关	收款凭证、付款凭证和转账凭证
	按填制方式不同	复式和单式记账凭证

（一）原始凭证

原始凭证是在经济业务事项发生时由经办人员直接取得或者填制、用以表明某项经济业务事项已经发生或完成情况、明确有关经济责任的一种会计凭据，它是会计核算的原始依据。原始凭证按照来源的不同，可分为外来原始凭证和自制原始凭证两种；也可按照是否有统一格式，分为统一印制的具有固定格式的原始凭证（如发票）和各单位印制的无统一格式的内部凭证（如领料单、入库单）等。

1. 原始凭证的内容

按照《会计基础工作规范》第 48 条规定，原始凭证应包括如下内容：原始凭证名称；填制原始凭证的日期；填制原始凭证的单位名称或者填制人员的姓名；接受原始凭证的单位；经济业务事项名称；经济业务事项的数量、单价和金额；经办经济业务事项人员的签名或盖章等。

2. 原始凭证的填制和取得

填制或取得原始凭证，是会计核算工作的起点。一般情况下，原始凭证都是由经济业务事项经办人员取得或填制的，涉及的人员较广，会计的专业知识也参差不齐。为了使会计工作能够顺利进行，《会计法》规定，办理经济业务事项的单位和人员，都必须填制或取得原始凭证并及时送交会计机构。这一规定体现了两层含义：一是办理经济业务事项时必须填制或取得原始凭证；二是填制或取得的原始凭证必须及时送交会计机构，否则就是违法行为。对于"及时"的时间期限，一般理解为一个会计结算期。这样就能够保证会计核算工作的正常进行和当期会计资料的真实、完整。

3. 原始凭证的审核

审核原始凭证,是确保会计资料质量的重要措施之一,也是会计机构、会计人员的重要职责。《会计法》对审核原始凭证问题作出了具体规定:① 会计机构、会计人员必须按照法定职责审核原始凭证。② 会计机构、会计人员审核原始凭证应当按照国家统一的会计制度的规定进行。③ 会计机构、会计人员对不真实、不合法的原始凭证,有权不予受理,并向单位负责人报告,请求查明原因,追究有关当事人的责任;对记载不准确、不完整的原始凭证应予以退回,并要求经办人员按照国家统一会计制度的规定进行更正、补充。

4. 原始凭证错误的更正

为了明确相关人员的经济责任,防止利用原始凭证进行舞弊,《会计法》、《会计基础工作规范》对原始凭证错误的更正做出了具体规定:① 原始凭证所记载的各项内容均不得涂改。② 原始凭证记载的内容有错误的,应当由开具单位重开或更正,更正工作须由原始凭证出具单位进行,并在更正处加盖出具单位印章。③ 原始凭证金额出现错误的不得更正,只能由原始凭证开具单位重新开具。④ 原始凭证开具单位应当依法开具准确无误的原始凭证,对于填制有误的原始凭证,负有更正和重新开具的法律义务,不得拒绝。

5. 原始凭证的保管

《会计法》、《会计基础工作规范》对原始凭证的保管作出以下具体规定:① 对于数量过多的原始凭证,可以单独装订保管。② 原始凭证不得外借,其他单位如因特殊原因需要使用原始凭证时,经本单位会计机构负责人、会计主管人员批准,可以复制。③ 从外单位取得的原始凭证如有遗失,应当取得原开出单位盖有公章的证明,并注明原来凭证的号码、金额和内容等,由经办单位会计机构负责人、会计主管人员和单位领导人批准后,才能代作原始凭证。④ 企业和其他组织的原始凭证保管期限一般为 15 年。

(二)记账凭证

记账凭证是对经济业务事项按其性质加以归类、确定会计分录,并据以登记会计账簿的凭证。填制和审核记账凭证是一项非常重要的会计工作。

1. 记账凭证的内容

根据《会计基础工作规范》第 51 条规定,记账凭证应当具备以下内容:填制记账凭证的日期;记账凭证的名称和编号;经济业务事项摘要;应记会计科目、方向和金额;记账符号;记账凭证所附原始凭证的张数;记账凭证的填制人员、稽核人员、记账人员和会计主管人员的签名或印章等。

2. 记账凭证的填制

《会计法》对编制记账凭证的程序和要求作出了规定,强调了两方面的要求:一是记账凭证编制必须以原始凭证及有关资料为依据;二是作为记账凭证编制依据的必须是经过审核无误的原始凭证和有关资料。

3. 记账凭证的审核

记账凭证审核的主要内容包括:① 内容是否真实。审核记账凭证是否附有原始凭证,所附原始凭证的内容是否与记账凭证记录的内容一致,记账凭证汇总表与记账凭证的内容是否一致。② 项目是否齐全。审核记账凭证各项目的填写是否齐全。③ 科目是否正确。审核记账凭证的应借、应贷科目是否正确、是否有明确的账户对应关系等。④ 金额是否正确。审核记账凭证记录的金额与原始凭证的有关金额是否一致,记账凭证汇总表的金额与记账凭证的金额合计是否相符等。⑤ 书写是否正确。审核记账凭证中的记录是否文字工整、数字清晰、是否按规定使用蓝黑墨水或碳素墨水等。

四、会计账簿的基本规定

会计账簿是以会计凭证为依据,对全部经济业务进行全面、系统、连续、分类地记录和核算的簿籍,是由一定格式、相互联系的账页所组成的。会计账簿是会计资料的主要载体之一,也是会计资料的重要组成部分。会计账簿的主要作用,是对会计凭证提供的大量分散数据或资料进行分类归集整理,以全面、连续、系统地记录和反映经济活动情况,是编制财务会计报告、检查、分析和控制单位经济活动的重要依据。

根据《会计法》、《征收管理法》、《公司法》、《会计基础工作规范》等相关法律,各单位应该依法建账,在建账时应遵守以下几点:

(1).国家机关、社会团体、企业、事业单位和其他经济组织,要按照要求设置会计账簿,进行会计核算。不具备建账条件的,应实行代理记账。

(2)设置会计账簿的种类和具体要求,要符合《中华人民共和国会计法》和国家统一的会计制度的规定。

(3)各单位发生的经济业务应当统一核算,不得违反规定私设会计账簿进行登记、核算。

(一)会计账簿的分类

各单位要依法设置的会计账簿包括:

1. 总账

总账也称总分类账,是根据会计科目开设的账簿,用于分类登记单位的全部经济业务事项,提供资产、负债、资本、费用、成本、收入和成果等总括核算的资料。总分类账的格式一般为三栏式,外表形式为订本式账簿或活页式账簿。

2. 明细账

明细账也称明细分类账,是根据总账科目所属的明细科目设置的,用于分类登记某一类经济业务事项,提供有关明细核算资料。明细账一般采用活页账。

3. 日记账

日记账是一种特殊的序时明细账,它是按照经济业务事项发生的时间先后顺序,逐日逐笔地进行登记的账簿。包括现金日记账和银行存款日记账。格式一般为三栏式,外表形式为订本式账簿。

4. 其他辅助账簿

其他辅助账簿也称备查账簿,是为备忘备查而设置的。在会计实务中,主要包括各种租借设备、物资的辅助登记或有关应收、应付款项的备查簿,担保、抵押备查簿等。

(二)会计账簿的登记

根据有关规定,会计账簿的登记应满足以下要求:

(1)根据经过审核无误的会计凭证登记会计账簿。依据会计凭证登记会计账簿,是基本的会计记账规则,是保证会计账簿记录质量的重要一环。

(2)按照记账规则登记会计账簿。《会计工作基础规范》中规定的记账规则包括:会计账簿应当按照连续编号的页码顺序登记;会计账簿记录发生错误或隔页、缺号、跳行的,应当按照会计制度规定的方法更正,并由会计人员和会计机构负责人(会计主管人员)在更正处盖章,以明确责任等。

（3）实行会计电算化的单位，其会计账簿的登记、更正，也应当符合国家统一的会计制度的规定。

（4）禁止账外设账。各单位发生的各项经济业务事项应当在依法设置的会计账簿上统一登记、核算，不得私设账外账。

（三）账目核对

账目核对也称对账，是保证会计账簿记录质量的重要程序。

根据《会计法》的规定，账目核对要做到账实相符、账证相符、账账相符和账表相符。账实相符是会计账簿记录与实物、款项实有数核对相符。账证相符是会计账簿记录与会计凭证有关内容核对相符。账账相符是会计账簿之间对应记录核对相符。账表相符是会计账簿记录与会计报表有关内容核对相符。

（四）结账

结账就是在将一定时期内发生的经济业务事项全部登记入账的基础上，结算出各个账户的"本期发生额"和"期末余额"，并将余额结转下期或转入新账。《会计法》第64条规定，各单位应当按照规定定期结账，不得提前或者延迟。年度结账日为公历年度的每年12月31日，半年度、季度和月度结账日分别为公历年度每半年、每季、每月的最后一天。

五、财务会计报告的规定

（一）财务会计报告的组成

财务会计报告是企业和其他单位向有关各方面及国家有关部门提供的反映其在某一特定时期财务状况和某一会计期间经营成果、现金流量及所有权益等会计信息的总结性书面文件。

1. 会计报表

会计报表是财务会计报告的主要组成部分，主要包括：资产负债表、利润表、现金流量表、所有者权益变动表。

2. 会计报表附注

会计报表附注是对会计报表的补充说明，也是财务会计报告的重要组成部分。

（二）财务会计报告的编制

《会计法》、《企业财务会计报告条例》以及《企业会计准则第30号——财务报表列报》对财务会计报告的编制中涉及的具体等问题作出了明确规定。

1. 编制依据

各单位的财务会计报告必须根据经过审核的会计账簿记录和有关资料编制。依据经过严格审核的会计账簿记录和有关资料编制财务会计报告，是保证财务会计报告质量的重要环节。《企业财务会计报告条例》第36条规定，企业向有关各方提供的财务会计报告，其编制基础、编制依据、编制原则和编制方法必须一致。以不同的依据编制的财务会计报告，实际上是虚假的财务会计报告，是一种严重违法行为，必须依法制止和惩治。

2. 编制要求

《企业会计准则第30号——财务报表列报》对财务报表的编制提出如下基本要求：企业应当以持续经营为基础，根据实际发生的交易和事项，按照《企业会计准则——基本准则》和其他各项会计准则的规定进行确认和计量，在此基础上编制财务报表；财务报表项目的列报应当在各个会计期间保持一致,不得随意变更;性质或功能不同的项目,应当在财务报表中单独列报,但不具有重要性的项目除外;财务报表中的资产项目和负债项目的金额、收入项目和费用项目的金额一般不得相互抵消;当期财务报表的列报,至少应当提供所有列报项目上一可比会计期间的比较数据,以及与当期财务报表相关的理解说明。

3. 编制期限

《企业财务会计报告条例》规定,财务会计报告分为年度、半年度、季度和月度财务会计报告。企业至少应当按年编制财务报表,对外提供中期财务报告的,还应遵循《企业会计准则第32号——中期财务报告》的规定。

4. 提供对象

各单位的财务会计报告应当按照规定的对象,向本单位、本单位有关财务关系人(如投资者、债权人)以及政府有关管理部门(如财政部门、税务部门、监管部门)等提供,以便于有关财务关系人及政府部门及时了解其经营和业务活动情况,并据此作出相关经济决策。

(三)财务会计报告的责任主体

《会计法》、《企业财务会计报告条例》规定,单位负责人应当保证财务会计报告真实、完整。单位负责人是单位对外提供的财务会计报告的责任主体。财务会计报告虽然主要由会计人员编制,但财务会计报告的编制不是会计人员的个人行为,财务会计报告所反映是单位全体经营管理人员工作成果的综合体现。单位负责人作为法定代表人,依法代表单位行使职权,应当对本单位对外提供的财务会计报告的质量负责。

同时,《会计法》还规定财务会计报告应当由单位负责人和主管会计工作的负责人、会计机构负责人(会计主管人员)签名并盖章;设置总会计师的单位,还须由总会计师签名并盖章。在财务会计报告上签章是明确责任的重要程序,目的是督促签章人对财务会计报告的内容严格把关并承担责任。

六、会计档案管理

会计档案是指记录和反映经济业务事项的重要历史资料和证据,一般包括会计凭证、会计账簿、财务会计报告以及其他会计资料等会计核算的专业材料。具体包括:(1)会计凭证类:原始凭证、记账凭证、汇总凭证以及其他会计凭证;(2)会计账簿类:总账、明细账、日记账、固定资产卡片账、辅助账簿以及其他会计账簿;(3)财务报告类:月度、季度、年度财务报告,包括会计报表、附表、附注及文字说明以及其他财务报告;(4)其他类:银行存款余额调节表、银行对账单、应当保存的会计核算专业资料,会计档案移交清册,会计档案保管清册,会计档案销毁清册。财务预算、计划、制度等文件材料属文书档案。

会计档案对于各单位意义重大,各单位必须加强对会计档案的管理,确保会计档案资料的安全和完整,并充分加以利用。财政部和国家档案局于2015年修订了《会计档案管理办法》,对会计档案的立卷、归档、保管、调阅和销毁,以及单位变更后的会计档案管理等问题作出了明确的规定。

(一)会计档案的归档

各单位必须加强对会计档案管理工作的领导,建立会计档案的立卷、归档、保管、查阅和销毁等管理制度,保证会计档案妥善保管、有序存放、方便查阅,严防损毁、散失和泄密。

(1)各单位每年形成的会计档案,应由单位会计机构按照归档要求负责整理立卷,装订成册,编制会计档案保管清册。

（2）采用电子计算机进行会计核算的单位,可仅以电子形式归档保存,形成电子会计档案。

（二）会计档案的保管

1. 会计档案应当妥善保管

会计档案应由单位会计机构负责整理归档,临时保管一年期满后,应当由会计机构编制移交清册,交由本单位档案管理机构统一保管,未设立档案管理机构的,应当在会计机构内部指定专人保管。出纳人员不得兼管会计档案;单位会计档案不得借出,如有特殊需要,经本单位负责人批准后可以提供查阅或者复制原件。采用电子计算机进行会计核算的单位,可以电子形式归档保存,形成电子会计档案。

2. 会计档案应当分期保管

会计档案保管期限分为永久和定期两类,定期保管期限分为10年和30年,保管期限从会计年度终了后第一天算起。具体企业会计档案保管期限见下表:

表 1-3　企业会计档案保管期限表

序号	档案名称	保管期限	备注
一	会计凭证类		
1	原始凭证	30 年	
2	记账凭证	30 年	
二	会计账簿类		
3	总账	30 年	
4	明细账	30 年	
5	日记账	30 年	
6	固定资产卡片账		固定资产报废清理后保管 5 年
7	其他辅助性账簿	30 年	
三	财务报告类	10 年	
8	月、季度、半年度财务会计报告	10 年	
9	年度财务会计报告（决算）	永久	
四	其他类		
10	会计档案移交清册	30 年	
11	会计档案保管清册	永久	
12	会计档案销毁清册	永久	
13	银行余额调节表	10 年	
14	银行对账单	10 年	
15	会计档案鉴定总账	永久	
16	纳税申报表	10 年	

（三）会计档案的查阅

各单位应当建立健全会计档案查阅、复制登记制度。我国境内所有单位的会计档案不得携带出境。各单位保存的会计档案原则上不得借出。如有特殊需要，经本单位负责人批准后，可以提供查阅或者复制，并办理登记手续。查阅或者复制会计档案的人员，严禁在会计档案上涂画、拆封和抽换。

（四）会计档案的销毁

根据《会计档案管理办法》的规定，会计档案保管期满需要销毁的，除特殊规定外，可以按照程序予以销毁。

1. 编制会计档案销毁清册

由本单位档案管理机构会同会计管理机构根据保管期已满的会计档案和单位对这些档案的利用要求，提出销毁意见，编制会计档案销毁清册，列明销毁会计档案的名称、卷号、册数、起止年度和档案编号、应保管期限、已保管期限、销毁时间等内容，报单位负责人审批。单位负责人对所要销毁的会计档案进行复核后在会计档案销毁清册上签署意见。

2. 专人负责监销

销毁会计档案时，应当由单位的档案管理机构和会计管理机构共同派人监销；国家机关销毁会计档案时，还应当由同级财政、审计部门派人监销；各级财政部门销毁会计档案时，应当由同级审计部门派人监销。监销人在销毁会计档案前应当按照会计档案销毁清册所列内容，清点核对所要销毁的会计档案；销毁后，监销人应当在会计档案销毁清册上签章，并将监销情况报告本单位负责人。

3. 不得销毁的会计档案

对于保管期满但未结清的债权债务会计凭证和涉及其他未了事项的会计凭证，不得销毁。纸质会计档案应当单独抽出立卷，电子会计档案单独转存保管到未了事项完毕时为止。单独抽出立卷或转存的会计档案，应当在会计档案鉴定意见书、会计档案销毁清册和会计档案保管清册上列明。另外，正在项目建设期间形成的建设单位会计档案，无论其是否保管期满，都不得销毁，必须妥善保管，等到项目办理竣工决算后按规定的交接手续移交给项目的接受单位进行妥善保管。

七、其他重要规定

（一）会计年度

通常情况下，一个单位的业务经营活动，总是持续不断地进行。而按照会计上的会计分期原则，又必须对企业的业务活动进行分期核算，以考核企业在一定期间的财务成果。因此，会计核算中就必须将连续不断的经营过程人为地划分为若干相等的期间，分期进行结算，分期编制财务会计报告，分期反映单位的财务状况和经营成果。这种分期进行会计核算的时间区间，在会计制度上称为会计期间。《企业财务会计报告条例》规定，会计期间分为年度、半年度、季度和月度，以满足单位经营管理和投资者对会计资料的需要。

世界各国对会计分期的规定是有区别的。我国的会计年度采用公历制，《会计法》规定，会计年度自公历1月1日起至12月31日止。

（二）记账本位币

货币计量是会计核算的基本要素之一。《会计法》规定，会计核算以人民币为记账本位币。

业务收支以人民币以外的货币为主的单位,可以选定其中一种货币作为记账本位币,但是编报的财务会计报告应当折算为人民币。在选择人民币以外的货币作为记账本位币时,必须遵守"业务收支以人民币以外的货币为主"的原则,而且记账本位币一经确定,不得随意变动。以人民币以外的货币为记账本位币的单位,在编制财务会计报告时,应当依据国家统一会计制度的规定,按照一定的外汇汇率折算为人民币进行反映,以便于财务会计报告使用者阅读。

(三)会计文字记录

《会计法》规定,会计记录的文字应当使用中文。根据这一规定,在我国境内所有国家机关、社会团体、公司、企业、事业单位和其他组织的会计记录文字都必须使用中文。同时,为了方便使用不同文字的人阅读会计资料,《会计法》还规定,在使用中文的前提下,民族自治地方和在我国境内的外国组织可以同时使用另外一种文字。

(四)财产清查

财产清查是会计核算工作的一项重要程序,特别是在编制年度财务会计报告之前,必须进行财产清查,并对账实不符等问题根据国家统一的会计制度的规定进行处理,以保证财务会计报告反映的会计信息真实、完整。《会计法》规定,各单位应当定期将会计账簿记录与实物、款项及有关资料相互核对,保证会计账簿记录与实物、款项的实有数额相符。

❓ 小思考

2015年1月,某服装厂发生如下事项:

(1)7日,该厂会计人员郑某脱产学习一个星期,会计科长指定出纳王某兼管郑某的债权债务账目的登记工作,未办理会计工作交接手续。

(2)10日,该厂档案科同会计科销毁了一批保管期限已满的会计档案,未报经厂领导批准,也未编造会计档案销毁清册。销毁后未履行任何手续。

(3)该厂2014年度亏损20万元。20日,会计科长授意会计人员采取伪造会计凭证等手段调整企业的财务会计报告,将本年度利润调整为盈利50万元,并将调整后的企业财务会计报告经厂长及有关人员签名、盖章后向有关单位报送。

要求:根据以上事实,回答下列问题:

(1)出纳王某临时兼管郑某的债权债务账目的登记工作是否符合规定?

(2)会计人员郑某脱产学习一个星期,是否需要办理会计工作交接手续?

(3)该服装厂档案科会同会计科销毁保管期满的会计档案在程序上是否符合规定?为什么?

(4)该服装厂厂长对会计科长授意会计人员采取伪造会计凭证等手段调整企业财务会计报告的行为是否承担法律责任?为什么?

任务四　了解会计监督

会计监督与会计核算是会计的两大基本职能之一,是我国经济监督体系的重要组成部分。目前我国的会计监督体系,主要包括单位内部会计监督、以政府财政部门为主体的政府监督和以注册会计师为主体的社会监督。

一、单位内部会计监督

（一）单位内部会计监督的概念及基本要求

单位内部会计监督，是指为了保护单位资产的安全完整，保证其经营活动符合国家法律、法规和内部规章要求，提高经营管理水平和效率，防止舞弊，控制风险等目的，而在单位内部采取的一系列相互联系、相互制约的制度和方法，是单位内部控制的重要组成。

《会计法》第 27 条规定：各单位应当建立健全本单位内部会计监督制度。单位内部会计监督制度应当符合下列要求：

（1）记账人员与经济业务事项和会计事项的审批人员、经办人员、财物保管人员的职责权限应当明确，相互分离、相互制约。

（2）重大对外投资、资产处置、资金调度和其他重要经济业务事项的决策和执行的相互监督、相互制约程序应当明确。

（3）财产清查的范围、期限和组织程序应当明确。

（4）对会计资料定期进行内部审计的办法和程序应当明确。

（二）单位内部会计监督的主体和对象

根据《会计法》、《会计工作规范》和《内部会计控制规范（试行）》的规定，各单位的会计机构、会计人员对本单位的经济活动进行会计监督。因此，单位内部会计监督的主体是各单位的会计机构和会计人员；内部会计监督的对象是单位的经济活动。《会计法》同时规定，单位负责人负责单位内部会计监督制度的组织实施，对本单位内部会计监督制度的建立及有效实施承担最终责任。

（三）内部会计监督的内容

从制度的建立来看，内部会计监督通常包括内部牵制制度、授权批准制度、内部稽核制度、财产清算制度和内部审核制度。

1. 内部牵制制度

（1）识别不相容职务，即对通常不能由一个人兼任的职务必须有全面的了解，这些职务包括出纳与记账、业务经办与记账、业务经办与业务审批、业务审批与记账、财务保管与记账、业务经办与财务保管、业务操作与业务复核；

（2）合理界定不同职务的职责和权限，才能在各司其职的前提下，合理地分离不相容的职务，即便出现问题，也能准确地分清责任；

（3）分离不相容的职务，即在进行定岗和分公时，注意将不相容的职务分离，使其相互牵制、相互制约；

（4）建立必要的保障措施，如物理措施（保险柜、专用钥匙等）或技术措施（网络口令等），定期的岗位等。

2. 授权批准制度

（1）一般授权是对办理常规性经济业务的权力、条件和有关责任作出的规定，这些规定在管理部门中采用文件形式或在经济业务中规定一般性交易办理的条件、范围和对该项交易的责任关系。

（2）特别授权是授权处理非常规性业务，比如重大的筹资行为、投资决策、资本支出和股票发行等。特别授权也可用于超过一般授权限制的常规业务。

3. 内部稽核制度

（1）审核财务、成本、费用等计划指标项目是否齐全，编制依据是否可靠，有关计算是否正确，各项计划指标是否互相衔接等。审核之后应提出建议或意见，以便修改和完善计划与预算。

（2）审核实际发生的经济业务或财务收支是否符合现行法律、法规、规章制度的规定。对审核中发现的问题，及时予以制止或者纠正。

（3）审核会计凭证、会计账簿、财务会计报告和其他会计资料的内容是否真实、完整，计算是否正确，手续是否齐全，是否符合有关法律、法规、规章、制度的规定。

（4）审核各项财产物资的增减变动和结存情况，并与账面记录进行核对，确定账实是否相符。不符时，应查明账实不符的原因，并提出改进的措施。

4. 财产清查制度

是指定期或不定期对财产物资进行清点、盘点，以保证账实相符，账账相符，账证相符，账表相符。这是保证会计核算正常进行和会计核算质量的重要措施。

5. 内部审计制度

《会计法》第 27 条规定："对会计资料定期进行内部审计的办法和程序。"现在我国目前内部审计还很不健全，内部审计人员的数量和素质还难以完全适应工作的需要，《会计法》对于内部审计，仅作了两点原则性规定，即各单位应该进行定期内部审计；明确各单位内部审计的方法和程序。

（四）会计机构和会计人员在单位内部会计监督中的职权

（1）对违反《中华人民共和国会计法》和国家统一的会计制度规定的会计事项，有权拒绝办理或者按照职权予以纠正。单位内部会计监督，在许多情况下，是通过单位内部的会计机构、会计人员在处理会计业务过程中进行的。由于会计机构、会计人员对会计业务及相关法规、制度有比较全面的了解和掌握，对会计事项是否合法的界限比较清楚，而单位内部的其他人员是很难做到这一点的。因此，由会计机构、会计人员在处理会计业务过程中严格把关，对会计业务实行监督，可以有效地防范违法会计行为的发生，这也是单位负责人的会计责任得以具体落实的重要措施。

（2）发现会计账簿记录与实物、款项及有关资料不相符的，按照国家统一的会计制度规定有权自行处理的，应当及时处理；无权处理的，应当立即向单位负责人报告，请求查明原因，作出处理。单位的财产物资及其财产物资的货币表现，是会计工作的对象。保证单位内部的账实、账款、账账与账表相符，是法律对会计工作的基本要求，也是加强物资管理的重要措施。若账簿记录和实际情况不符，则会引起会计信息的失真，影响单位资产的管理和监督。

二、会计工作的政府监督

（一）会计工作的行政监督的概念

会计工作的政府监督主要是指财政部门代表国家对单位和单位中相关人员的会计行为实施的监督检查，以及对发现的违法会计行为实施的行政处罚，是一种外部监督。

（二）会计工作的行政监督的主体及对象

《会计法》第 7 条规定："国务院财政部门主管全国的会计工作。县级以上地方各级人民政府财政部门管理本行政区域内的会计工作。"因此财政部门是会计工作的政府监督的实施主体，也是执法主体。此外，《会计法》还规定，除财政部门外，审计、税务、人民银行、银行监管、证券监管、保险监管等部门依照有关法律、行政法规规定的职责和权限,可以对有关单位的会计资料实施监督检查。

根据《财政部门实施会计监督办法》的规定,财政部门实施会计监督检查的对象是会计行为,并对发现的违法会计行为的单位和个人实施行政处罚。违法会计行为是指公民、法人和其他组织违反《会计法》和其他有关法律、行政法规、国家统一的会计制度的行为。根据《会计法》的规定,各单位必须依照有关法律、行政法规的规定,接受有关监督检查部门依法实施的监督检查,如实提供会计凭证、会计账簿、财务会计报告和其他会计资料以及有关情况,不得拒绝、隐匿、谎报。

（三）财政部门实施会计监督的主要内容

根据《会计法》的规定,财政部门可以依法对各单位的下列情况实施监督:

（1）检查各单位是否依法设置会计账簿。具体包括:按照国家的相关法律、行政法规和国家统一的会计制度的规定,各单位是否依法设置会计账簿;已经设置会计账簿的单位,所设置的会计账簿是否符合相关法律、行政法规和国家统一的会计制度的要求;各单位是否存在账外账的违法行为等。

（2）检查各单位的会计凭证、会计账簿、财务会计报告和其他会计资料是否真实、完整。具体包括:各单位对所发生的经济业务事项是否及时办理会计手续,进行会计核算;各单位的会计资料(会计凭证、会计账簿、财务会计报告)是否与实际发生的经济业务事项相符,是否做到账实相符、账证相符、账账相符、账表相符;各单位提供的财务会计报告是否符合相关法律、行政法规和国家统一的会计制度的规定等。

（3）检查各单位的会计核算是否符合《会计法》和国家统一的会计制度的规定。具体包括:各单位会计核算的内容是否真实、完整;所采用的会计年度、记账本位币、会计处理方法、会计记录文字等是否符合法律、行政法规和国家统一的会计制度的规定;各单位对资产、负债、所有者权益、收入、支出、费用、成本、利润的确认、计量、记录和报告是否符合国家统一的会计制度的规定;各单位会计档案保管是否符合法定要求等。

（4）检查各单位从事会计工作的人员是否具备从业资格。具体包括:各单位从事会计工作的人员是否取得了会计从业资格证书并接受财政部门的管理;会计机构负责人的任职资格是否符合条件等。

（5）检查会计师事务所出具审计报告的程序和内容。国务院财政部门和省、自治区、直辖市人民政府财政部门,依法对注册会计师、会计师事务所和注册会计师协会进行监督、指导。财政部门对会计师事务所出具审计报告的程序和内容进行监督检查。

三、会计工作的社会监督

（一）会计工作的社会监督的概念

会计工作的社会监督主要是指由注册会计师及其所在的会计师事务所依法对委托单位的经济活动进行的审计、鉴证的一种监督制度。此外,单位和个人检举违反《会计法》和国家统一的会计制度规定的行为,也属于会计工作社会监督的范畴。

（二）注册会计师及其所在的会计师事务所业务范围

根据《注册会计师法》第2条的规定,注册会计师是依法取得注册会计师证书并接受委托从事审计和会计事务咨询、服务业务的执业人员。注册会计师依法承办以下两方面的业务:

1. 审计业务

审计业务具体包括：(1) 审查企业财务会计报告，出具审计报告；(2) 验证企业资本，出具验资报告；(3) 办理企业合并、分立、清算事宜中的审计业务，出具有关报告；(4) 法律、行政法规规定的其他审计业务。

2. 承办会计咨询、服务业务

承办会计咨询、服务业务主要包括：制定会计制度，担任会计顾问，提供会计、管理咨询；代理纳税申报，提供税务咨询；代理申请工商登记，拟订合同、章程和其他业务文件；办理投资评价、资产评估和项目可行性研究中的有关业务；培训会计、审计和财务管理人员；其他会计咨询服务。

（三）委托人、注册会计师和会计师事务所的行为规范

《会计法》对委托人、注册会计师和会计师事务所的行为也进行了相关规范，具体如下：

（1）委托单位应当如实地向注册会计师提供相关的会计资料。这是其法定的责任和义务，是保证注册会计师审计工作得以顺利开展的重要基础。如果委托人不能提供完整的会计资料和相关信息，注册会计师的审计业务就无法正常开展，出具的审计报告就不可能达到客观、公正的要求。

（2）任何人不得干扰注册会计师独立开展审计业务。注册会计师的工作要客观、公正，不能受任何其他外界的干扰，任何与委托单位有关的部门和个人，都不得示意、胁迫注册会计师出具不实、不当的审计报告。

（3）财政部门对会计师事务所出具的审计报告有监督的责任。《注册会计师法》第5条规定："国务院财政部门和省、自治区、直辖市人民政府财政部门，依法对注册会计师、会计师事务所和注册会计师协会进行监督、指导。"这一规定明确了财政部门对注册会计师进行管理的职能和权限。

（四）注册会计师审计与内部审计的区别

内部审计是由各部门、各单位内部设置的专门机构或人员实施的审计。随着我国市场经济的日益发展，企业更加重视内部经济管理，内部审计得到了迅速的发展。内部审计与注册会计师审计一样，都是现代审计体系的组成部分。但是，它们之间又有很大的不同，具体区别见下表：

表1-4 注册会计师审计与内部审计的区别

主要区别	注册会计师审计	内部审计
审计目标	主要对被审计单位财务报表的真实性（或合法性）和公允性进行审计	主要评价内部控制的有效性、财务信息的真实性和完整性以及经营活动的效率和效果
独立性	为需要可靠信息的第三方提供服务，不受被审计单位管理层的领导和制约，独立性较强	为组织内部服务，接受总经理或董事会的领导，独立性较弱
审计方式	是受托审计，必须按照《注册会计师法》、执业准则、规则实施审计	依照单位经营管理需要自行组织实施，具有较大的灵活性

(续表)

主要区别	注册会计师审计	内部审计
审计内容和目的	依据独立审计准则,主要围绕会计报表进行,是对审计后的会计报表发表审计意见	主要是审查各项内部控制制度的执行情况,提出各项改进措施
审计时间	通常是定期审计,每年对被审计单位的财务报表审计一次	通常对单位内部采用定期或不定期审计,时间安排比较灵活

？ 小思考

政府部门对单位的会计检查工作,单位的内部审计工作,注册会计师的审计工作,这些检查或审计工作的内容都一样吗？有哪些区别和联系？

任务五　熟悉会计机构和会计人员

会计机构是各单位办理会计事务的职能机构,会计人员是直接从事会计工作的人员。各单位应建立健全会计机构,配备数量和素质都相当的、具备从业资格的会计人员,这是各单位做好会计工作,充分发挥会计职能作用的重要保证。

一、会计机构的设置

《会计法》第 36 条规定:"各单位应当根据会计业务的需要,设置会计机构,或者在有关机构中设置会计人员并指定会计主管人员;不具备设置条件的,应当委托经批准设立从事会计代理记账业务的中介机构代理记账。"

一个单位是否需要设置会计机构,一般取决于以下几个方面的因素:

1. 单位规模的大小

实行企业化管理的事业单位,大、中型企业应当设置会计机构;业务较多的行政单位、社会团体和其他组织也应设置会计机构。而对那些规模很小的企业、业务和人员都不多的行政单位等,可以不单独设置会计机构,将会计业务并入其他职能部门,或者委托代理记账。

2. 经济业务和财务收支的繁简

有些单位的规模相对较小,但其经济业务复杂多样,财务收支频繁,也要设置相应的会计机构和会计人员。

3. 经营管理的要求

随着科技的进步和信息时代的到来,单位经营管理中需要具备更加及时、准确、全面的会计数据,对会计机构和会计人员的要求日益提高。因此,如何根据单位经营管理的需要设置会计机构和会计人员成了单位机构设置中的一个重点问题。

此外,不设置会计机构的也应设置会计人员并指定会计主管人员。会计主管人员是负责组织管理会计事务、行使会计机构负责人职权的责任人。

二、代理记账

(一) 代理记账的概念

代理记账是指从事代理记账业务的社会中介机构接受委托人的委托办理会计业务。委托人是指委托代理记账机构办理会计业务的单位。代理记账机构是指从事代理记账业务的中介机构。

财政部于 2016 年 2 月 16 日发布了《代理记账管理办法》,对代理记账机构设置的条件、代理记账的业务范围、代理记账机构与委托人的关系、代理记账人员应遵循的道德规则等作了具体的规定。

(二) 申请设立代理记账机构的条件

设立代理记账机构,除国家法律、行政法规另有规定外,还应当符合下列条件:

(1) 3 名以上持有会计从业资格证书的专职从业人员;

(2) 主管代理记账业务的负责人具有会计师以上专业技术职务资格且为去职从业人员;

(3) 有固定的办公场所;

(4) 有健全的代理记账业务规范和财务会计管理制度。

(三) 代理记账的业务范围

代理记账机构可以根据委托人的委托,办理下列业务:

(1) 根据委托人提供的原始凭证和其他资料,按照国家统一的会计制度的规定,进行会计核算,包括审核原始凭证、填制记账凭证、登记会计账簿、编制财务会计报告。

(2) 对外提供财务会计报告。代理记账机构为委托人编制的财务会计报告,经代理记账机构负责人和委托人签名并盖章后,按照有关法律、行政法规和国家统一的会计制度的规定对外提供。

(3) 向税务机构提供税务资料。

(4) 委托人委托的其他会计业务。

(四) 委托代理记账的委托人的义务

(1) 对本单位发生的经济业务事项,应当填制或者取得符合国家统一的会计制度规定的原始凭证。

(2) 应当配备专人负责日常货币收支和保管。

(3) 及时向代理记账机构提供真实、完整的凭证和其他相关资料。

(4) 对于代理记账机构退回的,要求按照国家统一的会计制度的规定进行更正、补充的原始凭证,应当及时予以更正、补充。

(五) 代理记账机构及其从业人员的义务

(1) 按照委托合同办理代理记账业务,遵守有关法律、行政法规和国家统一的会计制度的规定。

(2) 对在执行业务中知悉的商业秘密予以保密。

(3) 对委托人示意要求作出不当的会计处理,提供不实会计资料,以及其他不符合法律、法规和国家统一的会计制度规定的要求的,予以拒绝。

(4) 对委托人提出的有关会计处理相关问题应当予以解释。

三、会计机构负责人(会计主管人员)的任职资格

(一)会计机构负责人(会计主管人员)的概念

会计机构负责人(会计主管人员)是在一个单位内具体负责会计工作的中层领导人员,负有组织、管理本单位所有会计工作的责任,其工作水平的高低直接关系到整个单位会计工作的水平和质量。在单位设置会计机构的情况下,会计工作负责人称为"会计机构负责人";而在单位有关机构中设置会计人员的,会计工作负责人称为"会计主管人员"。

(二)会计机构负责人(会计主管人员)的任职资格

《会计法》第38条规定:"担任单位会计机构负责人(会计主管人员)的,除取得会计从业资格证书外,还应当具备会计师以上专业技术职务资格或者从事会计工作三年以上经历。"这是对单位会计机构负责人(会计主管人员)任职资格作出的特别规定。

四、会计人员回避制度

回避制度是指为了保证执法或者执业的公正性,对可能影响其公正性的执法或者执业的人员实行职务回避和业务回避的一种制度,是我国人事管理的一项重要制度。在会计工作中,由于亲情关系而串通作弊和违法违纪的案件时有发生,因此,在会计人员中实行回避制度十分必要。《会计基础工作规范》对会计人员的回避问题作出了规定:"国家机关、国有企业、事业单位任用会计人员应当实行回避制度;单位负责人的直系亲属不得担任本单位的会计机构负责人、会计主管人员,会计机构负责人,会计主管人员的直系亲属不得在本单位会计机构中担任出纳工作。直系亲属包括夫妻关系、直系血亲关系、三代以内旁系血亲以及近姻亲关系"。

直系血亲关系:是指彼此之间有直接血缘联系的亲属,包括己身所从出和从己身所出的两部分血亲。己身所从出的血亲,即是生育己身的各代血亲,如父母、祖父母、外祖父母等;从己身所出的血亲,即是己身生育的后代,如子女、孙子女、外孙子女等。值得注意的是,直系血亲除自然直系血亲外,还包括法律拟制的直系血亲,如养父母与养子女、养祖父母与养孙子女,有抚养关系的继父母与继子女等都是直系血亲。

三代以内旁系血亲:是相对于直系血亲而言的概念,它是指在血缘上和自己同出于三代以内的亲属。直系血亲是具有直接血缘关系的亲属,即生育自己和自己所生育的上下各代亲属。父母双方都包括在内。举例如父母与子女、祖父母与孙子女、外祖父母与外孙子女等。旁系血亲是具有间接血缘关系的亲属,即非直系血亲但在血缘上和自己同出一源的亲属。三代以内旁系血亲是在血缘上和自己同出于三代以内的亲属。这里的三代是从自己开始计算为第一代的三代。(简单说就是,替谁考虑就把谁当为第一代,向上查直到为同一父母所生为止)

近姻亲:配偶的父母、配偶的兄弟姐妹及其配偶、子女的配偶及子女配偶的父母、三代以内旁系血亲的配偶。近姻是因婚姻关系而形成的。

五、会计从业资格

(一)会计从业资格的概念

会计从业资格是指进入会计职业、从事会计工作的一种法定资质,是进入会计职业的"门槛"。在我国,从事会计工作必须持证上岗。

（二）会计从业资格证书的适用范围

在国家机关、社会团体、公司、企业、事业单位和其他组织从事下列会计工作的人员（包括香港特别行政区、澳门特别行政区、台湾地区人员，以及外籍人员在中国大陆境内从事会计工作的人员），必须取得会计从业资格，持有会计从业资格证书，会计从业资格证书适用以下会计工作：(1) 会计机构负责人（会计主管人员）；(2) 出纳；(3) 稽核；(4) 资本、基金核算；(5) 收入、支出、债权债务核算；(6) 工资、成本费用、财务成果核算；(7) 财产物资的收发、增减核算；(8) 总账；(9) 财务会计报告编制；(10) 会计机构内会计档案管理。

（三）会计从业资格的取得

1. 会计从业资格的取得实行考试制度

考试科目为：财经法规与会计职业道德、会计基础、初级会计电算化（或者珠算五级）。会计从业资格考试大纲由财政部统一制定并公布。

省、自治区、直辖市、计划单列市财政厅（局），新疆生产建设兵团财务局，中共中央直属机关事务管理局、国务院机关事务管理局、铁道部、中国人民武装警察部队后勤部和中国人民解放军总后勤部负责组织实施会计从业资格考试有关工作。

2. 会计从业资格报名条件

申请参加会计从业资格考试的人员，应当符合下列基本条件：遵守会计和其他财经法律、法规；具备良好的道德品质；具备会计专业基本知识和技能。

《会计法》第 40 条还特别规定：被依法吊销会计从业资格证书的人员，自被吊销之日起 5 年内（含 5 年）不得参加会计从业资格考试，不得重新取得会计从业资格证书。因有提供虚假财务会计报告，做假账，隐匿或者故意销毁会计凭证、会计账簿、财务会计报告，被依法追究刑事责任的人员，不得参加会计从业资格考试，不得取得或者重新取得会计从业资格证书。

（四）会计从业资格证书管理

1. 上岗注册登记

持证人员从事会计工作，应当自从事会计工作之日起 90 日内，填写注册登记表，并持会计从业资格证书和所在单位出具的从事会计工作的证明，向单位所在地或所属部门、系统的会计从业资格管理机构办理注册登记。

2. 离岗备案

持证人员离开会计工作岗位超过 6 个月的，应当填写注册登记表，并持会计从业资格证书，向原注册登记的会计从业资格管理机构备案。

3. 调转登记

持证人员调转工作单位，且继续从事会计工作的，应当按规定要求办理调转登记。

4. 变更登记

持证人员的学历或学位、会计专业技术职务资格等发生变更的，应向所属会计从业资格管理机构办理从业档案信息变更登记。

（五）会计人员继续教育

1. 会计人员继续教育的概念和特点

会计人员继续教育是指取得会计从业资格的人员持续接受一定形式的、有组织的理论知识、专业技能和职业道德的教育和培训活动，不断保持和提高其专业胜任能力和职业道德水平。

会计人员继续教育的特点:一是针对性,即针对不同对象确定不同的教育内容,采取不同的教育方式,解决实际问题;二是适应性,即联系实际工作需要,学以致用;三是灵活性,即继续教育培训内容、方法、形式等方面具有灵活性。

2. 会计人员继续教育的内容

会计人员继续教育的内容主要包括:会计理论与实务;财务、会计法规制度;会计职业道德规范;其他相关的知识与法规。

3. 会计人员继续教育的形式和学时要求

会计人员继续教育的形式包括接受培训和自学两种。会计人员应当接受继续教育,每年参加继续教育不得少于 24 小时。

六、会计专业职务与会计专业技术资格

(一)会计专业职务

会计专业职务是区分会计人员从事业务工作的技术等级。

根据《会计专业职务试行条例》规定:会计专业职务分为高级会计师(高级职务)、会计师(中级职务)、助理会计师、会计员(初级职务)。

(二)会计专业技术资格

会计专业技术资格分为初级资格、中级资格和高级资格三个级别。初级、中级会计资格的取得实行全国统一考试制度;高级会计师资格实行考试与评审相结合制度。

初级资格考试科目包括初级会计实务和经济法基础;中级资格考试科目包括中级会计实务、财务管理和经济法。

凡申请参加高级会计师资格评审的人员,须经考试合格后,方可参加评审。考试科目为:高级会计实务。参加考试并达到国家合格标准的人员,由全国会计专业技术资格考试办公室核发高级会计师资格考试成绩合格证,该证在全国范围内 3 年有效。

七、会计工作岗位设置

会计工作岗位,是指一个单位会计机构内部根据业务分工而设置的职能岗位。对于会计工作岗位的设置,《会计基础工作规范》提出了以下示范性的要求:

(1)根据本单位会计业务的需要设置会计工作岗位。

(2)符合内部牵制制度的要求。根据规定,会计工作岗位可以一人一岗、一人多岗或者一岗多人,但出纳人员不得兼任稽核、会计档案保管和收入、支出费用、债权债务账目的登记工作。

(3)对会计人员的工作岗位要有计划地进行轮岗,以促进会计人员全面熟悉业务和不断提高业务素质。

(4)要建立岗位责任制。根据《会计基础工作规范》和有关制度的规定,会计工作岗位一般分为:总会计师(或行使总会计师职权)岗位;会计机构负责人(会计主管人员)岗位;出纳岗位;稽核岗位;资本、基金核算岗位;收入、支出、债权债务核算岗位;工资核算、成本核算、财务成果核算岗位;财产物资的收发、增减核算岗位;总账岗位;对外财务会计报告编制岗位;会计电算化岗位;会计档案管理岗位。

需要注意的是,对于会计档案管理岗位,在会计档案正式移交之前,属于会计岗位;正式移

交档案管理部门之后,不再属于会计岗位。档案管理部门的人员管理会计档案,不属于会计岗位。医院门诊收费员、住院处收费员、药房收费员、药品库房记账员、商场收款(银)员所从事的工作,均不属于会计岗位。单位内部审计、社会审计、政府审计工作也不属于会计岗位。

八、会计人员的工作交接

会计工作人员调动工作和离职是正常的现象,但是单位的生产经营活动是一项连续的组织活动,不能因会计人员的工作调动或离职使得会计工作中断。做好会计交接工作,可以使会计工作前后衔接,保证会计工作连续进行。同时,做好会计交接工作,还可以防止因会计人员的更换出现账目不清、财务混乱等现象。做好会计交接工作,也是落实岗位责任的有效措施。

(一) 交接的范围

(1) 临时离职或因病不能工作、需要接替或代理的,会计机构负责人(会计主管人员)或单位负责人必须指定专人接替或者代理,并办理会计工作交接手续。

(2) 临时离职或因病不能工作的会计人员恢复工作时,应当与接替或代理人员办理交接手续。

(3) 移交人员因病或其他特殊原因不能亲自办理移交手续的,经单位负责人批准,可由移交人委托他人代办交接,但委托人应当对所移交的会计凭证、会计账簿、财务会计报告和其他有关资料的真实性、完整性承担法律责任。

(二) 交接的程序

1. 准备工作

会计人员在办理会计工作交接前,必须做好以下准备工作:

(1) 已经受理的经济业务尚未填制会计凭证的应当填制完毕。

(2) 尚未登记的账目应当登记完毕,结出余额,并在最后一笔余额后加盖经办人印章。

(3) 整理好应该移交的各项资料,对未了事项和遗留问题要写出书面说明材料。

(4) 编制移交清册,列明应该移交的会计凭证、会计账簿、财务会计报告、公章、现金、有价证券、支票簿、发票、文件、其他会计资料和物品等内容;实行会计电算化的单位,从事该项工作的移交人员应在移交清册上列明会计软件及密码、数据盘、磁带等内容。

(5) 会计机构负责人(会计主管人员)移交时,应将财务会计工作、重大财务收支问题和会计人员等情况向接替人员介绍清楚。

2. 移交点收

移交人员离职前,必须将本人经管的会计工作,在规定的期限内,全部向接管人员移交清楚。接管人员应认真按照移交清册逐项点收。具体要求是:

(1) 现金要根据会计账簿记录余额进行当面点交,不得短缺,接替人员发现不一致或“白条抵库”现象时,移交人员在规定期限内负责查清处理。

(2) 有价证券的数量要与会计账簿记录一致,有价证券面额与发行价不一致时,按照会计账簿余额交接。

(3) 会计凭证、会计账簿、财务会计报告和其他会计资料必须完整无缺,不得遗漏。如有短缺,必须查清原因,并在移交清册中加以说明,由移交人负责。

(4) 银行存款账户余额要与银行对账单核对相符,如有未达账项,应编制银行存款余额调节表调节相符;各种财产物资和债权债务的明细账户余额;要与总账有关账户的余额核对相符；对重要实物要实地盘点，对余额较大的往来账户要与往来单位、个人核对。

（5）公章、收据、空白支票、发票、科目印章以及其他物品等必须交接清楚。

（6）实行会计电算化的单位，交接双方应在电子计算机上对有关数据进行实际操作，确认有关数字正确无误后，方可交接。

3. 专人负责监交

为了明确责任，会计人员办理工作交接，必须有专人负责监交。移交清册应当经过监交人员审查和签名、盖章，作为交接双方明确责任的证件。对监交的具体要求是：

（1）一般会计人员办理交接手续，由会计机构负责人（会计主管人员）监交。

（2）会计机构负责人（会计主管人员）办理交接手续，由单位负责人监交，必要时主管单位可以派人负责监交。

4. 交接后的有关事宜

（1）会计工作交接完毕后，交接双方和监交人在移交清册上签名或盖章，并应在移交清册上注明：单位名称，交接日期，交接双方和监交人的职务、姓名，移交清册页数以及需要说明的问题和意见等。

（2）接管人员应继续使用移交前的账簿，不得擅自另立账簿，以保证会计记录前后衔接，内容完整。

（3）移交清册一般应填制一式三份，交接双方各执一份，存档一份。

（三）交接人员的责任

会计工作交接中，合理、公正地区分移交人和接替者的责任是非常必要的。交接工作完成后，移交人员所移交的会计凭证、会计账簿、财务会计报告和其他会计资料是在其经办会计工作期间内发生的，应当对这些会计资料的真实性、完整性负责，即便接替人员在交接时因疏忽没有发现所接会计资料在真实性、完整性方面的问题，如事后发现仍应由原移交人员负责，原移交人员不应以会计资料已移交而推脱责任。

？ 小思考

某有限责任公司财务部门有一位出纳、一位会计、一位会计机构负责人，要完成以下九项工作：① 填制记账凭证；② 登记债权、债务明细分类账和其他明细分类账；③ 办理银行结算；④ 收付现金；⑤ 检查银行对账单、审核银行存款余额调节表和会计报表；⑥ 登记现金日记账和银行存款日记账；⑦ 登记总账；⑧ 编制会计报表；⑨ 审核会计凭证。

根据单位内部会计监督制度的要求，将上述九项工作分配给三位财务人员，其中会计机构负责人承担两项工作。

任务六 明确会计法律责任

一、法律责任概述

法律责任，是指违反法律规定的行为应当承担的法律后果，也就是对违法者的制裁，通常包括民事责任、行政责任和刑事责任三类。《会计法》中明确了法律责任，主要规定了两种责任形式:一是行政责任;二是刑事责任。

(一) 行政责任

行政责任是指犯有一般违法行为的单位或个人,依照法律、法规的规定应承担的法律责任。行政责任主要有行政处罚和行政处分两种方式。

1. 行政处罚

行政处罚是指特定的行政主体基于一般行政管理职权,对其认为违反行政法上的强制性义务、违反行政管理程序的行政管理相对人所实施的一种行政制裁措施。《行政处罚法》对行政处罚的种类和实施作出了如下规定:

(1) 行政处罚主要分为六种:警告;罚款;没收违法所得、没收非法财物;责令停产停业;暂扣或者吊销许可证、暂扣或者吊销执照;行政拘留。此外,还有法律、行政法规规定的其他行政处罚。

(2) 行政处罚由违法行为发生地县级以上地方人民政府具有行政处罚权的行政机关管辖。

(3) 对当事人的同一个违法行为,不得给予两次以上罚款的行政处罚。

(4) 行政机关在作出处罚决定之前,应当告知当事人作出处罚决定的事实、理由、依据以及当事人依法享有的有关权利;当事人有权陈述和申辩。

(5) 行政处罚决定依法作出后,当事人应当在行政处罚决定的期限内,予以履行。

2. 行政处分

行政处分是国家工作人员违反行政法律规范所应承担的一种行政法律责任,是行政机关对国家工作人员故意或者过失侵犯行政相对人的合法权益所实施的法律制裁。行政处分的形式有:警告;记过;记大过;降级;撤职;开除等。

(二) 刑事责任

刑事责任是触犯《刑法》的犯罪人所应承受的由国家审判机关给予的制裁后果,包括刑罚方法和非刑罚处理方法。

1. 刑罚

(1) 主刑。主刑是对犯罪分子适用的主要刑罚方法,只能独立适用,不能附加适用,对犯罪分子只能判处一种主刑。主刑分为管制、拘役、有期徒刑、无期徒刑和死刑。

(2) 附加刑。附加刑是既可独立适用又可以附加适用的刑罚方法。也就是说,对同一犯罪行为既可以在主刑之后判处一个或两个以上的附加刑,也可以独立判处一个或两个以上的附加刑。附加刑分为罚金、剥夺政治权利、没收财产。对犯罪的外国人,也可以独立或附加适用驱逐出境。

2. 非刑罚处理方法

根据《刑法》的规定,对犯罪分子还可以采用非刑罚的处理方法,即对犯罪分子判处刑罚以外的其他方法。主要包括:由于犯罪行为而使被害人遭受经济损失的,对犯罪分子除刑事处罚外,判处赔偿经济损失;对于犯罪情节轻微不需要判处刑罚的,根据情况予以训诫或者责令其悔过,赔礼道歉,赔偿损失,或者由主管部门给予行政处罚或者行政处分。

(三) 刑事责任与行政责任的区别

刑事责任与行政责任两者的主要区别是:

(1) 追究的违法行为不同。追究刑事责任的是犯罪行为;追究行政责任的是一般违法行为。

（2）追究责任的机关不同。追究刑事责任只能由司法机关依照《刑法》的规定追究；追究行政责任由国家特定的行政机关依照有关法律的规定追究。

（3）承担法律责任的后果不同。追究刑事责任是最严厉的制裁，可以判处死刑，比追究行政责任严厉得多。

二、违反会计制度规定的法律责任

根据《会计法》规定，应承担法律责任的违法会计行为包括：

（1）不依法设置会计账簿的行为。是指应当设置会计账簿的单位不设置会计账簿或者未按规定的种类、形式及要求设置会计账簿的行为。

（2）私设会计账簿的行为。是指不在依法设置的会计账簿上对经济业务事项进行统一会计核算，而另外私自设置会计账簿进行会计核算的行为，即常说的"账外账"。

（3）未按照规定填制、取得原始凭证或者填制、取得的原始凭证不符合规定的行为。

（4）以未经审核的会计凭证为依据登记会计账簿或者登记会计账簿不符合规定的行为。

（5）随意变更会计处理方法的行为。会计处理方法的变更会直接影响会计资料的质量和可比性，按照相关法律的规定，不得随意变更会计处理方法。

（6）向不同的会计资料使用者提供的财务会计报告编制依据不一致的行为。不得向不同的会计资料使用者提供编制依据不一致的财务会计报告。

（7）未按照规定使用会计记录文字或者记账本位币的行为。

（8）未按照规定保管会计资料，致使会计资料毁损、灭失的行为。

（9）未按照规定建立并实施单位内部会计监督制度，或者拒绝依法实施的监督，或者不如实提供有关会计资料及有关情况的行为。

（10）任用会计人员不符合本法规定的行为。

根据《会计法》规定，上述各种违法行为应承担以下法律责任：

（1）责令限期改正。所谓责令限期改正，是指要求违法行为人在一定期限内停止违法行为并恢复到合法状态。县级以上人民政府财政部门有权责令违法行为人限期改正，停止违法行为。

（2）罚款。县级以上人民政府财政部门根据违法行为人的违法性质、情节及危害程度，在责令限期改正的同时，有权对单位并处3 000元以上5万元以下的罚款，对其直接负责的主管人员和其他直接责任人员，处2 000元以上2万元以下的罚款。

（3）给予行政处分。对上述违法行为直接负责的主管人员和其他直接责任人员中的国家工作人员，视情节轻重，由其所在单位或者其上级单位或者行政监察部门给予警告、记过、记大过、降级、降职、撤职、留用察看和开除等行政处分。

（4）吊销会计从业资格证书。会计工作人员有上述所列行为之一、情节严重的，由县级以上人民政府财政部门吊销会计从业资格证书。

（5）依法追究刑事责任。

三、伪造、变造会计凭证、会计账簿，编制虚假财务会计报告的法律责任

伪造会计凭证的行为，是指以虚假的经济业务或者资金往来为前提，编造虚假的会计凭证的行为；变造会计凭证的行为，是指采取涂改、挖补以及其他方法改变会计凭证真实内容的行

为；伪造会计账簿的行为，是指根据伪造或者变造的虚假会计凭证填制会计账簿，或者不按要求登记账簿，或者对内对外采用不同的确认标准、计量方法等手段编造虚假的会计账簿的行为；变造会计账簿的行为，是指采取涂改、挖补或者其他手段改变会计账簿的真实内容的行为；编制虚假财务会计报告的行为，是指根据虚假的会计账簿记录编制财务会计报告，或者凭空捏造虚假的财务会计报告以及对财务会计报告擅自进行没有依据的修改行为。

对于伪造、变造会计凭证、会计账簿，编制虚假财务会计报告的行为，《刑法》明确为犯罪行为的，主要有以下几种情况：

（1）根据《刑法》第201条的规定，纳税人采取伪造、变造账簿、记账凭证，在账簿上多列支出或者不列、少列收入等手段，不缴或者少缴应纳税款，偷税数额占应纳税额的10％以上不满30％并且偷税数额在1万元以上不满10万元的，或者因偷税被税务机关给予两次行政处罚又偷税的，处3年以下有期徒刑或者拘役，并处偷税数额1倍以上5倍以下罚金；偷税数额占应纳税额的30％以上并且偷税数额在10万元以上的，处3年以上7年以下有期徒刑，并处偷税数额1倍以上5倍以下罚金。扣缴义务人采取前述手段，不缴或者少缴已扣、已收税款，数额占应缴税额的10％以上并且数额在1万元以上的，依照前述规定处罚。对多次犯有上述行为，未经处理的，按照累计数额计算。

（2）根据《刑法》第161条的规定，公司向股东和社会公众提供虚假的或者隐瞒重要事实的财务会计报告，严重损害股东或者其他人利益的，对其直接负责的主管人员和其他直接责任人员，处3年以下有期徒刑或者拘役，并处或者单处2万元以上20万元以下罚金。

（3）根据《刑法》第229条的规定，承担资产评估、验资、验证、会计、审计、法律服务等职责的中介组织的人员故意提供虚假证明文件（包括虚假的财务会计报告），情节严重的，处5年以下有期徒刑或者拘役，并处罚金。上述人员索取他人财物或者非法收受他人财物，犯本罪的，处5年以上10年以下有期徒刑或者拘役，并处罚金。

伪造、变造会计凭证、会计账簿，编制虚假财务会计报告，情节较轻，社会危害不大，尚不构成犯罪的，应当按照《会计法》的规定予以处罚。具体包括：

（1）通报。由县级以上人民政府财政部门采取通报的方式对违法行为人予以批评、公告。通报决定由县级以上人民政府财政部门送达被通报人，并通过一定的媒介在一定的范围内公布。

（2）罚款。县级以上人民政府财政部门对违法行为视情节轻重，在予以通报的同时，可以对单位并处5 000元以上10万元以下的罚款，对其直接负责的主管人员和其他直接责任人员，可以处3 000元以上5万元以下的罚款。

（3）行政处分。对上述所列违法行为直接负责的主管人员和其他直接责任人员中的国家工作人员，应当由其所在单位或者其上级单位或者行政监察部门给予撤职、留用察看直至开除的行政处分。

（4）吊销会计从业资格证书。对上述所列违法行为中的会计人员，由县级以上人民政府财政部门吊销会计从业资格证书。

四、隐匿或者故意销毁依法应当保存的会计资料的法律责任

所谓隐匿，是指故意转移、隐藏应当保存的会计凭证、会计账簿、财务会计报告的行为。所谓销毁，是指故意将依法应当保存的会计凭证、会计账簿、财务会计报告予以毁灭的行为。

《刑法》第 201 条规定,纳税人采取隐匿、擅自销毁账簿、记账凭证的手段,不缴或者少缴应纳税款,偷税数额占应纳税额的 10％以上不满 30％并且偷税数额在 1 万元以上不满 10 万元的,或者因偷税被税务机关给予两次行政处罚又偷税的,处 3 年以下有期徒刑或者拘役,并处偷税数额 1 倍以上 5 倍以下罚金;偷税数额占应纳税额的 30％以上并且偷税数额在 10 万元以上的,处 3 年以上 7 年以下有期徒刑,并处偷税数额 1 倍以上 5 倍以下罚金。扣缴义务人采取前述手段,不缴或者少缴已扣、已收税款,数额占应缴税额的 10％以上并且数额在 1 万元以上的,依照前述规定处罚。对多次从事上述违法行为,未经处理的,按照累计数额计算。如果行为人因贪污、挪用公款、侵占企业财产及其他非法目的,实施隐匿、故意销毁依法应当保存的会计凭证、会计账簿、财务会计报告的行为,构成犯罪的,可以按照《刑法》的有关规定,分别定罪、处罚。

隐匿或者故意销毁依法应当保存的会计凭证、会计账簿、财务会计报告,情节较轻,社会危害不大,尚不构成犯罪的,应当根据《会计法》的规定追究行政责任:通报、罚款、行政处分、吊销会计从业资格证书。追究行政责任的具体形式及标准等与前同。

五、授意、指使、强令他人伪造、变造或者隐匿、故意销毁会计资料行为的法律责任

所谓授意,是指暗示他人按其意思行事。所谓指使,是指通过明示方式,指示他人按其意思行事。所谓强令,是指明知其命令是违反法律的,而强迫他人执行其命令的行为。

根据《刑法》规定,授意、指使、强令会计机构、会计人员及其他人员伪造、变造会计凭证、会计账簿,编制虚假财务会计报告或者隐匿、故意销毁依法应当保存的会计凭证、会计账簿、财务会计报告的,应当作为伪造、变造会计凭证、会计账簿,编制虚假财务会计报告或者隐匿、故意销毁依法应当保存的会计凭证、会计账簿、财务会计报告的共同犯罪,定罪处罚。

1. 行政责任

对有上述违法行为,情节较轻,社会危害不大,不构成犯罪的,应当按照《会计法》的规定予以处罚:

(1)罚款。县级以上人民政府财政部门可以视违法行为的情节轻重,对违法行为人处以 5 000 元以上 5 万元以下的罚款。

(2)行政处分。对授意、指使、强令会计机构、会计人员及其他人员伪造、变造会计凭证、会计账簿,编制虚假财务会计报告或者隐匿、故意销毁依法应当保存的会计凭证、会计账簿、财务会计报告的国家工作人员,还应当由其所在单位或者其上级单位或者行政监察部门给予降级、撤职或者开除的行政处分。

2. 刑事责任

对于隐匿或者故意销毁依法应当保存的会计凭证、会计账簿、财务会计报告的行为,我国刑法未将其作为犯罪单独加以规定,而是作为犯罪的情节、手段的,按不同的罪名予以处罚。

六、单位负责人对会计人员实行打击报复的法律责任

《会计法》第 46 条规定,单位负责人对依法履行职责、抵制违反本法规定行为的会计人员以降级、撤职、调离工作岗位、解聘或者开除等方式实行打击报复,构成犯罪的,依法追究刑事

责任;尚不构成犯罪的,由其所在单位或者有关单位依法给予行政处分。对受打击报复的会计人员,应当恢复其名誉和原有职务、级别。受打击报复的会计人员的名誉受到损害的,其所在单位或者其上级单位及有关部门应当要求打击报复者向遭受打击报复的会计人员赔礼道歉,并澄清事实,消除影响,恢复名誉。会计人员受到打击报复,被调离工作岗位、解聘或者开除的,应当在征得会计人员同意的前提下,恢复其工作;被撤职的,应当恢复其原有职务;被降级的应当恢复其原有级别。

根据《刑法》第 255 条规定,公司、企业、事业单位、机关、团体的领导人对依法履行职责、抵制违反《会计法》规定行为的会计人员实行打击报复,情节恶劣的,构成打击报复会计人员罪。根据《刑法》规定,对犯打击报复会计人员罪的,处 3 年以下有期徒刑或者拘役。

单位负责人对会计人员实行打击报复,情节轻微,危害性不大,不构成犯罪的,由其所在单位或者有关主管部门依法给予行政处分。

❓ 小思考

顺昌有限公司王经理任职期间经营业绩不理想,眼看任职期满难以完成利润考核指标。王经理找到唐主管会计,授意唐主管会计改善经营业绩。唐心想:王经理上任后对自己委以重任,应该帮他渡过这一关。为此,唐主管会计将明年销售合同提早"发货",提早开具销售发票,并确认收入。有了这笔"提前收入"的支撑,便超额完成了利润考核指标。

请根据会计法规回答下列问题:

(1) 顺昌有限公司唐主管会计提早确认收入的做法是否正确? 为什么?

(2) 顺昌有限公司唐主管会计应承担什么法律责任? 应由哪个部门执法?

(3) 顺昌有限公司王经理应承担什么法律责任? 应由哪个部门执法?

【工作评价与反馈】

项目		任务完成程度		
		全部完成	部分完成	未完成
自我评价	任务一			
	任务二			
	任务三			
	任务四			
	任务五			
	任务六			
项目任务完成心得				
存在的问题				
教师评价				

强 化 练 习

一、单项选择题

1. 根据《会计基础工作规范》和《内部会计控制规范(试行)》的规定,各单位的内部会计监督的主体是(   )。
   - A. 本单位的会计机构和会计人员
   - B. 本单位的审计机构和会计人员
   - C. 本单位的会计机构
   - D. 本单位的审计机构

2. 根据《会计法》的规定,主管全国的会计工作的是(   )。
   - A. 国务院财政部门
   - B. 国务院
   - C. 审计署
   - D. 国家税务总局

3. 根据《会计法》的规定,从事会计工作的人员,应当具备从业资格和条件,才能上岗工作,即必须具备的基本任职资格是(   )。
   - A. 取得会计从业资格证书
   - B. 具有初级会计专业技术资格
   - C. 具有中专以上会计专业学历
   - D. 取得注册会计师资格证书

4. 下列不属于财务会计报告组成部分的是(   )。
   - A. 科目汇总表
   - B. 资产负债表
   - C. 会计报表附注
   - D. 所有者权益变动表

5. 会计档案的保管期限是从(   )算起。
   - A. 会计档案形成时
   - B. 会计档案装订时
   - C. 会计档案经审计后
   - D. 会计年度终了后的第一天

6. 单位的会计机构负责人、会计主管人员办理交接手续时,应由(   )负责监交。
   - A. 总会计师
   - B. 上级主管单位负责人
   - C. 单位负责人
   - D. 会计机构其他负责人

7. 会计人员应当接受继续教育,持证人每年接受培训(面授)的时间累计不得少于(   )。
   - A. 24 小时
   - B. 72 小时
   - C. 30 小时
   - D. 48 小时

8. 根据《中华人民共和国会计法》的规定,对于伪造、变造会计凭证、会计账簿,编制虚假财务会计报告的行为,尚不构成犯罪的,由县级以上人民政府财政部门予以通报,可以对单位并处(   )的罚款。
   - A. 2 000 元以上 5 万元以下
   - B. 5 000 元以上 10 万元以下
   - C. 4 000 元以上 10 万元以下
   - D. 5 000 元以上 8 万元以下

9. 根据《会计档案管理办法》的规定,各级财政部门销毁会计档案时,应由(   )。
   - A. 同级审计部门派人监销
   - B. 档案部门和会计部门共同派人监销
   - C. 会计部门派人监销
   - D. 上级审计部门派人监销

10. 单位内部会计监督制度要求,与经济业务事项和会计事项的审批人员、经办人员、财物保管人员的职责权限应当明确,并相互分离、相互制约的是(   )。

A. 会计人员　　　　B. 审计人员　　　　C. 记账人员　　　　D. 审核人员

二、多项选择题

1. 会计工作岗位可以一人一岗、一人多岗或者一岗多人,但出纳人员不可以兼任的工作有(　　)。

A. 稽核　　　　　　　　　　　　　B. 会计档案保管

C. 现金和银行存款日记账的登记　　D. 收入、支出、费用、债权债务账目的登记

2. 根据《会计档案管理办法》的规定,在对保管期满的会计档案进行整理以备销毁时,(　　)不得销毁。

A. 未结清的债权债务原始凭证

B. 正在建设期间的建设单位会计档案

C. 超过会计档案保管期限但尚未报废的固定资产购买凭证

D. 所有会计报表类档案

3. 代理记账的业务范围包括(　　)。

A. 根据委托人提供的原始凭证和其他资料,按照国家统一的会计制度的规定进行会计核算

B. 对外提供财务会计报告

C. 定期向税务机关提供税务资料

D. 承办委托人委托的其他会计业务

4. 根据《会计工作基础规范》的规定,单位负责人的直系亲属不得担任本单位的(　　)。

A. 会计机构负责人　B. 会计主管人员　　C. 会计　　　　　D. 出纳

5. 根据《会计基础工作规范》的规定,下列各项中,不属于会计岗位的有(　　)。

A. 药品库房记账员所从事的工作　　B. 单位内部审计工作

C. 商场收款(银)员所从事的工作　　D. 住院处收费员所从事的工作

6. 根据《会计档案管理办法》的规定,会计档案的定期保管期限分为(　　)年和30年。

A. 5 年　　　　　　B. 10 年　　　　　C. 15 年　　　　　D. 25 年

7. 根据《会计法》的规定,应承担法律责任的违法行为包括(　　)等。

A. 不依法设置会计账簿的行为

B. 私设会计账簿的行为

C. 未按照规定填制、取得原始凭证或者填制、取得的原始凭证不符合规定的行为

D. 未按照规定建立并实施单位内部会计监督制度,或者拒绝依法实施的监督,或者不如实提供有关会计资料及有关情况的行为

8. 根据《会计法》的规定,单位内部会计监督制度应当符合的要求包括(　　)。

A. 记账人员与经济业务事项和会计事项的审批人员、经办人员、财物保管人员的职责权限应当明确,并相互分离、相互制约

B. 重大对外投资、资产处置、资金调度和其他重要经济业务事项的决策和执行的相互监督、相互制约程序应当明确

C. 财产清查的范围、期限和组织程序应当明确

D. 对会计资料定期进行内部审计的办法和程序应当明确

9. 单位负责人不得指使会计机构、会计人员(　　)。

A. 伪造会计凭证　　　　　　　　　B. 变造会计凭证

C. 伪造、变造会计账簿　　　　　　D. 提供虚假财务会计报告

10. 根据《会计法》的规定,会计人员在对原始凭证进行审核时,对弄虚作假、严重违法的原始凭证,应当(　　　　)。

A. 不予受理　　　　　　　　　　　B. 予以退回

C. 及时向单位负责人报告　　　　　D. 要求经办人员更正、补充

三、判断题

1. 会计行政法规,是会计法律制度中层次最高的法律规范,是制定其他会计法规的依据。
　(　　)

2. 会计核算必须以实际发生的经济业务事项为依据。(　　)

3. 会计处理方法是指在会计核算中采用的具体方法。采用不同的处理方法,都不会影响会计资料的一致性和可比性,不会影响会计资料的使用。(　　)

4. 每一个会计年度可以具体划分为半年度、季度、月度。(　　)

5. 一套完整的财务报表至少应当包括资产负债、利润表、现金流量表和所有者权益变动表以及附注。(　　)

6. 《会计档案管理办法》明确规定正在建设期间的建设单位的会计档案,无论其是否保管期满,都不得销毁,必须妥善保管。(　　)

7. 内部会计监督的主体是各单位的会计机构、会计人员,所以,内部会计监督仅仅是会计机构、会计人员的事情。(　　)

8. 会计机构,会计人员对违反《会计法》和国家统一的会计制度规定的会计事项,有权拒绝办理或按职权予以纠正。(　　)

9. 会计工作的社会监督,主要是指由注册会计师及其所在的会计师事务所依法对受托单位的经济活动进行审计、鉴证的一种监督制度。(　　)

10. 根据《会计法》的规定,会计机构负责人移交时,其接替人员既可以继续使用移交的会计账簿,也可以另立新账。(　　)

四、案例分析题

1. 甲企业于 2010 年以银行存款 100 万元对乙企业投资,占乙企业 12% 的股权。甲企业一直以来对乙企业的投资采取成本法核算。现因甲企业经营状况较差,而乙企业经营状况良好,故 2013 年为改善甲企业的经营业绩,甲企业的会计主管将对乙企业投资的核算方法由成本法改为权益法。乙企业 2013 年全年利润 800 万元,2014 年 2 月宣告分红 300 万元。甲企业变更会计处理方法,由亏损转为盈利。

请回答:

(1) 甲企业的会计主管将对乙企业的投资核算由成本法改为权益法的做法是否正确?

(2) 甲企业承担什么法律责任? 该企业的会计主管应承担什么法律责任?

(3) 如果甲企业随意变更会计处理方法是违法的,应由哪个部门进行处罚?

2. 某大型国有控股企业,2013 年发生以下事项:

(1) 1 月,该企业新领导班子上任后,作出了精简内设机构等决定,将会计科撤并到企业管理办公室(以下简称"企管办"),同时任命企管办主任王某兼任会计主管人员。会计科撤并

到企管办后,会计工作分工如下:原会计科会计继续担任会计;原企管办工作人员王某的女儿担任出纳工作。企管办主任王某自参加工作后一直从事文秘工作,为了使王某尽快胜任会计主管人员岗位,企业同意王某半脱产参加会计培训班,并参加2014年会计从业资格考试。

(2)2月,原会计科长与王某办理会计工作交接手续,人事科长进行监交。

(3)6月,档案科会同企管办对企业会计档案进行了清理,编造会计档案销毁清册,将保管期已满的会计档案按规定程序全部销毁,其中包括一些保管期满但未结清债权债务的原始凭证。

(4)8月,经该企业负责人批准,某业务往来单位因业务需要查阅了该企业2002年有关会计档案,对有关原始凭证进行了复制,并办理了登记手续。

(5)10月,企管办在例行审核有关单据时,发现一张购买计算机的发票,其"金额"栏中的数字有更改现象,经查阅相关买卖合同、单据,确认更改后的金额数字是正确的,于是要求该发票的出具单位在发票"金额"栏更改之处加盖出具单位印章。之后,该企业予以接受并据此登记入账。

请分析:

(1)该企业撤并会计机构,任命会计主管人员。会计工作岗位分工是否有违反法律规定之处?分别说明理由。

(2)该企业在办理会计工作交接、销毁会计档案中是否有违反法律规定之处?分别说明理由。

(3)该企业向业务往来单位提供查阅会计档案、复制有关原始凭证是否符合法律规定?说明理由。

(4)该企业对购买计算机的发票的处理是否符合法律规定?说明理由。

微信扫一扫
本章练习解析

项目二　支付结算法律制度

【案例导入】

A 公司出票给 B 公司，B 公司将票据背书转让给 C 公司，并在票据背面记载了"不得转让"字样，而 C 公司又将该票据背书转让给了 D 公司。根据上述情况，请分析 A、B、C、D 四家公司之间的票据责任。

【学习目标】

认知目标：了解支付结算的概念、种类以及办理支付结算的基本要求，熟悉现金管理制度，明确银行结算账户的概念、种类及其使用范围，了解银行结算账户的开立、变更和撤销的相关要求，熟悉各类票据、非票据结算方式的使用范围及要求。

情感目标：通过本项目的学习，在训练学生规范化填写常见票据的基础上，潜移默化地养成认真严谨的会计职业精神。

技能目标：掌握支票、商业汇票等常见票据的填写规范，掌握各类型银行账户的开立及使用流程，掌握日常现金管理要求。

任务一　了解支付结算基本知识

一、支付结算的概念

支付结算是指单位、个人在社会经济活动中使用现金、票据、信用卡和结算凭证进行货币给付及其资金清算的行为。其主要功能是完成资金从一方当事人向另一方当事人的转移。

为了规范支付结算行为，我国制定了一系列支付结算方面的法律、法规和制度，主要包括：《人民币银行结算账户管理办法》《票据法》《国内信用证结算办法》《票据管理实施办法》、《支付结算办法》和《银行卡业务管理办法》等。

支付结算工作的任务是根据经济往来组织支付结算，准确、及时、安全地办理支付结算，并按照有关法律和行政法规的规定管理支付结算，保障支付结算活动的正常进行。银行、城市信用合作社、农村信用合作社（以下简称银行）以及单位（含个体工商户）和个人是办理支付结算的主体。其中，银行是支付结算和资金清算的中介机构。

支付结算的方式有以下几种：（1）支票；（2）银行本票；（3）银行汇票；（4）商业汇票；（5）汇兑；（6）委托收款；（7）托收承付；（8）信用卡；（9）信用证。

二、支付结算的基本原则

根据规定，单位、个人和银行在进行支付结算活动时应当遵守以下原则：

1. 恪守信用，履约付款原则

结算双方办理款项收付应当完全建立在自觉自愿、相互信任的基础上。各单位之间、单位与个人之间发生交易往来，产生支付结算行为时，结算当事人必须依照双方约定的民事法律关系内容依法承担义务和行使权利，严格遵守信用，履行付款义务，特别是应当按照约定的付款金额和付款日期进行支付。

2. 谁的钱进谁的账、由谁支配原则

这一原则主要在于维护存款人对存款资金的所有权，保证其对资金支配的自主权。根据该原则，银行在办理结算时，必须按照存款人的委托，将款项支付给其指定的收款人；对存款人的资金，除国家法律另有规定外，必须由其自由支配。

3. 银行不垫款原则

即银行在办理结算过程中，只负责办理结算当事人之间的款项划拨，不承担垫付任何款项的责任。这主要在于划清银行资金与存款人资金的界限，保护银行资金的所有权和安全，有利于促使单位和个人直接对自己的债权债务负责。

三、支付结算的基本要求

根据《支付结算办法》的规定，支付结算的基本要求包括：

（1）单位、个人和银行办理支付结算必须使用按中国人民银行统一规定印制的票据和结算凭证。未使用中国人民银行统一规定格式的结算凭证，银行不予受理。

（2）单位、个人和银行应当按照《人民币银行结算账户管理办法》的规定开立、使用账户。

（3）票据和结算凭证上的签章和其他记载事项应当真实，不得伪造、变造。

特别注意的是，个人在票据和结算凭证上的签章，为个人或者其授权的代理人签名、盖章或者签名加盖章；单位、银行在票据上的签章和单位在结算凭证上的签章，为该单位、银行的公章加其法定代表人或者其授权的代理人的签名或者盖章。

（4）填写票据和结算凭证应当规范，做到要素齐全、数字正确、字迹清晰、不错不漏、不潦草，防止涂改。

票据和结算凭证的金额、出票或者签发日期、收款人名称不得更改，更改的票据无效；更改的结算凭证，银行不予受理。对票据和结算凭证上的其他记载事项，原记载人可以更改，更改时应当由原记载人在更改处签章证明。票据和结算凭证金额以中文大写和阿拉伯数码同时记载，二者必须一致，否则银行不予受理。

四、填写票据和结算凭证的基本要求

银行、单位和个人填写的各种票据和结算凭证是办理支付结算和现金收付的重要依据，直接关系到支付结算的准确、及时和安全，是银行、单位和个人用以记载账务的会计凭证，是记载经济业务和明确经济责任的一种书面证明。因此，填写人在填写票据和结算凭证时必须做到标准化和规范化。

（1）中文大写金额数字应用正楷或行书填写，不得自造简化字。如果金额数字书写中使用繁体字，也应受理。

（2）中文大写金额数字到"元"为止的，在"元"后应写"整"（或"正"）字；到"角"为止的，在"角"之后写"整"（或"正"）字。大写金额数字有"分"的，"分"后面不写"整"（或"正"）字。

（3）中文大写金额数字前应标明"人民币"字样，大写金额数字应紧接"人民币"字样填写，不得留有空白。大写金额数字前未印"人民币"字样的，应加填"人民币"字样。

（4）阿拉伯小写金额数字中有"0"的，中文大写应按照汉语语言规律、金额数字构成和防止涂改的要求进行书写。举例如下：

① 阿拉伯数字中间有"0"时，中文大写金额要写"零"字。例如，¥1 509.50，应写成人民币壹仟伍佰零玖元伍角。

② 阿拉伯数字中间连续有几个"0"角时，中文大写金额中间可以只写一个"零"字。例如，¥6 009.14，应写成人民币陆仟零玖元壹角肆分。

③ 阿拉伯数字万位或元位是"0"，或者数字中间连续有几个"0"，万位、元位也是"0"，但千位、角位不是"0"时，中文大写金额中可以只写一个"零"字，也可以不写"零"字。例如，¥1 880.32，应写成人民币壹仟捌佰捌拾元零叁角贰分，或者写成人民币壹仟捌佰捌拾元叁角贰分；又例如，¥108 000.53，应写成人民币壹拾万捌仟元零伍角叁分，或者写成人民币壹拾万零捌仟元伍角叁分。

④ 阿拉伯金额数字角位是"0"，而分位不是"0"时，中文大写金额"元"后面应写"零"字。例如，¥16 409.02，应写成人民币壹万陆仟肆佰零玖元零贰分；又例如，¥325.04，应写成人民币叁佰贰拾伍元零肆分。

（5）阿拉伯小写金额数字前面，均应填写人民币符号"¥"。阿拉伯小写金额数字要认真填写，不得连写以防分辨不清。

（6）票据的出票日期必须使用中文大写。为防止变造票据的出票日期，在填写月、日时，月为壹、贰和壹拾的，日为壹至玖和壹拾、贰拾和叁拾的，应在其前加"零"；日为拾壹至拾玖的，应在其前面加"壹"。例如，3月12日，应写成零叁月壹拾贰日；再如，10月20日，应写成零壹拾月零贰拾日。

（7）票据出票日期使用小写填写的，银行不予受理。大写日期未按要求规范填写的，银行可予受理；但由此造成损失的，由出票人自行承担。出票日期（大写）、数字必须大写，大写数字写法：零、壹、贰、叁、肆、伍、陆、柒、捌、玖、拾。例如，2005年8月5日应写贰零零伍年捌月零伍日，捌月前零字可写也可不写，伍日前零字必写。

2006年2月13日，应写贰零零陆年零贰月壹拾叁日。

① 壹月贰月前零字必写，叁月至玖月前零字可写可不写。拾月至拾贰月必须写成壹拾月、壹拾壹月、壹拾贰月（前面多写了"零"字也认可，如零壹拾月）。

② 壹日至玖日前零字必写，拾日至拾玖日必写成壹拾日及壹拾×日（前面多写了"零"字也认可，如零壹拾伍日，下同），贰拾日至贰拾玖日必须写成贰拾日及贰拾×日。

？ 小思考

请同学们结合自己的亲身经历，谈谈在生活中接触过的支付结算方式。

任务二 熟悉现金管理制度

一、开户单位使用现金的范围

现金是指通常存放于企业财务部门,由出纳人员管理的货币。作为企业流动性最强的资产,现金在使用过程中必须受到严格的管理,国务院在 1988 年就发布了《现金管理暂行条例》来规范各单位现金的使用管理。根据该条例,开户单位可以在下列范围内使用现金:(1) 职工工资、津贴;(2) 个人劳务报酬;(3) 根据国家规定颁发给个人的科学技术、文化艺术、体育等各种奖金;(4) 各种劳保、福利费用以及国家规定的对个人的其他支出;(5) 向个人收购农副产品和其他物资的价款;(6) 出差人员必须随身携带的差旅费;(7) 结算起点以下的零星支出;(8) 中国人民银行确定需要支付现金的其他支出。

在上述列出的 8 项中,除(5)、(6)项外,开户单位支付给个人的款项中,支付现金每人一次不得超过 1 000 元,超过限额部分,应当以支票、银行本票支付。确需全额支付现金的,应经开户银行审查后予以支付。

二、现金收支的基本要求

(1) 各单位实行收支两条线,未经批准不准"坐支"现金。

(2) 开户单位收入现金应于当日送存开户银行;当日送存确有困难的,由开户银行确定送存时间。开户单位从开户银行提取现金的,应当如实写明用途,由本单位财会部门负责人签字盖章,并经开户银行审查批准,予以支付。

(3) 因采购地点不确定、交通不便、抢险救灾以及其他特殊情况,办理转账结算不够方便,必须使用现金的开户单位,应向开户银行提出书面申请,由本单位财会部门负责人签字盖章,开户银行审查批准后,予以支付现金。

(4) 各单位购买国家规定的专控商品,一律采用转账方式支付,不得以现金支付。国家专控商品的销售单位不得收取现金。

(5) 现金管理"八不准"。开户单位不准用不符合国家统一的会计制度的凭证顶替库存现金,不得"白条顶库";不准编造用途套取现金;不准利用账户替其他单位和个人套取现金;不准用单位收入的现金按个人储蓄方式存入银行;不准保留账外公款,即不得"公款私存";不得设置"小金库";不得未经批准坐支或者未按开户银行核定的坐支范围和限额坐支现金等。银行对于违反上述规定的单位,将按照规定予以处罚。

(6) 开户单位在销售活动中,不得对现金结算给予比转账结算优惠待遇;不得拒收支票、银行汇票和银行本票。转账凭证在经济往来中具有同现金相同的支付能力。

(7) 一个单位在几家银行开户的,由一家开户银行负责现金管理工作,核定开户单位库存现金限额。库存现金限额由开户单位提出计划,报开户行审批,经核定的库存现金限额,开户单位必须严格遵守,超过部分应于当日终了前存入银行。各开户单位的库存现金限额,由于生产或业务变化,需要增加和减少时,应向开户银行提出申请,经批准后再进行调整。

一个单位在几家银行开户的,只能在一家银行开设现金结算账户支取现金,并由该家开户银行负责核定开户单位的库存现金限额并进行现金管理监督。

(8)实行大额现金支付登记备案制度。

三、建立健全现金核算与内部控制

中国人民银行各级机构严格履行金融主管机关职责,负责对开户银行执行现金管理情况进行监督和稽核。各单位应在严格遵守国家现金管理制度的同时,建立健全单位内部现金管理制度。一个良好的现金内部控制至少应该实现以下几点:

1. 钱账分管制

(1)非出纳员不得经管现金收付业务和现金保管业务。

(2)出纳员不得兼管稽核、会计档案保管和收入、费用、债权、债务账目的登记工作。

但是,这并不是说出纳员不能管理任何账目。出纳员在办理现金收付业务和现金保管的同时,兼登记现金日记账和编制现金日报表,由会计员登记现金总账,也有一些单位由出纳员登记现金总账和日记账并编制现金日报表,这些都是允许的。

2. 现金开支审批制

现金开支审批制主要包括:现金开支范围;制定各种报销凭证,规定报销手续和办法;确定各种现金支出的审批权限。

3. 日清月结制度

(1)清理各种现金收付款凭证,看看单证是否相符,即各种收付款凭证所填写的内容与所附原始凭证反映的内容是否一致;同时还要检查每张单证是否已经盖齐"收讫""付讫"的戳记。

(2)登记和清理日记账

将当日发生的所有现金收付业务全部登记入账,在此基础上,看看账证是否相符,即现金日记账所登记的内容、金额与收、付款凭证的内容、金额是否一致。清理完毕后,结出现金日记账的当日库存现金账面余额。

(3)现金盘点

出纳员应按币别分别清点其数量,然后加总,即可得出当日现金的实存数。

(4)实际库存现金不得超过库存现金限额

如实际库存现金超过库存限额,则出纳员应将超过部分及时送存银行;如果实际库存现金低于库存限额,则应及时补提现金。

4. 现金清查制度

由有关领导和专业人员组成清查小组,定期或不定期地对库存现金情况进行清查盘点,重点放在账款是否相符、有无白条抵库、有无私借公款、有无挪用公款、有无账外资金等违纪违法行为上。

❓ 小思考

某农产品加工企业地处边远山区,每日现金零星支付需要量为2 000元。经开户银行审查批准,该企业可以从自己的收入中坐支现金,坐支的限额是2万元。以下是该企业2014年7月的库存现金日记账。

库存现金日记账

2014年		凭证号码		对方科目	摘　　要	收入	付出	结余
月	日	字	号					
7	1				期初余额			40 000
	5				职工出差借款		3 000	37 000
	8				收到销售给当地个人的销货款	26 000		63 000
	10				收到销售给当地个人的销货款	1 000		64 000
	15		略		购买当地农民个人的农产品		25 000	39 000
	16				收到销售给当地个人的销货款	85 000		124 000
	25				购买当地农场的农产品		65 000	59 000
	26				收到销售给当地个人的销货款	58 000		117 000
	30				本月合计及期末余额	170 000	930 00	117 000

请根据以上库存现金日记账判断，该企业是否存在违反我国《现金管理暂行条例》的行为。

任务三　熟悉银行结算账户及其管理制度

一、银行结算账户的概念及分类

1. 银行结算账户的概念

银行结算账户是指存款人在经办银行开立的办理资金收付结算的人民币活期存款账户。这里的存款人包括在中国境内开立银行结算账户的机关、团体、部队、企业、事业单位、其他组织（以下统称单位）、个体工商户和自然人。银行是指在中国境内经中国人民银行批准经营支付结算业务的政策性银行、商业银行、城市商业银行、农业商业银行、城市信用合作社、农村信用合作社。

2. 银行结算账户的种类

（1）银行结算账户按其开户地不同分为本地银行结算账户和异地银行结算账户。

（2）银行结算账户按其存款人不同分为单位银行结算账户和个人银行结算账户。其中，存款人以单位名称开立的银行结算账户为单位银行结算账户。单位银行结算账户按用途不同分为基本存款账户、一般存款账户、专用存款账户、临时存款账户。个体工商户凭营业执照以字号或经营者姓名开立的银行结算账户纳入单位银行结算账户管理。存款人凭个人身份证件以自然人名称开立的银行结算账户为个人银行结算账户。邮政储蓄机构办理银行卡业务开立的账户纳入个人银行结算账户管理。

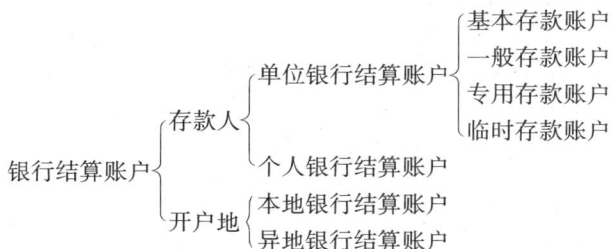

图 2-1 银行存款账户分类图

二、银行结算账户基本原则

根据《银行账户管理办法》的有关规定,银行结算账户管理应当遵守以下基本原则:

1. 一个基本账户原则

单位银行结算账户的存款人只能在银行开立一个基本存款账户,不能多头开立基本存款账户。

2. 自主选择银行开立银行结算账户原则

存款人可以自主选择银行开立银行结算账户,除国家法律、行政法规和国务院规定外,任何单位和个人不得强令存款人到指定银行开立银行结算账户。

3. 守法合规原则

银行结算账户的开立和使用应当遵守法律、行政法规,不得利用银行结算账户进行偷逃税款、逃废债务、套取现金及其他违法犯罪活动。

4. 存款信息保密原则

银行必须依法为存款人的银行结算账户信息保密。根据《银行账户管理办法》的规定,对单位银行结算账户和个人银行结算账户的存款和有关资料,除国家法律、行政法规另有规定外,银行有权拒绝任何单位或个人查询。

三、银行结算账户的开立、变更和撤销

根据我国《银行账户管理办法》,银行结算账户的开立、变更和撤销的相关具体规定如下:

(一) 银行结算账户的开立

存款人开立银行结算账户时,应填写开户申请书,并提交有关证明文件。银行应对存款人的开户申请书填写的事项和证明文件的真实性、完整性、合规性进行认真审查。

开户申请书填写的事项齐全,符合开立基本存款账户、临时存款账户和预算单位专用存款账户条件的,银行应将存款人的开户申请书、相关的证明文件和银行审核意见等开户资料报送中国人民银行当地分支行,经其核准后办理开户手续;符合开立一般存款账户、其他专用存款账户和个人银行结算账户条件的,银行应办理开户手续,并于开户之日起5个工作日内向中国人民银行当地分支行备案。

银行为存款人开立银行结算账户,应与存款人签订银行结算账户管理协议,明确双方的权利与义务。除中国人民银行另有规定的以外,应建立存款人预留鉴章卡片,并将鉴章式样和有

关证明文件的原件或复印件留存归档。

银行为存款人办理基本存款账户开户手续后,应给存款人出具开户登记证。开户登记证是记载单位银行结算账户信息的有效证明,存款人应按规定使用,并妥善保管。

(二)银行结算账户的变更

存款人更改名称,但不改变开户银行及账号的,应于5个工作日内向开户银行提出银行结算账户的变更申请,并出具有关部门的证明文件。

单位的法定代表人或主要负责人、住址以及其他开户资料发生变更时,应于5个工作日内书面通知开户银行并提供有关证明。

银行接到存款人的变更通知后,应及时办理变更手续,并于2个工作日内向中国人民银行报告。

(三)银行结算账户的撤销

存款人有以下情形之一的,应向开户银行提出撤销银行结算账户的申请:被撤并、解散、宣告破产或关闭的;注销、被吊销营业执照的;因迁址需要变更开户银行的;其他原因需要撤销银行结算账户的。

存款人尚未清偿其开户银行债务的,不得申请撤销银行结算账户。

存款人撤销银行结算账户,必须与开户银行核对银行结算账户存款余额,交回各种重要空白票据及结算凭证和开户登记证,银行核对无误后方可办理销户手续。

开户银行对已开户一年,但未发生任何业务的账户,应通知存款人自发出通知30日内到开户银行办理销户手续,逾期视同自愿销户。

四、各类银行结算账户的使用规定

(一)基本存款账户

基本存款账户是存款人因办理日常转账结算和现金收付需要开立的银行结算账户。基本存款账户是存款人的主办账户。存款人日常经营活动的资金收付及其工资、奖金和现金的支取,应通过该账户办理。下列存款人,可以申请开立基本存款账户:企业法人、非法人企业、机关、事业单位、团级(含)以上军队、武警部队及分散执勤的支(分)队、社会团体、民办非企业组织、异地常设机构、外国驻华机构、个体工商户、居民委员会、村民委员会、社区委员会、单位设立的独立核算的附属机构、其他组织。

开立基本存款账户应按照规定的程序办理并提交有关证明文件。单位银行结算账户的存款人只能在银行开立一个基本存款账户。存款人申请开立基本存款账户,应向银行出具下列证明文件:

(1)企业法人,应出具企业法人营业执照正本。

(2)非法人企业,应出具企业营业执照正本。

(3)机关和实行预算管理的事业单位,应出具政府人事部门或编制委员会的批文或登记证书和财政部门同意其开户的证明;非预算管理的事业单位,应出具政府人事部门或编制委员会的批文或登记证书。

(4)军队、武警团级(含)以上单位以及分散执勤的支(分)队,应出具军队军级以上单位财务部门、武警总队财务部门的开户证明。

(5)社会团体,应出具社会团体登记证书,宗教组织还应出具宗教事务管理部门的批文或证明。

（6）民办非企业组织，应出具民办非企业登记证书。

（7）外地常设机构，应出具其驻在地政府主管部门的批文。

（8）外国驻华机构，应出具国家有关主管部门的批文或证明；外资企业驻华代表处、办事处应出具国家登记机关颁发的登记证。

（9）个体工商户，应出具个体工商户营业执照正本。

（10）居民委员会、村民委员会、社区委员会，应出具其主管部门的批文或证明。

（11）独立核算的附属机构，应出具其主管部门的基本存款账户开户许可证和批文。

（12）其他组织，应出具政府主管部门的批文或证明。

存款人如为从事生产、经营活动纳税人的，还应出具税务部门颁发的税务登记证。根据国家有关规定无法取得税务登记的，可不出具。

存款人申请开立基本存款账户的，应填制开户申请书，提供规定的证明文件。银行应对存款人的开户申请书的事项和证明文件的真实性、完整性、合规性进行认真审查并将审查后的存款人提交的上述文件和审核意见等开户资料报送中国人民银行当地分支行，经其核准后办理开户手续。中国人民银行应于两个工作日对银行报送的基本存款账户开户资料的合规性以及唯一性进行审核，符合开户条件的予以批准；不符合开户条件的，应在开户申请书上签署意见，连同有关证明文件一并退回报送银行。

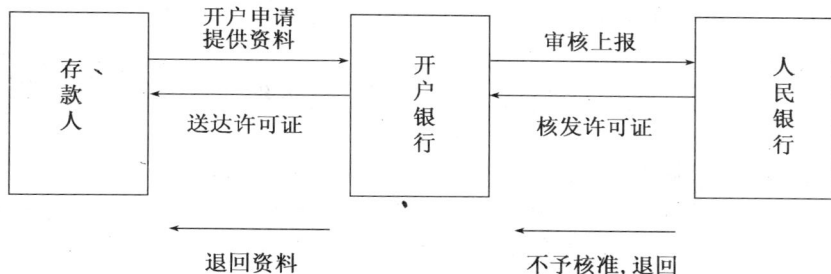

图 2-2 基本存款账户开立程序

（二）一般存款账户

一般存款账户是指存款人因借款或其他结算需要，在基本存款账户开户银行以外的银行营业机构开立的银行结算账户。一般存款账户用于办理存款人借款转存、借款归还和其他结算的资金收付。该账户可以办理现金缴存，但不得办理现金支取。一般存款账户自正式开户之日起，3 个工作日后，方可办理付款业务，但因借款转存开立一般存款账户的除外。

开立一般存款账户应按照规定的程序办理并提交有关证明文件。存款人申请开立一般存款账户，应向银行出具其开立基本存款账户规定的证明文件、基本存款账户开户登记证和下列证明文件：存款人因向银行借款需要，应出具借款合同；存款人因其他结算需要，应出具有关证明。

根据《账户管理办法》规定，存款人申请开立一般存款账户时，应填制开户申请书，提供规定的证明文件;银行应对存款人的开户申请书填写的事项和证明文件的真实性、完整性、合规性进行认真审查,符合一般存款账户条件的,银行应办理开户手续,同时应在其基本存款账户开户登记证上登记账户名称、账号、账户性质、开户银行、开户日期并签章,于开户之日起5个工作日内向中国人民银行当地分支行备案;自开立一般存款账户之日起3个工作日内书面通知其基本存款账户开户银行。

开立一般存款账户,实行备案制,无需中国人民银行核准。

(三) 专用存款账户

专用存款账户是指存款人按照法律、行政法规和规章,对有特定用途资金进行专项管理和使用而开立的银行结算账户。

1. 专用存款账户用于办理各项专用资金的收付

适用于基本建设资金,更新改造资金,财政预算外资金,粮、棉、油收购资金,证券交易结算资金,期货交易保证金,信托基金,金融机构存放同业资金,政策性房地产开发资金,单位银行卡备用金,住房基金,社会保障基金,收入汇缴资金,业务支出资金,党、团、工会设在单位的组织机构经费等专项管理和使用的资金。

开立专用存款账户的目的是保证特殊用途的资金专款专用,并有利于监督管理。《账户管理办法》规定,只有法律、行政法规和规章规定要专户存储和使用的资金,才纳入专用存款账户管理。专用存款账户支取现金应按照具体规定办理,针对不同的专业资金,《账户管理办法》规定了不同的使用范围:

(1) 单位银行卡账户的资金必须由其基本存款账户转账存入。该账户不得办理现金收付业务。

(2) 财政预算外资金、证券交易结算资金、期货交易保证金和信托基金专用存款账户,不得支取现金。

(3) 基本建设金、更新改造资金、政策性房地产开发资金、金融机构存放同业资金账户需要支取现金的,应在开户时报中国人民银行当地分支行批准的范围内办理。中国人民银行当地分支行应根据国家现金管理的规定审查批准。

(4) 粮、棉、油收购资金,社会保障基金,住房基金和党、团、工会经费等专用存款账户的现金支取应严格按照国家现金管理的规定办理。

(5) 收入汇缴账户除向基本存款账户或预算外资金财政专用存款账户划缴款项外,只收不付,且不得支取现金。业务义务支出资金账户除从其基本存款账户拨入款项外,只付不收,且现金支取必须按照国家现金管理的规定办理。

(6) 人民币特殊账户资金不得用于放款或提供担保。

2. 开立专用存款账户应按照规定的程序办理并提交有关证明文件

存款人申请开立专用存款账户,应向银行出具其开立基本存款账户规定的证明文件、基本存款账户开户登记证和下列证明文件:

(1) 基本建设资金、更新改造资金、政策性房地产开发资金、住房基金、社会保障基金应出具主管部门的批文。

(2) 财政预算外资金,应出具财政部门的证明。

(3) 粮、棉、油收购资金,应出具主管部门的批文。

(4) 单位银行卡备用金,应按照中国人民银行批准的银行卡章程的规定出具有关证明和资料。

（5）证券交易结算资金，应出具证券公司或证券管理部门的证明。

（6）期货交易保证金，应出具期货公司或期货管理部门的证明。

（7）金融机构存放同业资金，应出具其证明。

（8）收入汇缴资金和业务支出资金，应出具基本存款账户存款人有关的证明。

（9）党、团、工会设在单位的组织机构经费，应出具该单位或有关部门的批文或证明。

（10）其他按规定需要专项管理和使用的资金，应出具有关法规规章或政府部门的有关文件。

3. 开立专用存款账户的程序

根据《账户管理办法》的规定，存款人申请开立账户时，应填制开户申请书，提供规定的证明文件。银行应对存款人的开户申请书填写的事项和证明文件的真实性、完整性、合规性进行认真审查。如果专用存款账户属于预算单位专业存款账户的，银行应将存款人的开户申请书、相关的证明文件和银行审核意见等开户资料报送中国人民银行当地分支行。中国人民银行当地分支行对银行报送的开户资料的合规性进行审核，符合开户条件的，予以核准（该核准程序与基本存款账户的核准程序相同），颁发专用的存款账户开户许可证，办理开户手续；如果申请开立除预算单位专用存款账户之外的其他专用存款账户的，银行应办理开户手续，并于开户之日起 5 个工作日内向中国人民银行当地分支行备案。

银行在办理专用存款账户开户手续时，同时应在其基本存款账户开户登记证上登记账户名称、账号、账户性质、开户银行、开户日期，并签章，自开立专用存款账户之日起 3 个工作日内书面通知基本存款账户开户银行。

（四）临时存款账户

临时存款账户是指存款人因临时需要并在规定期限内使用而开立的银行结算账户。存款人有设立临时机构、异地临时经营活动、注册验资、境外（含港澳台地区）机构在境内从事经营活动情况等，可以申请开立临时存款账户。

临时存款账户用于办理临时机构以及存款人临时经营活动发生的资金收付。临时存款账户支取现金，应按照国家现金管理的规定办理。注册验资的临时存款账户在验资期间只收不付。临时存款账户的有效期最长不得超过 2 年。

开立临时存款账户应按照规定的程序办理并提交有关证明文件。存款人申请开立临时存款账户，应向银行出具下列证明文件：

（1）临时机构，应出具其驻在地主管部门同意设立临时机构的批文。

（2）异地建筑施工及安装单位，应出具其营业执照正本或其隶属单位的营业执照正本，以及施工及安装地建设主管部门核发的许可证或建筑施工及安装合同。

（3）异地从事临时经营活动的单位，应出具其营业执照正本以及临时经营地工商行政管理部门的批文。

（4）注册验资资金，应出具工商行政管理部门核发的企业名称预先核准通知书或有关部门的批文。

其中第 2、3 项还应出具其基本存款账户开户许可证。

根据《账户管理办法》的有关规定，存款人申请开立临时存款账户时，应填制开户申请书，提供规定的证明文件；银行应对存款人的开户申请书填写的事项和证明文件的真实性、完整性、合规性进行认真审查；银行应将存款人的开户申请书、相关的证明文件和银行审核意见等开户资料报送中国人民银行当地分支行，经对申报资料进行合规性审查，经核准后办理开户手续。该核准程序与基本存款账户的核准程序相同。

银行在办理临时存款账户开户手续时，同时应在其基本存款账户开户许可证上登记账户名称、账号、账户性质、开户银行、开户日期，并签章。但临时机构和注册验资需要开立的临时存款账户除外。银行自开立临时存款账户之日起3个工作日内应书面通知基本存款账户开户银行。

（五）个人银行结算账户

个人银行结算账户是自然人因投资、消费、结算等而开立的可办理支付结算业务的银行结算账户。有下列情况的，可以申请开立个人银行结算账户：① 使用支票、信用卡等信用支付工具的；② 办理汇兑、定期借记、定期贷记、借记卡等结算业务的。自然人可根据其需要申请开立个人银行结算账户，也可以在已开立的储蓄账户中选择并向开户银行申请确认为个人银行结算账户。

存款人申请开立个人银行结算账户，应向银行出具下列证明文件：

（1）中国居民，应出具居民身份证或临时身份证。

（2）中国人民解放军军人，应出具军人身份证件。

（3）中国人民武装警察，应出具武警身份证件。

（4）香港、澳门居民，应出具港澳居民往来内地通行证；台湾居民，应出具台湾居民来往大陆通行证或者其他有效旅行证件。

（5）外国公民，应出具护照。

（6）法律、法规和国家有关文件规定的其他有效证件。

银行为个人开立银行结算账户时，根据需要还可要求申请人出具户口簿、驾驶执照、护照等有效证件。

个人银行结算账户使用中，应注意以下问题：

（1）单位从其银行结算账户支付给个人银行结算账户的款项，每笔超过5万元的，应向其开户银行提供完税证明（即对应前面个人银行结算账户使用范围的相关证明）。

（2）从单位银行结算账户支付给个人银行结算账户的款项应纳税的，税收代扣单位付款时应向其开户银行提供完税证明。

（3）个人持出票人为单位的支票向开户银行委托收款，将款项转入其个人银行结算账户的或者个人持申请人为单位的银行汇票和银行本票向开户银行提示付款，将款项转入其个人银行结算账户的，个人应当提供前述有关收款依据。

（4）个人持出票人（或申请人）为单位，且一手或多手背书人为单位的支票、银行汇票或银行本票，向开户银行提示付款并将款项转入其个人银行结算账户的，应当提供最后一手背书人为单位且被背书人为个人的收款依据。

（5）储蓄账户仅限于办理现金存取业务，不得办理转账结算。

（6）单位银行结算账户支付给个人银行结算账户款项的，银行应按规定认真审查付款依据或收款依据的原件，并留存复印件，按会计档案进行保管。未提供相关依据或相关依据不符合规定的，银行应拒绝办理。

表 2-1　银行结算账户现金存取规定比较

账户种类	是否可以办理现金缴存	是否可以办理现金支取
基本存款账户	可以	可以
一般存款账户	可以	不可以
专用存款账户	不同账户规定不同	不同账户规定不同
临时存款账户	可以	可以
个人银行账户	可以	可以

（六）异地银行结算账户

异地银行结算账户是指存款人符合法定条件，根据需要在异地开立相应的银行结算账户。存款人有下列情形之一的，可以在异地开立有关银行结算账户：

（1）营业执照注册地与经营地不在同一行政区域（跨省、市、县），需要开立基本存款账户的；

（2）办理异地借款和其他结算需要开立一般存款账户的；

（3）存款人因附属的非独立核算单位或派出机构发生的收入汇缴或业务支出需要开立专用存款账户的；

（4）异地临时经营活动需要开立临时存款账户的；

（5）自然人根据需要在异地开立个人银行结算账户的。

开立异地银行结算账户除应按照前述规定的程序办理并提交有关证明文件外，开立异地单位银行结算账户，存款人还应出具下列相应的证明文件：

（1）经营地与注册地不在同一行政区域的存款人，在异地开立基本存款账户的，应出具注册地中国人民银行分支行的未开立基本存款账户的证明。

（2）异地借款的存款人，在异地开立一般存款账户的，应出具在异地取得贷款的借款合同。

（3）因经营需要在异地办理收入汇缴和业务支出的存款人，在异地开立专用存款账户的，应出具隶属单位的证明。

五、银行结算账户的管理

根据《银行账户管理办法》及其实施细则，银行结算账户的管理主要包括以下三个方面：

（一）中国人民银行的管理

（1）中国人民银行负责监督、检查银行结算账户的开立、使用、变更和撤销，并实施监控和管理。

（2）对存款人、银行违反银行结算账户管理规定的行为予以处罚。

（3）中国人民银行负责基本存款账户、临时存款账户和预算单位专用存款账户开户许可证的管理。任何单位及个人不得伪造、变造及私自印制开户许可证。

（二）开户银行的管理

（1）负责所属营业机构银行结算账户开立和使用的管理，监督和检查其执行本办法的情况，纠正违规开立和使用银行结算账户的行为。

（2）明确专人负责银行结算账户的开立、使用和撤销的审查和管理，负责对存款人开户申请资料的审查，并按照银行账户管理的规定及时报送存款人开销户信息资料，建立健全开销户登记制度，建立银行结算账户管理档案，按档案进行管理。银行结算账户管理档案的保管期限为银行结算账户撤销后10年。

（3）对已开立的单位银行结算账户实行年检制度，检查开立的银行结算账户的合规性，核实开户资料的真实性；对不符合本办法规定开立的单位银行结算账户，应予以撤销。对经核实的各类银行结算账户的资料变动情况，应及时报告中国人民银行当地分支行。

对存款人使用银行结算账户的情况进行监督，对存款人的可疑支付应按照中国人民银行规定的程序及时报告。

（三）存款人的管理

（1）存款人应加强对预留银行签章的管理。银行应留存相应的复印件，并凭此办理预留银行签章的变更。

（2）存款人应妥善保管其密码。存款人在收到开户银行转交的初始密码之后，应到中国人民银行当地分支行或基本存款账户开户银行办理密码变更手续。存款人遗失密码的，应持其开户时需要出具的证明文件和基本存款账户开户许可证到中国人民银行当地分支行申请重置密码。

（3）存款人应加强对开户许可证的管理。存款人的开户许可证遗失或毁损时，存款人应填写"补（换）发开户许可证申请书"，并加盖单位公章，比照有关开立银行结算账户的规定，通过开户银行向中国人民银行当地分支行提出补（损）发开户许可证的申请。申请换发开户许可证的，存款人应缴回原开户许可证。

六、违反银行账户结算管理制度的罚则

（一）存款人违反账户管理制度的处罚

存款人使用银行结算账户，不得有下列行为：① 违反规定将单位款项转入个人银行结算账户；② 违反规定支取现金；③ 利用开立银行结算账户逃废银行债务；④ 出租、出借银行结算账户；⑤ 从基本存款账户之外的银行结算账户转账存入、将销货收入存入或现金存入单位信用卡账户；⑥ 法定代表人或主要负责人、存款人地址以及其他开户资料的变更事项未在规定期限内通知银行。

非经营性的存款人有上述所列1至5项行为的，给予警告并处以1000元的罚款；经营性的存款人有上述所列1至5项行为的，给予警告并处以5000元以上3万元以下的罚款；存款人有上述所列第6项行为的，给予警告并处以1000元的罚款。存款人违反规定，伪造、变造、私自印制开户登记证的，属非经营性的处以1000元罚款；属经营性的处以1万以上3万元以下的罚款；构成犯罪的，移交司法机关依法追究刑事责任。

（二）银行及其有关人员违反账户管理制度的处罚

银行在银行结算账户的使用中，不得有下列行为：① 提供虚假开户申请资料欺骗中国人民银行许可开立基本存款账户、临时存款账户、预算单位专用存款账户；② 开立或撤销单位银行结算账户，未按《账户管理办法》规定在其基本存款账户开户登记证上予以登记、签章或通知相关开户银行；③ 违反规定办理个人银行结算账户转账结算；④ 为储蓄账户办理转账结算；⑤ 违反规定为存款人支付现金或办理现金存入；⑥ 超过期限或未向中国人民银行报送账户

开立、变更、撤销等资料。

　　银行有上述所列行为之一的,给予警告,并处以 5 000 元以上 3 万元以下的罚款;对该银行直接负责的高级管理人员、其他直接负责的主管人员、直接责任人员按规定给予纪律处分;情节严重的,中国人民银行有权停止对其开立基本存款账户的核准;构成犯罪的,移交司法机关依法追究刑事责任。

？ 小思考

　　2014 年 9 月 9 日,A 企业的财务科长持有关证明到 B 商业银行某营业部办理基本存款账户开立手续,B 银行工作人员审查了其开户的证明文件,并留存了相关证件的复印件,为其办理了基本存款账户开户手续。当天,该财务科长持以上证件和 C 银行的贷款合同到 C 银行开立了一个一般存款账户。10 月 10 日,该财务科长携带该企业的印鉴到 B 银行某营业部购买了转账支票一本,并当场签发了金额 10 000 元的转账支票,填写了进账单。支票和进账单的收款人为在 B 银行开户的 D 公司,B 银行的工作人员审查完毕后当场办理了该支票的转账手续。10 月 11 日,B 银行账户工作人员携带 A 企业的基本存款账户开户资料向当地人民银行保送,申请核准。

　　要求:根据有关规定,分析 B 银行和 C 银行的做法是否符合有关账户管理的规定。

任务四　掌握各种结算方式

一、票据概述

(一)票据的概念

　　根据我国《票据法》规定,票据是指由出票人依法签发的,约定自己或者委托付款人在见票时或指定的日期向收款人或持票人无条件支付一定金额并可转让的有价证券。在我国,票据主要包括银行汇票、商业汇票、银行本票和支票,一般具有信用、支付和结算等职能,是支付结算的主要方式。

　　票据结算包括支票、银行汇票、银行本票、商业汇票的结算。就《票据法》所规定的狭义票据来说,票据可分为汇票、本票和支票。

　　1. 汇票

　　汇票是出票人签发的,委托付款人见票即付或者在指定日期无条件支付确定的金额给收款人或者持票人的票据。在上述汇票的概念中,基本当事人有三个:一是出票人,即签发票据的人;二是付款人,即接受出票人委托而无条件支付票据金额的人,付款人可以是包括银行在内的他人,也可以是买方或债务人;三是收款人,即持有汇票而向付款人请求付款的人。

　　2. 本票

　　本票是出票人签发的,承诺自己在见票时无条件支付确定的金额给收款人或者持票人的票据。票据法所称的本票,是指银行本票。在上述本票的概念中,它的基本当事人只有两个:即出票人和收款人。我国的本票和汇票的区别主要有:① 本票当事人有两个而汇票的当事人有三个。② 本票出票人(也是付款人)限于银行;而汇票的出票人和付款人不限于银行。

③ 本票的付款方式只限于见票即付,而汇票可以定期付款。

3. 支票

支票是由出票人签发的,委托办理支票存款的银行或者其他金融机构在见票时无条件支付确定的金额给收款人或者持票人的票据。支票的基本当事人有三个:一是出票人,即在开户银行有相应存款的签发票据的人;二是付款人,即银行等法定金融机构;三是收款人,即接收付款的人。我国的支票同汇票的不同,其区别主要有:① 支票的付款人必须是银行等法定金融机构,汇票的付款人不限于金融机构;② 支票的付款方式只限于见票即付,汇票可以定期付款。

(二) 票据行为

票据行为是指能够产生票据权利与义务关系的法律行为。《票据法》规定的票据行为则是指票据当事人以发生票据债务为目的的、以在票据上签名或盖章为权利义务成立要件的法律行为,包括出票、背书、承兑和保证四种。其中,出票是指出票人签发票据并将其交付给收款人的行为;背书是指持票人为将票据权利转让给他人或者将一定的票据权利授予他人行使,而在票据背面或者粘单上记载有关事项并签章的行为;承兑是指汇票付款人承诺在汇票到期日支付汇票金额并签章的行为;保证是指票据债务人以外的人,为担保特定债务人履行票据债务而在票据上记载有关事项并签章的行为。

(三) 票据的当事人

票据当事人是指票据法律关系中享有票据权利、承担票据义务的当事人,也称票据法律关系主体(详见下表)。

表 2-2 票据的当事人

分类	票据当事人	解释
基本当事人(在票据作成和交付时就业已存在的当事人,是构成票据法律关系的必要主体)	出票人	是指依法定方式签发票据并将票据交付给收款人的人
	付款人	是指由出票人委托付款或自行承担借款责任的人
	收款人	是指票据到期后有权收取票据所载金额的人,又称票据权利人
非基本当事人(在票据作成并交付后,通过一定的票据行为加入票据关系而享有一定权利、义务的当事人)	承兑人	是指接受汇票出票人的付款委托同意承担支付票款义务的人
	背书人	是指在转让票据时,在票据背面签字或盖章并将该票据交付给受让人的票据收款人或持有人
	被背书人	是指被记名受让票据或接受票据转让的人
	保证人	是指为票据债务提供担保的人,由票据债务人以外的人担当

(四) 票据权利与义务

票据权利与义务是指票据法律关系主体所享有的权利和应承担的义务,是票据法律关系的重要内容。

1. 票据权利

票据权利是指票据持票人向票据债务人请求支付票据金额的权利,包括付款请求权和追索权。付款请求权是指持票人向汇票的承兑人、本票的出票人、支票的付款人出示票据要求付款的权利。行使付款请求权的持票人可以是票载收款人或最后的被背书人。

票据追索权是指票据当事人行使付款请求权遭到拒绝或其他法定原因存在时，向其前手请求偿还票据金额及其他法定费用的权利。行使追索权的当事人除票载收款人和最后的被背书人外，还可能是代为清偿票据债务的保证人、背书人。

票据时效，是指持票人可以有效地行使票据权利的期间。这里"票据权利的行使"作广义解释，既包括付款请求权和追索权的行使，也包括请求承兑、请求作出拒绝证明书等。广义票据时效相应地也应包括行使票据权利的时效和保全票据权利的时效。经过一定的期间不行使票据权利或不保全票据权利，票据权利人对特定票据债务人不能有效地行使相应的请求权，票据义务人当然得拒绝其请求。根据《中华人民共和国票据法》第 17 条的规定，我国票据时效的期间分为三种：2 年的期间、6 个月的期间、3 个月的期间。这三种期间，分别适用于不同的票据权利。

（1）期间 2 年的时效，适用以下三种对象：

① 汇票的持票人对出票人的权利。汇票的出票人，对持票人负有保证承兑和保证付款的义务，持票人在汇票得不到承兑或者付款时，在两年内对出票人可以行使追索权。

② 汇票的持票人对承兑人的权利。承兑人承兑汇票后，承担到期付款的责任，因此，持票人对承兑人有付款请求权。当得不到付款时，持票人在两年内对承兑人有追索权。

③ 本票的持票人对出票人的权利。本票是自付证券，出票人在持票人提示见票时，必须承担付款的责任，持票人未按照本票上规定的期限提示见票请求付款的，丧失对其前手的追索权，在时效期间内对出票人有追索权。本票的持票人对出票人的权利，适用 2 年的时效期间。

（2）期间 6 个月的时效，适用以下两种对象：

① 支票的持票人对出票人的权利。支票是委托证券，出票人对持票人承担保证从付款人处获得付款的责任，自己并不向持票人承担支付票面金额的义务，因此，持票人对出票人无付款请求权。在支票不获付款时，持票人对出票人有追索权。《票据法》第 17 条第 1 款第 2 项所指持票人对支票出票人的权利，为追索权，时效期间为出票日起 6 个月。支票的付款期限很短，持票人在很短的付款期限内不获付款时，应当尽快行使追索权，使支票关系当事人的财产关系处于确定、安全的状态，为有力促使持票人尽快追索，《票据法》将支票持票人的追索权时效期间，定为较短的 6 个月时间。

② 持票人对前手的追索权。票据以背书转让方式进入流通状态之后，背书人与被背书人之间、最初背书人（也叫"第一背书人"）和他之后的任何背书人、被背书人或者持票人之间，形成"前手、后手"关系，各国票据法上都规定，前手对后手承担担保责任，保证转让的汇票能够得到承兑和付款，转让的本票和支票能够得到付款，否则，后手或持票人对前手可以行使追索权，我国《票据法》第 37 条、第 68 条、第 81 条第 1 款、第 94 条第 1 款等，即是如此规定的。持票人对其前手行使追索权的，应当自被拒绝承兑或者被拒绝付款之日起 6 个月内进行，超过 6 个月时效期间的，追索权消灭。

（3）期间 3 个月的时效，仅适用于再追索权。

持票人对其前手的再追索权，应当自清偿日或者被提起诉讼之日起 3 个月内行使。再追索权，是经其他票据权利人追索而清偿了票据债务的票据债务人，取得票据后可以行使的向其前手再为追索的权利。

2. 票据义务

票据义务是指票据债务人向持票人支付票据金额的责任。它是基于债务人特定的票据行为(如出票、背书、承兑等)而应承担的义务,不具有制裁性质,主要包括付款义务和偿还义务。

(五) 票据行为

票据行为是指能够产生票据权利与义务关系的法律行为。《票据法》规定的票据行为则是指票据当事人以发生票据债务为目的的、以在票据上签名或盖章为权利义务成立要件的法律行为,包括出票、背书、承兑和保证四种。其中,出票是指出票人签发票据并将其交付给收款人的行为;背书是指持票人为将票据权利转让给他人或者将一定的票据权利授予他人行使,而在票据背面或者粘单上记载有关事项并签章的行为;承兑是指汇票付款人承诺在汇票到期日支付汇票金额并签章的行为;保证是指票据债务人以外的人,为担保特定债务人履行票据债务而在票据上记载有关事项并签章的行为。

(六) 票据签章

票据签章是指票据有关当事人在票据上签名、盖章或签名加盖章的行为。票据签章是票据行为生效的重要条件,也是票据行为表现形式中不可缺少的应载事项。

一般来讲,出票人在票据上的签章不符合法律规定的,票据无效;背书人在票据上的签章不符合法律规定,其签章无效,但不影响其前手符合规定签章的效力;承兑人、保证人在票据上的签章不符合法律规定的,其签章无效,但不影响其他符合规定的签章的效力。

(七) 票据记载事项

票据记载事项是指依法在票据上记载票据相关内容的行为。票据记载事项可分为绝对记载事项、相对记载事项和任意记载事项等。(详见下表)

表 2 - 3　票据记载事项

分类	解释	举例
绝对记载事项	是指《中华人民共和国票据法》明文规定必须记载的事项	如不记载票据即为无效的事项
相对记载事项	是指《中华人民共和国票据法》规定应该记载而未记载,但适用法律的有关规定而不使票据失效的事项	如汇票上未记载付款日期的,为见票即付;汇票上未记载付款地的,付款人的营业场所、住所或经常居住地等为付款地等即属于相对记载事项
任意记载事项	是指《中华人民共和国票据法》不强制当事人必须记载而允许当事人自行选择,不记载时不影响票据效力,记载时则产生票据效力的事项	如出票人在汇票记载"不得转让"字样的,汇票不得转让

(八) 票据丧失

票据丧失是指票据因灭失、遗失、被盗等原因而使票据权利人脱离其对票据的占有。票据丧失后可以采取挂失止付、公示催告、普通诉讼三种形式进行补救。其中,挂失止付是指失票人将丧失票据的情况通知付款人,由接受通知的付款人审查后暂停支付的一种方式。

1. 挂失止付

《票据法》第15条规定,票据丧失,失票人可以及时通知票据的付款人挂失止付,但是未记载付款人或者无法确定付款人及其代理付款人的票据除外。从这一规定包含两层含义:其一,票据丧失,就可挂失止付;其二,但未记载付款人或者无法确定付款人及其代理付款人的票据除外。可见,挂失止付适用于付款人及代理付款人明确的票据。这一规定的必要性不难理解。

首先,挂失止付本身是为了防止付款人将不应支付的款项支付而设立的,如果付款人不明确,也就不会发生票据被支付的后果,当然也就不必挂失止付了;其次,挂失止付的相对人就是票据的付款人,倘若付款人尚不明确,那么挂失止付向何人提出?所以挂失止付的前提是付款人明确,未记载付款人及付款人或代理付款人不明确的情况,不适用挂失止付。

已承兑的商业汇票、支票、填明“现金”字样和代理付款人的银行汇票以及填明“现金”字样的银行本票丧失,可以由失票人通知付款人或者代理付款人挂失止付。未填明“现金”字样和代理付款人的银行汇票以及未填明“现金”字样的银行本票丧失,不得挂失止付。

2. 公示催告

是指在票据丧失后由失票人向人民法院提出申请,请求人民法院以公告方式通知不确定的利害关系人限期申报权利,逾期未申报者,则权利失效,是由法院通过除权判决宣告所丧失的票据无效的一种制度或程序。普通诉讼,是指丧失票据的失票人直接向人民法院提起民事诉讼,要求法院判令付款人向其支付票据金额的活动。

二、支票

(一) 支票的概念及分类

支票是出票人签发的、委托办理支票存款业务的银行在见票时无条件支付确定的金额给收款人或者持票人的票据。

支票的出票人是经中国人民银行当地分支行批准办理支票业务的银行机构开立可以使用支票的存款账户的单位和个人。支票的付款人为支票上记载的出票人开户银行。支票的付款地为付款人所在地。同一票据交换区域需要支付各种款项的单位和个人均可以使用支票。

支票分为现金支票、转账支票和普通支票。现金支票只能用于支取现金;转账支票只能用于转账;普通支票可以用于支取现金,也可用于转账。在普通支票左上角划两条平行线的,为划线支票,划线支票只能用于转账,不能支取现金。

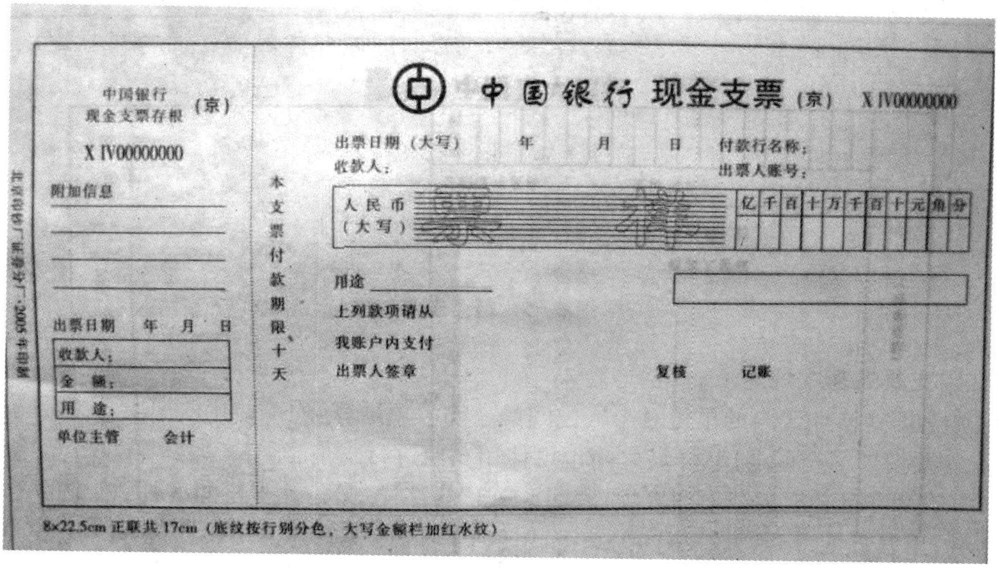
中国银行
现金支票存根 (京)
X IV00000000
附加信息
出票日期 年 月 日
收款人:
金 额:
用 途:
单位主管 会计
中国银行 现金支票 (京) X IV00000000
出票日期(大写) 年 月 日 付款行名称:
收款人: 出票人账号:
人民币(大写)
亿 千 百 十 万 千 百 十 元 角 分
本支票付款期限十天
用途
上列款项请从
我账户内支付
出票人签章 复核 记账
8x22.5cm 正联共 17cm (底纹按行别分色,大写金额栏加红水纹)

图 2-3 现金支票

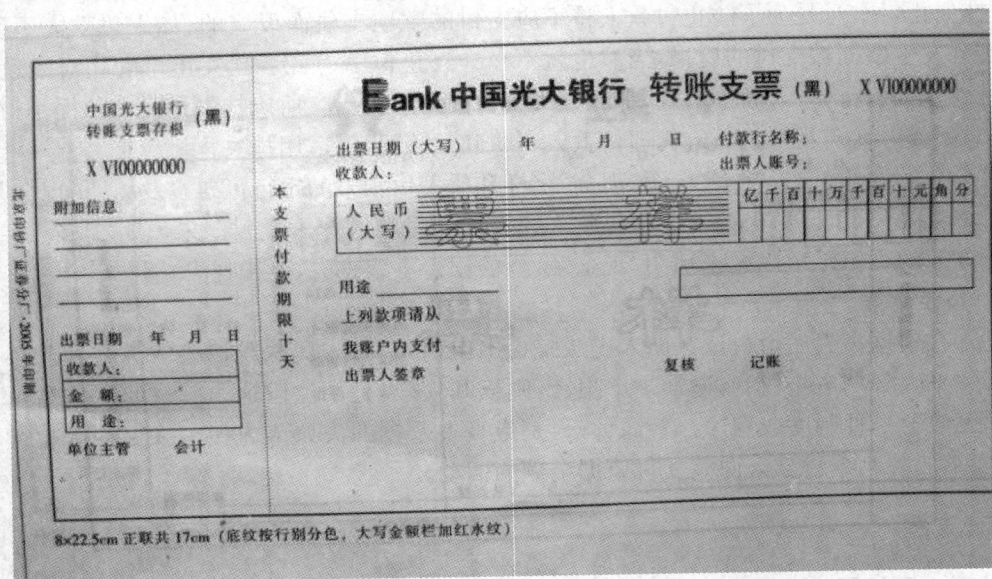

图 2-4　转账支票

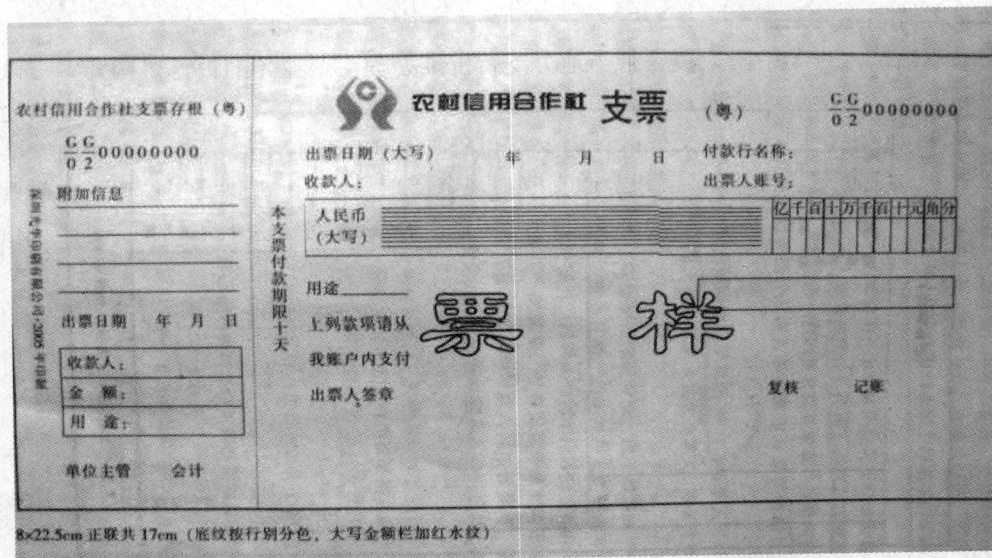

图 2-5　普通支票

(二) 支票的基本规定

同城票据交换地区内的单位和个人之间的一切款项结算,均可使用支票。自 2007 年 6 月 25 日起支票实现了全国通用,异城之间也可使用支票进行支付、结算。

(1) 签发支票必须记载下列事项:表明"支票"的字样;无条件支付的委托;确定的金额;付款人名称;出票日期;出票人签章。欠缺记载任何一项的,支票都为无效。

支票的金额、收款人名称,可以由出票人授权补记,未补记前不得背书转让和提示付款。

① 根据我国《票据法》规定了两项绝对记载事项可以通过授权补记的方式记载:支票的金

额;收款人名称。这两项可以由出票人授权补记,未补记前不得背书转让和提示付款。

② 支票的授权补记其实是指收款人抬头和金额可以补记,其他项目是不能的。实务中没有"使用什么"这么一说,一般企业发生这种情况是由于收款人抬头和金额还不能确定,采购人员外出带一大笔钱又不方便,所以经管理层许可后,出纳会开一张未填这两项的支票给采购人员以用于外出采购。

(2)支票的出票人签发支票的金额不得超过付款时在付款人处实有的金额,禁止签发空头支票。出票人不得签发与其预留银行签章不符的支票;使用支付密码的,出票人不得签发支付密码错误的支票。出票人签发空头支票、签章与预留银行签章不符的支票,使用支付密码错误的支票,银行应予以退票,并按票面金额处以5%但不低于1 000元的罚款;持票人有权要求出票人赔偿支票金额2%的赔偿金。对屡次签发空头支票的,银行应停止其签发支票的行为。

(3)签发支票应使用碳素墨水或墨汁填写,中国人民银行有规定的除外。签发现金支票和用于支取现金的普通支票,必须符合国家现金管理的规定。

(4)支票的金额、收款人名称,可以由出票人授权补记,未补记前不得背书转让和提示付款。

(5)支票的提示付款期限自出票日起10日,超过提示付款期限提示付款的,持票人开户银行不予受理,付款人不予付款。持票人在付款人处的存款足以支付支票金额时,付款人应当在见票当日足额付款。《票据法》中第91条规定:支票的持票人应当自出票日起十日内提示付款;异地使用的支票,其提示付款的期限由中国人民银行另行规定。超过提示付款期限的,付款人可以不予付款;付款人不予付款的,出票人仍应当对持票人承担票据责任,也就是可以退回重开。

(6)存款人领购支票,必须填写票据和结算凭证领用单,并签章,签章应与预留银行的签章相符。存款账户结清时,必须将全部剩余空白支票交回银行注销。

(三)支票的兑付手续

持票人可以委托开户银行收款或直接向付款人提示付款。用于支取现金的支票仅限于收款人向付款人提示付款。

持票人委托开户银行收款时,应作委托收款背书,在支票背面背书人签章栏签章、记载"委托收款"字样、背书日期,在被背书人栏记载开户银行名称,并将支票和填制的进账单送交开户银行。

持票人持用于转账的支票向付款人提示付款时,应在支票背面背书人签章栏签章,并将支票和填制的进账单送交出票人开户银行。

收款人持用于支取现金的支票向付款人提示付款时,应在支票背面"收款人签章"处签章,持票人为个人的,还需交验本人身份证件,并在支票背面注明证件名称、号码及发证机关。

三、银行汇票

(一)银行汇票的概念

银行汇票是出票银行签发的,由其在见票时按照实际结算金额无条件支付给收款人或者持票人的票据。单位和个人在异地、同城或统一票据交换区域的各种款项结算,均可使用银行汇票。

（二）银行汇票的基本规定

（1）银行汇票可以用于转账，标明"现金"字样的银行汇票也可以提取现金。

（2）银行汇票的出票银行为银行汇票的付款人，银行汇票的付款地为代理付款人或出票人所在地。

（3）银行汇票的出票人在票据上的签章，应为经中国人民银行批准使用的该银行汇票专用章加其法定代表人或其授权经办人的签名或者盖章。

（4）签发银行汇票必须记载下列事项：表明"银行汇票"的字样；无条件支付的承诺；出票金额；付款人名称；收款人名称；出票日期；出票人签章等。欠缺记载以上事项之一的，银行汇票无效。

（5）银行汇票的提示付款期限自出票日起一个月。持票人超过付款期限提示付款的，代理付款人（银行）不予受理。

（6）银行汇票可以背书转让，但填明"现金"字样的银行汇票不得背书转让。银行汇票的背书转让以不超过出票金额的实际结算金额为准。未填写实际结算金额或实际结算金额超过出票金额的银行汇票不得背书转让。

（7）填明"现金"字样和代理付款人的银行汇票丧失，可以由失票人通知付款人或者代理付款人挂失止付。未填明"现金"字样和代理付款人的银行汇票丧失，不得挂失止付。

（8）银行汇票丧失，失票人可以凭人民法院出具的其享有票据权利的证明，向出票银行请求付款或退款。

（三）银行汇票的申办程序

（1）申请人使用银行汇票，应向出票银行填写"银行汇票申请书"，填明收款人名称、汇票金额、申请人名称、申请日期等事项并签章，其签章为预留银行印鉴。申请人或收款人为单位的，不得在"银行汇票申请书"上填明"现金"字样。

（2）出票银行受理银行汇票申请书，收妥款项后签发银行汇票，并用压数机压印出的票金额，将银行汇票和解讫通知一并交给申请人。

（3）签发转账银行汇票，不得填写代理付款人名称，但由中国人民银行代理兑付银行汇票的商业银行，向设有分支机构地区签发转账银行汇票的除外；申请人或收款人为单位的，银行不得为其签发现金银行汇票。

（4）申请人应将银行汇票和解讫通知一并交付给汇票上记明的收款人。

（5）银行汇票的实际结算金额低于出票金额的，其多余金额由出票银行退交申请人。

（6）申请人因银行汇票超过付款提示期限或其他原因要求退款时，应将银行汇票和解讫通知同时提交到出票银行，并提供本人身份证件或单位证明。对于代理付款银行查询的该张银行汇票，应在汇票提示付款期满后方能办理退款。申请人缺少解讫通知要求退款的，出票银行应于银行汇票提示付款期满一个月后办理。

（四）银行汇票的兑付程序

（1）收款人受理银行汇票时，应审查下列事项：银行汇票和解讫通知是否齐全、汇票号码和记载的内容是否一致；收款人是否确为本单位或本人；银行汇票是否在提示付款期限内；必须记载的事项是否齐全；出票人签章是否符合规定，是否有压数机压印的出票金额，并与大写出票金额一致；出票金额、出票日期、收款人名称是否更改，更改的其他记载事项是否由原记载人签章证明。

被背书人受理银行汇票时,除审查上述收款人应审查的事项外,还应审查:银行汇票是否记载实际结算金额,有无更改,其金额是否超过出票金额;背书是否连续,背书人签章是否符合规定,背书使用粘单的是否按规定签章;背书人为个人的,应验证其个人身份证件。

(2)收款人对申请人交付的银行汇票审查无误后,应在出票金额以内,根据实际需要的款项办理结算,并将实际结算金额和多余金额准确、清晰地填入银行汇票和解讫通知的有关栏目内。未填明实际结算金额和多余金额或实际结算金额超过出票金额的,银行不予受理。银行汇票的实际结算金额不得更改,更改实际结算金额的银行汇票无效。

(3)持票人向银行提示付款时,必须同时提交银行汇票和解讫通知,缺少任何一联,银行不予受理。在银行开立存款账户的持票人向开户银行提示付款时,应在汇票背面"持票人向银行提示付款签章"处签章,签章须与预留银行签章相同,并将银行汇票和解讫通知、进账单送交开户银行。银行审查无误后办理转账。

(4)持票人超过期限向代理付款银行提示付款不获付款的,必须在票据权利时效内向出票银行作出说明,并提供本人身份证件或单位证明,持银行汇票和解讫通知向出票银行请求付款。

四、商业汇票

(一)商业汇票的概念及分类

商业汇票是出票人签发的,委托付款人在指定日期无条件支付确定的金额给收款人或者持票人的票据。

商业汇票按其承兑人的不同,可以分为商业承兑汇票和银行承兑汇票两种。其中,银行承兑汇票是由银行承兑的商业汇票,商业承兑汇票是由银行以外的付款人承兑的商业汇票。

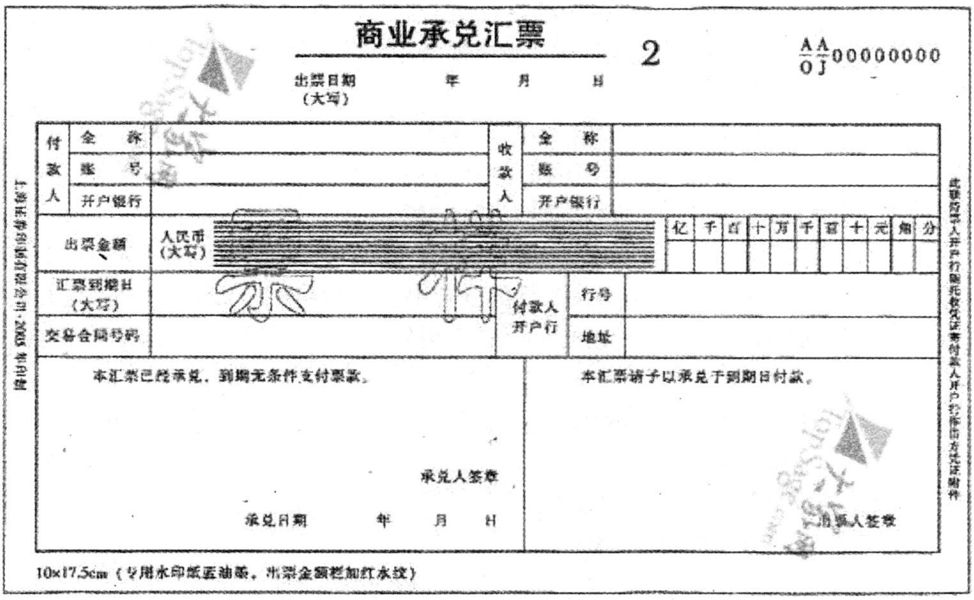

图2-6　商业承兑汇票

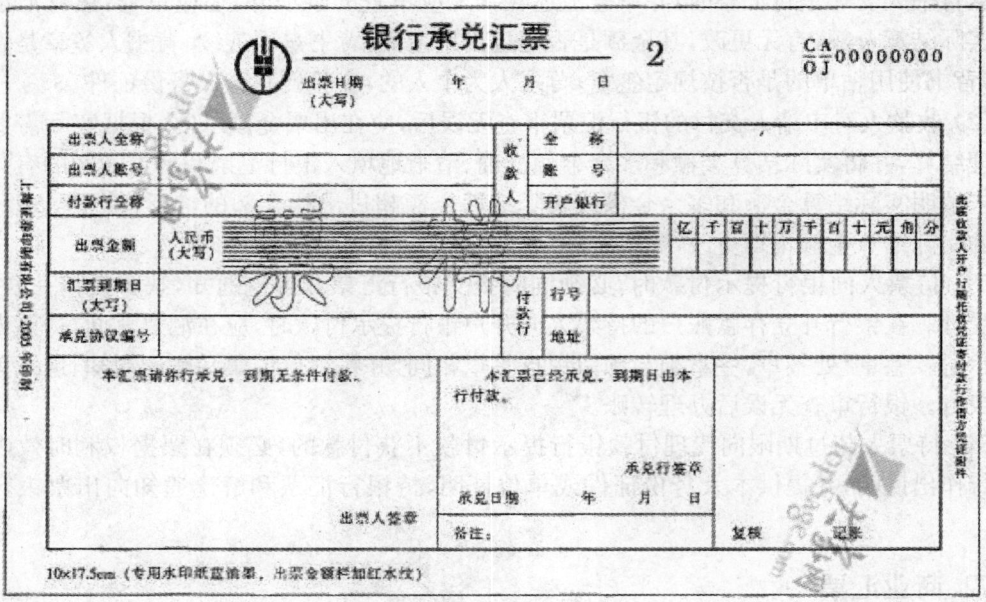

图 2-7 银行承兑汇票

(二) 商业汇票的基本规定

(1) 签发商业汇票必须记载下列事项：① 表明"商业承兑汇票"或"银行承兑汇票"的字样；② 无条件支付的委托；③ 确定的金额；④ 付款人名称；⑤ 收款人名称；⑥ 出票日期；⑦ 出票人签章。欠缺记载上列事项之一的，商业汇票无效。

(2) 付款人承兑商业汇票，应当在汇票正面记载"承兑"字样和承兑日期并签章。付款人承兑商业汇票，不得附有条件；承兑附有条件的，视为拒绝承兑。银行承兑汇票，应按票面金额向出票人收取 5‰的手续费。

(3) 商业汇票的付款期限，最长不得超过 6 个月。商业汇票的提示付款期限，自汇票到期日起 10 日。持票人应在提示付款期限内通过开户银行委托收款或直接向付款人提示付款。持票人超过提示付款期限提示付款的，持票人开户银行不予受理。

(4) 背书人背书时，必须在票据上签章，背书才能成立，否则，背书行为无效。背书不得记载的内容有两项：一是附有条件的背书；二是部分背书。票据背书人在票据背面背书人栏记载"不得转让"字样的，其后手再背书转让的，记载"不得转让"字样的背书人对其后手的被背书人不承担保证责任。

(5) 保证人必须按照《票据法》的规定在票据上记载保证事项。保证不得附有条件；附有条件的，不影响对汇票的保证责任。

(三) 商业汇票流转程序

以商业承兑汇票为例，具体见下图：

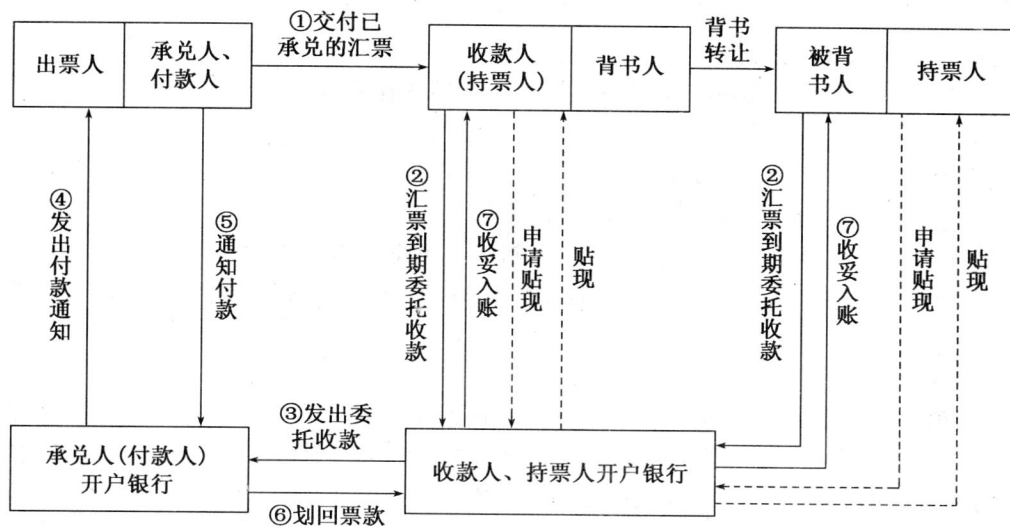

图 2-8 商业汇票流转程序

五、信用卡

（一）信用卡的概念及资金来源

信用卡是指商业银行向个人和单位发行的，凭此向特约单位购物、消费和向银行存取现金，且具有消费信用的特制载体卡片。信用卡按使用对象分为单位卡和个人卡；按信誉等级分为金卡和普通卡。

信用卡一般由银行或信用卡公司依照用户的信用度与财力发给持卡人，持卡人持信用卡消费时无须支付现金，待结账日时再行还款。与借记卡、提款卡不同，信用卡不会由用户的账户直接扣除资金。

（二）信用卡的申领

凡在中国境内金融机构开立基本存款账户的单位可申领单位卡。单位卡可申领若干张，持卡人资格由申领单位法定代表人或其委托的代理人书面指定和注销。

凡具有完全民事行为能力的公民可申领个人卡。个人卡的主卡持卡人可为其配偶及年满18周岁的亲属申领附属卡，申领的附属卡最多不得超过两张，也有权要求注销其附属卡。

单位或个人申领信用卡，应按规定填制申请表，连同有关资料一并送交发卡银行。符合条件的，发卡银行为申领人开立信用卡账户，并发给信用卡。

（三）信用卡的销户

持卡人不需要继续使用信用卡的，应持信用卡主动到发卡银行办理销户。销户时，单位卡账户余额转入其基本存款账户，不得提取现金；个人卡账户可以转账结清，也可以提取现金。持卡人还清透支本息后，属于下列情况之一的，可以办理销户：① 信用卡有效期满45天后，持卡人不更换新卡的；② 信用卡挂失满45天后，没有附属卡又不更换新卡的；③ 信用卡被列入止付名单，发卡银行已收回其信用卡45天的；④ 持卡人死亡，发卡银行已收回其信用卡45天的；⑤ 持卡人要求销户或担保人撤销担保，并已交回全部信用卡45天的；⑥ 信用卡账户两年（含）以上未发生交易的；⑦ 持卡人违反其他规定，发卡银行认为应该取消资格的。发卡银办理销户，应当收回信用卡。有效信用卡无法收回的，应当将其止付。

（四）信用卡的使用规定

（1）单位卡账户的资金一律从其基本存款账户转账存入，不得交存现金，不得将销货收入的款项存入其账户。

（2）个人卡账户的资金以其持有的现金存入或以其工资性款项及属于个人的劳务报酬收入转账存入。严禁将单位的款项存入个人卡账户。

（3）信用卡仅限于合法持卡人本人使用，持卡人不得出租或转借信用卡。

（4）单位卡不得用于 10 万元以上的商品交易、劳务供应款项的结算，并一律不得支取现金。

（五）特约单位受理信用卡时的审查

特约单位受理信用卡时，应审查下列事项：① 确为本单位可受理的信用卡；② 信用卡在有效期内，未列入“止付名单”；③ 签名条上没有“样卡”或“专用卡”等非正常签名的字样；④ 信用卡无打孔、剪角、毁坏或涂改的痕迹；⑤ 持卡人身份证或卡片上的照片与持卡人相符；⑥ 卡片正面的拼音姓名与卡片背面的签名和身份证件上的姓名一致。信用卡通过联网的各类终端交易的原始单据至少保留 2 年备查。

六、汇兑

（一）汇兑的概念

汇兑是汇款人委托银行将其款项支付给收款人的结算方式。单位和个人的各种款项的结算，均可使用汇兑结算方式。汇兑分为信汇、电汇两种，由汇款人选择使用。

××银行　　电汇凭证　（回　单）　　1

□普通　□加急　　委托日期　　年　月　日

汇款	全称		收款	全称	
	账号			账号	
	汇出地点	省　市/县		汇入地点	省　市/县
汇出行名称			汇入行名称		
金额	人民币（大写）		亿 千 百 十 万 千 百 十 元 角 分		
			支付密码		
汇出行签章			附加信息及用途： 复核　记账		

此联汇出行给汇款人的回单

8.5×17.5cm（白纸黑油墨）

图 2-9　电汇凭证

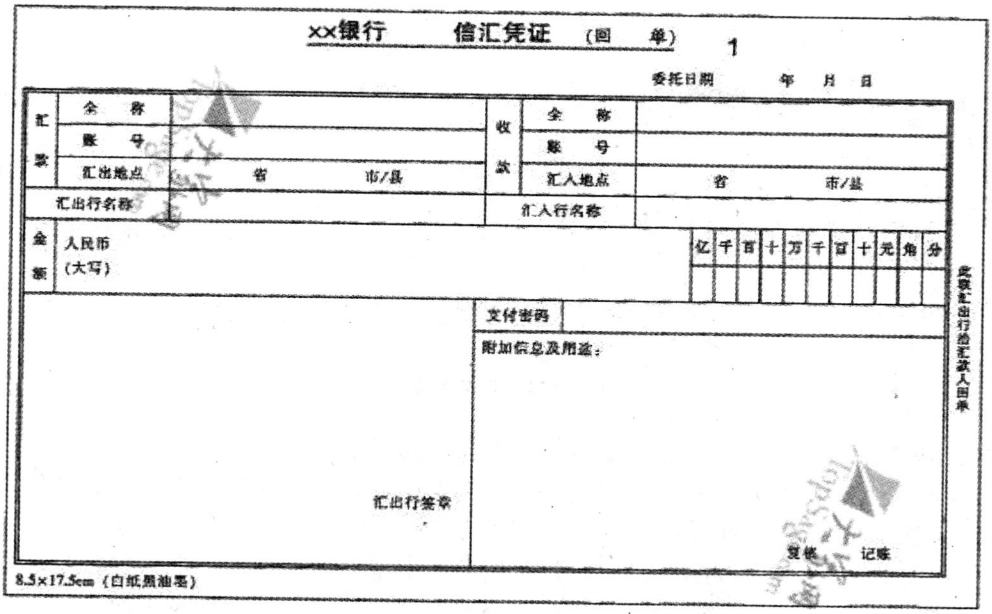
××银行　信汇凭证　（回　单）　1

委托日期　年　月　日

汇款	全　称		收款	全　称	
	账　号			账　号	
	汇出地点	省　市/县		汇入地点	省　市/县
汇出行名称			汇入行名称		
金额	人民币（大写）		亿 千 百 十 万 千 百 十 元 角 分		
			支付密码		
汇出行签章			附加信息及用途：		
			复核　记账		

此联汇出行给汇款人回单

8.5×17.5cm（白纸黑油墨）

图 2－10　信汇凭证

（二）办理汇兑的程序

1. 签发汇兑凭证

签发汇兑凭证必须记载下列事项：表明“信汇”或“电汇”的字样；无条件支付的委托；确定的金额；收款人名称；汇款人名称；汇入地点、汇入行名称；汇出地点、汇出行名称；委托日期；汇款人签章。汇兑凭证记载的汇款人、收款人在银行开立存款账户的，必须记载其账号。汇款人和收款人均为个人，需要在汇入银行支取现金的，应在信汇、电汇凭证的“汇款金额”大写栏，先填写“现金”字样，后填写汇款金额。

2. 银行受理

汇出银行受理汇款人签发的汇兑凭证，经审查无误后，应及时向汇入银行办理汇款，并向汇款人签发汇款回单。汇款回单只能作为汇出银行受理汇款的依据，不能作为该笔汇款已转入收款人账户的证明。

3. 汇入处理

汇入银行对开立存款账户的收款人，应将汇给其的款项直接转入收款人账户，并向其发出收账通知。收账通知是银行将款项确已收入收款人账户的凭据。

值得注意的是，支取现金的，信汇、电汇凭证上必须有按规定填明的“现金”字样，才能办理。未填明“现金”字样需要支取现金的，由汇入银行按照国家现金管理规定审查支付。转账支付的，应由原收款人填制支款凭证，并由本人向银行交验其身份证件办理支付款项。

（三）汇兑的撤销和退汇

汇兑的撤销是指汇款人对汇出银行尚未汇出的款项，向汇出银行申请撤销的行为。汇款人申请撤销汇款必须是该款项尚未从汇出银行汇出。在申请撤销时，汇款人应出具正式函件或本人身份证件及原信、电汇回单；汇出银行只有在查明确未汇出款项，并收回原信、电汇回单

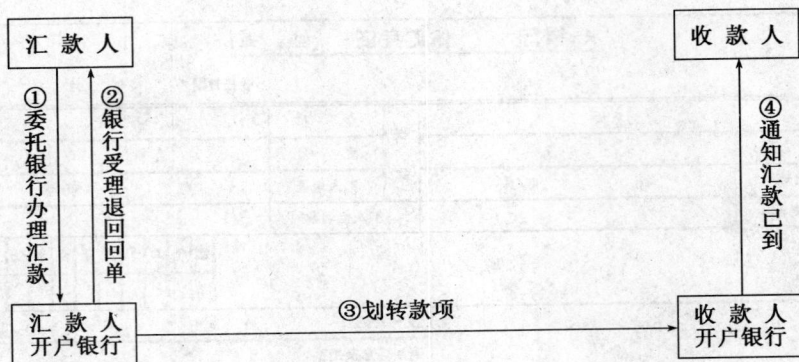

图 2-11　汇兑流程图

时,方可办理撤销手续。但转汇银行不得受理汇款人或汇出银行对汇款的撤销。

对在汇入银行未开立存款账户的收款人,汇款人应出具正式函件或本人身份证件以及原信、电汇回单,由汇出银行通知汇入银行,经汇入银行核实汇款确未支付,并将款项退回汇出银行,方可办理退汇,否则,不能办理退汇。但转汇银行不得受理汇款人或汇出银行对汇款的退汇。汇入银行对于收款人拒绝接受的汇款,应立即办理退汇。汇入银行对于向收款人发出取款通知,经过两个月无法交付的汇款,应主动办理退汇。

七、委托收款

(一) 概念

委托收款,是指收款人委托银行向付款人收取款项的结算方式。委托收款分邮寄和电报划回两种,由收款人选用。前者是以邮寄方式由收款人开户银行向付款人开户银行转送委托收款凭证、提供收款依据的方式,后者则是以电报方式由收款人开户银行向付款人开户银行转送委托收款凭证,提供收款依据的方式。

邮寄划回和电报划回凭证均一式五联。第一联回单,由收款人开户行给收款人的回单;第二联收款凭证,由收款人开户行作收入传票;第三联支款凭证,由付款人开户行作付出传票;第四联收款通知(或发电依据),由收款人开户行在款项收妥后给收款人的收款通知(或付款人开户行凭以拍发电报);第五联付款通知,由付款人开户行给付款人按期付款的通知。

(二) 适用范围

(1) 单位和个人凭已承兑的商业汇票、债券、存单等付款人债务证明办理款项的结算,均可以使用委托收款结算方式。

(2) 委托收款在同城、异地都可以使用。收款人收取公共事业费,必须具有收付双方事先签订的经济合同,由付款人向开户银行授权,并经开户银行同意,报经中国人民银行当地分支行批准,可以使用同城特约委托收款。

(三) 办理流程

1. 委托收款

(1) 收款人办理委托收款应填写邮划委托收款凭证或电划委托收款凭证并签章。将委托收款凭证和有关的债务证明一起提交收款人开户行。

(2) 审查委托收款凭证和有关的债务证明是否符合有关规定。

（3）将委托收款凭证和有关的债务证明寄交付款人开户行办理委托收款。

2. 付款

（1）付款人应于接到通知的 3 日内书面通知银行付款。付款人未在规定期限内通知银行付款的,视同同意付款,银行应于付款人接到通知的次日起第 4 日上午开始营业时,将款项划给收款人。

（2）银行在办理划款时,付款人存款账户不足支付的,应通过被委托银行向收款人发出未付款项通知书。按照有关办法规定,债务证明留存付款人开户银行的,应将其债务证明连同未付款项通知书邮寄被委托银行转交收款人。

3. 拒绝付款

（1）付款人审查有关债务证明后,对收款人委托收取的款项需要拒绝付款的,可以办理拒绝付款。

（2）以银行为付款人的,应自收到委托收款及债务证明的次日起 3 日内出具拒绝证明连同有关债务证明、凭证寄给被委托银行,转交收款人。

（3）以单位为付款人的,应在付款人接到通知日的次日起 3 日内出具拒绝证明,持有债务证明的,应将其送交付款人开户银行。银行将拒绝证明、债务证明和有关凭证一并寄给被委托银行（收款人开户银行）,转交收款人。

八、托收承付

（一）概念

托收承付是指根据购销合同由收款人发货后委托银行向异地购货单位收取货款,购货单位根据合同对单或对证验货后,向银行承认付款的一种结算方式。

托收承付亦称异地托收承付,是指根据购销合同由收款人发货后委托银行向异地付款人收取款项,由付款人向银行承认付款的结算方式。根据《支付结算办法》的规定,托收承付结算每笔的金额起点为 1 万元,新华书店系统每笔的金额起点为 1 千元。这一规定对原托收承付的金额起点 10 万元作了改变。结算款项划回可用邮寄或电报两种方式。

（二）种类

异地托收承付结算款项的划回方法,分邮寄和电报两种,由收款人选用。邮寄结算凭证均为一式五联。第一联回单,是收款人开户行给收款人的回单;第二联委托凭证,是收款人委托开户行办理托收款项后的收款凭证;第三联支票凭证,是付款人向开户行支付货款的支款凭证;第四联收款通知,是收款人开户行在款项收妥后给收款人的收款通知;第五联承付（支款）通知,是付款人开户行通知付款人按期承付货款的承付（支款）通知。

（三）适用范围

托收承付结算方式只适用于异地订有经济合同的商品交易及相关劳务款项的结算。代销、寄销、赊销商品的款项,不得办理托收承付结算。

该结算办法的最大特点是其适用范围受到严格的限制。

（四）结算起点

《支付结算办法》规定,托收承付结算每笔的金额起点为 1 万元;新华书店系统每笔金额起点为 1 千元。

（五）适用范围

《支付结算办法》规定,托收承付的适用范围是:(1) 使用该结算方式的收款单位和付款单位,必须是国有企业或供销合作社以及经营较好、并经开户银行审查同意的城乡集体所有制工业企业;(2) 办理结算的款项必须是商品交易以及因商品交易而产生的劳务供应款项。代销、寄销、赊销商品款项,不得办理托收承付结算。

（六）适用条件

《支付结算办法》规定,办理托收承付,除符合以上两个条件外,还必须具备以下 3 个前提条件:(1) 收付双方使用托收承付结算必须签有符合《经济合同法》的购销合同,并在合同中注明使用异地托收承付结算方式。(2) 收款人办理托收,必须具有商品确已发运的证件。(3) 收付双方办理托收承付结算,必须重合同、守信誉。根据《支付结算办法》规定,若收款人对同一付款人发货托收累计 3 次收不回货款的,收款人开户银行应暂停收款人向付款人办理托收;付款人累计 3 次提出无理拒付的,付款人开户银行应暂停其向外办理托收。

九、信用证

（一）概念和适用范围

1. 信用证的概念

信用证是指由银行(开证行)依照(申请人的)要求和指示或自己主动,在符合信用证条款的条件下,凭规定单据向第三者(受益人)或其指定方进行付款的书面文件。信用证是一种银行开立的有条件的承诺付款的书面文件。

在国际贸易活动,买卖双方可能互不信任,买方担心预付款后,卖方不按合同要求发货;卖方也担心在发货或提交货运单据后买方不付款。因此需要两家银行作为买卖双方的保证人,代为收款交单,以银行信用代替商业信用。银行在这一活动中所使用的工具就是信用证。信用证三原则:一、信用证交易的独立抽象原则;二、信用证严格相符原则;三、信用证欺诈例外原则。

信用证方式有三个特点:

一是信用证是一项自足文件(self-sufficient instrument)。信用证不依附于买卖合同,银行在审单时强调的是信用证与基础贸易相分离的书面形式上的认证;

二是信用证方式是纯单据业务(pure documentary transaction)。信用证是凭单付款,不以货物为准。只要单据相符,开证行就应无条件付款;

三是开证银行负首要付款责任(primary liabilities for payment)。信用证是一种银行信用,它是银行的一种担保文件,开证银行对支付有首要付款的责任。

2. 信用证的适用范围

信用证结算方式只适用于国内企业之间商品交易产生的货款结算,并且只能用于转款结算,不得支取现金。

（二）信用证办理的基本程序

(1) 开证申请人根据合同填写开证申请书并交纳押金或提供其他保证,请开证行开证。

(2) 开证行根据申请书内容,向受益人开出信用证并寄交出口人所在地通知行。

(3) 通知行核对印鉴无误后,将信用证交受益人。

(4) 受益人审核信用证内容与合同规定相符后,按信用证规定装运货物、备妥单据并开出汇票,在信用证有效期内,送议付行议付。

(5) 议付行按信用证条款审核单据无误后,把货款垫付给受益人。

(6) 议付行将汇票和货运单据寄开证行或其特定的付款行索偿。

(7) 开证行核对单据无误后,付款给议付行。

(8) 开证行通知开证人付款赎单。

？ 小思考

请同学们比较各种票据结算方式的优缺点,并阐述理由。

【工作评价与反馈】

项目		任务完成程度		
		全部完成	部分完成	未完成
自我评价	任务一			
	任务二			
	任务三			
	任务四			
项目任务完成心得				
存在的问题				
教师评价				

强 化 练 习

一、单项选择题

1. 存款人因办理日常转账结算和现金收付需要而开立的银行结算账户是( )。

    A. 一般存款账户   B. 基本存款账户

    C. 专用存款账户   D. 临时存款账户

2. 用于办理存款人借款转存、借款归还和其他结算的资金收付账户是( )。

    A. 一般存款账户   B. 基本存款账户

    C. 专用存款账户   D. 临时存款账户

3. 收款人或持票人为将票据权利转让给他人或者一定的票据权利授予他人行使而在票据背面或者粘单上记载有关事项并签章的行为称为( )。

    A. 出票   B. 背书   C. 承兑   D. 保证

4. 支票的提示付款期限为自出票日起( )。

    A. 5 日   B. 10 日   C. 15 日   D. 30 日

5. 银行汇票持票人向银行提示付款时,必须同时提交银行汇票和(　　)。

   A. 解讫通知　　　　B. 进账单　　　　C. 本人身份证　　　　D. 支款凭证

6. 下列各项中,不符合票据和结算凭证填写要求的是(　　)。

   A. 票据的出票日期使用阿拉伯数字填写

   B. 中文大写金额数字书写中使用繁体字

   C. 阿拉伯小写金额数字前面,均应填写人民币符号

   D. 将出票日期 2 月 12 日写成零贰月壹拾贰日

7. 存款人开立单位银行结算账户,自正式开立之日起(　　)个工作日后,方可使用该账户办理付款业务。

   A. 2　　　　　　　B. 3　　　　　　　C. 5　　　　　　　D. 7

8. 自然人因投资、消费、结算等而开立的可办理支付结算业务的存款账户称为(　　)。

   A. 临时存款账户　　　　　　　　B. 个人银行结算账户

   C. 专用存款账户　　　　　　　　D. 一般存款账户

9. 本票自出票日起(　　)内向付款人提示付款。

   A. 20 日　　　　　B. 1 个月　　　　C. 2 个月　　　　D. 3 个月

10. 根据支付结算办法的规定,下列各项中,可作为支付结算和资金清算的中介机构的是(　　)。

   A. 城市信用合作社　B. 农村信用合作社　C. 银行　　　　　D. 个体工商户

二、多项选择题

1. 下列各项中,属于支付结算方式的有(　　)。

   A. 银行卡　　　　　B. 汇兑　　　　　C. 信用证　　　　　D. 委托收款

2. 下列各项中,属于办理支付结算主体的有(　　)。

   A. 城市信用合作社　B. 农村信用合作社　C. 单位　　　　　D. 个体工商户

3. 下列各项中,属于银行账户特点的有(　　)。

   A. 办理人民币业务　　　　　　　B. 办理资金收付结算业务

   C. 是活期存款账户　　　　　　　D. 是定期存款账户

4. 根据《人民币银行结算账户管理办法》的规定,发生下列事由之一的,存款人应向开户银行提出撤销银行结算账户的申请(　　)。

   A. 被撤并、解散、宣告破产或关闭的　　B. 注销、被吊销营业执照的

   C. 单位法定代表人被撤销的　　　　　　D. 因迁址需要变更开户银行的

5. 根据《人民币银行结算账户管理办法》的规定,下列各项中,可以申请开立基本存款账户的有(　　)。

   A. 机关、事业单位　　　　　　　B. 社会团体

   C. 个体工商户　　　　　　　　　D. 居民委员会、村民委员会、社区委员会

6. 根据《人民币银行结算账户管理办法》的规定,存款人申请开立一般存款账户,应向银行出具下列证明文件(　　)。

   A. 开立基本存款账户规定的证明文件

   B. 基本存款账户开户登记证

   C. 存款人因向银行借款需要,应出具借款合同

D. 存款人因其他结算需要,应出具有关证明

7. 根据《人民币银行结算账户管理办法》的规定,对下列资金的管理与使用,存款人可以申请开立专用存款账户(　　　)。

　　A. 证券交易结算资金　　　　　　　　B. 粮、棉、油收购资金

　　C. 期货交易保证金　　　　　　　　　D. 注册验资

8. 根据《票据法》的规定,票据包括(　　　)。

　　A. 汇票　　　　　　B. 传票　　　　　　C. 本票　　　　　　D. 支票

9. 下列各项中,属于汇票基本当事人的有(　　　)。

　　A. 出票人　　　　　B. 背书人　　　　　C. 付款人　　　　　D. 收款人

10. 下列各项中,属于银行汇票绝对记载事项的有(　　　)。

　　A. 表明"银行汇票"的字样　　　　　　B. 确定的金额

　　C. 收款人名称　　　　　　　　　　　D. 出票日期

三、判断题

1. 根据规定,银行可以为任何单位或者个人查询账户情况,但不得为任何单位或者个人冻结、扣划款项,不得停止单位、个人存款的正常支付。　　　　　　　　　　　(　　　)

2. 根据支付结算办法的规定,未使用按中国人民银行统一规定印制的票据,票据无效;未使用中国人民银行统一规定格式的结算凭证,银行不予受理。　　　　　　　　(　　　)

3. 根据支付结算办法的规定,票据和结算凭证上的所有记载事项,任何人不得更改。

(　　　)

4. 票据出票日期使用小写填写的,银行不予受理。大写日期未按要求规范填写的,银行可予受理,但由此造成损失的,由出票人自行承担。　　　　　　　　　　　　(　　　)

5. 根据支付结算办法的规定,存款人只能在注册地或住所地开立银行结算账户。(　　　)

6. 凡具有民事权利能力和民事行为能力,并依法独立享有民事权利和承担民事义务的法人和其他组织,均可以开立基本存款账户。　　　　　　　　　　　　　　　(　　　)

7. 汇票上记载的金额必须是固定的数额,如果汇票上记载的金额是不确定的,汇票将无效。　　　　　　　　　　　　　　　　　　　　　　　　　　　　　　(　　　)

8. 银行汇票的实际结算金额不得更改,更改实际结算金额的银行汇票无效。(　　　)

9. 未填写实际结算金额或实际结算金额超过出票金额的银行汇票也可以背书转让。

(　　　)

10. 我国《票据法》按照支付票款方式,将支票分为现金支票和转账支票。　(　　　)

四、案例分析题

1. 某有限公司财务部在 2014 年 7 月 8 日晚上被盗,次日会计人员清点财物时,发现除现金、财务印章之外,还有 6 张空白支票和已开具的 5 张票据(现金支票 1 张、转账支票 2 张、商业汇票 1 张、未填明"现金"字样的银行本票 1 张)被盗。

根据我国相关法律制度的规定回答下列问题:

(1) 该有限公司票据被盗后,哪些票据可以挂失止付? 请说明理由。

(2) 该有限公司采取挂失止付后,还可以采取哪些补救措施?

(3) 该有限公司能否不经挂失止付而直接向人民法院申请公示催告? 请说明理由。

2. A公司因购货向B公司签发一张汇票，金额记载20万元，签章为A公司公章，出票日期为2月12日。B公司收到汇票后在规定期限内向付款人银行提示承兑，但银行以票据不符合要求而拒绝受理。

要求：根据支付结算法律制度和《票据法》的有关规定，回答下列问题：

(1) 该汇票上的出票日期的填写是否符合要求？并说明理由。

(2) 该汇票上的签章是否符合要求？并说明理由。

(3) 银行拒绝受理的行为是否合法？

微信扫一扫
本章练习解析

项目三 税收法律制度

【案例导入】

小李从高职院校会计专业毕业后,打算与几个同学一起创业,他主要负责新公司的财务工作。目前,新公司成立在即,他正在忙于公司的税务登记工作。那么,请问小李需要准备哪些材料?填哪些表格?去哪些政府部门办理?希望大家在完成本项目的学习任务后,能够解决这些问题。

【学习目标】

认知目标:了解税收的概念、分类、基本特征以及税法的构成要素,掌握主要的税种,包括增值税、消费税、营业税、企业所得税以及个人所得税,熟悉税收征管的具体规定,包括税务登记的概念与类型,发票的种类及开具要求,纳税申报的材料及方式。

情感目标:在熟悉税收法律制度的基础上,培养学生"依法纳税"的职业素质和认真严谨的工作态度。

技能目标:掌握不同类型税种和税务登记的操作流程,能够填写各种税务登记表格,能够辨认及填写各种常见发票,掌握纳税申报的具体流程。

任务一 税收概述

一、税收的概念与分类

(一)税收的概念与作用

1. 税收的概念

税收是国家为了满足一般的社会共同需要,凭借政治的权力,按照国家法律规定的标准,强制地、无偿地取得财政收入的一种分配形式。它体现了国家与纳税人在征税、纳税的利益分配上的一种特殊关系。

2. 税收的作用

(1)税收是国家组织财政收入的主要形式和工具

税收在保证和实现财政收入方面起着重要的作用。由于税收具有强制性、无偿性和固定性,因而能保证收入的稳定;同时,税收的征收十分广泛,能从多方筹集财政收入。

(2)税收是国家调控经济运行的重要手段

税收是国家调控经济的重要杠杆之一。国家通过税种的设置以及在税目、税率、加成征收或减免税等方面的规定,可以调节社会生产、交换、分配和消费,促进社会经济的健康发展。

（3）税收具有维护国家政权的作用

税收具有维护国家政权的作用。国家政权是税收产生和存在的必要条件，而国家政权的存在又依赖于税收的存在。没有税收，国家机器就不可能有效运转。同时，税收分配不是按照等价原则和所有权原则分配的，而是凭借政治权力对物质利益进行调节，体现国家支持什么、限制什么，从而达到维护和巩固国家政权的目的。

（4）税收是国际经济交往中维护国家利益的可靠保证

在国际交往中，任何国家对在本国境内从事生产经营的外国企业或个人都拥有税收管辖权，这是国家权益的具体体现。随着改革开放的深入，我国与世界各国的经济交流与合作不断发展，建立和完善了涉外税法，这些税法既维护了国家的权益，又提供了可靠的法律保障。

（二）税收的特征

税收与其他分配方式相比，具有强制性、无偿性和固定性的特征，习惯上称为税收的"三性"。

1. 强制性

税收的强制性是指税收是国家以社会管理者的身份，凭借政权力量，依据政治权力，通过颁布法律或政令来进行强制征收。强制性特征体现在两个方面：一方面税收分配关系的建立具有强制性，即税收征收完全是凭借国家拥有的政治权力；另一方面是税收的征收过程具有强制性，即如果出现了税务违法行为，国家可以依法进行处罚。

2. 无偿性

税收的无偿性是指通过征税，社会集团和社会成员的一部分收入转归国家所有，国家不向纳税人支付任何报酬或代价。国家征税以后，税款即为国家所有，既不需要偿还，也不需要对纳税人付出任何代价。国家征税并不直接向纳税人提供相应数量的公共产品；国家所征税款不构成国家与纳税人之间的债权债务关系。税收这种无偿性是与国家凭借政治权力进行收入分配的本质相联系的。

3. 固定性

税收的固定性是指税收是按照国家法令规定的标准征收的，即纳税人、课税对象、税目、税率、计价办法和期限等，都是税收法令预先规定了的，有一个比较稳定的试用期间，是一种固定的连续收入。国家按事先规定的征税对象、征收标准和课征办法等实施征税，包括时间上的连续性和征收比例的固定性。

税收的三个基本特征是统一的整体。其中，强制性是实现税收无偿征收的强有力保证，无偿性是税收本质的体现，固定性是强制性和无偿性的必然要求。

（三）税收的分类

（1）按征税对象分类，可将全部税收划分为流转税类、所得税类、财产税类、资源税类和行为税类五种类型。

表 3 - 1

类型	主要内容
流转税	流转税是指以货物和劳务的流转额为征税对象的一类税收。如增值税、消费税、营业税、关税等。
所得税	所得税是指以纳税人各项纯所得或利润额为课税对象的税种。如企业所得税、个人所得税等。
财产税	财产税是指以各种动产和不动产为对象的税种。如房产税、车船税等。
资源税	资源税是指以各种资源为对象的税种。如资源税、土地增值税等。
行为税	行为税是指以社会的特定行为为对象和为实现政府的特殊目的而征收的税种。如车辆购置税、城市维护建设税、契税、耕地占用税等。

（2）按征收管理的分工体系分类，可分为工商税类、关税类。

表 3 - 2

类型	主要内容
工商税类	工商税收由税务机关负责征收管理。工商税收是指以从事工业、商业和服务业的单位和个人为纳税人的各种税的总称，是我国现行税制的主体部分。具体包括增值税、消费税、营业税、资源税、企业所得税、外商投资企业和外国企业所得税、个人所得税、城市维护建设税、房产税、城市房地产税、车船使用税、车船使用牌照税、土地增值税、城镇土地使用税、印花税等税种。
关税类	关税类的税收由海关负责征收管理。关税是对进出境的货物、物品征收的税收总称，主要是指进出口关税，也包括由海关代征的进口环节增值税、消费税和船舶吨税，以及对入境旅客行李物品和个人邮递物品征收的进口税。关税是中央财政收的进口税。

（3）按照税收征收权限和收入支配权限分类，可分为中央税、地方税和中央地方共享税。

表 3 - 3

类型	主要内容
中央税	中央税是指由中央政府征收和管理使用或者地方政府征收后全部划归中央，由中央所有和支配的税收。如：关税，海关代征消费税和增值税，消费税，中央企业所得税，地方银行和外资银行及非银行金融企业所得税，铁道部门、各银行总行、各保险总公司等集中交纳的营业税。
地方税	地方税是指由地方政府征收、管理和支配的一种税收。如营业税，城市维护建设税，房产税，车船使用税，契税，土地增值税。
中央地方共享税	中央地方共享税，如果某一种税收收入支配由中央和地方按比例或按法定方式分享，便属于中央地方共享税。我国共享税由中央立法、管理，如现行的增值税、资源税、对证券（股票）交易征收的印花税、企业所得税等税种。

（4）按照计税标准不同进行的分类，可分为从价税、从量税和复合税。

表 3 - 4

类型	主要内容
从价税	从价税是以课税对象价格为计税依据,其应纳税额随商品价格的变化而变化,能充分体现合理负担的税收政策,因而大部分税种均采用这一计税方法。从价税一般采用比例税率和累进税率,如增值税、企业所得税、个人所得税等。
从量税	从量税是以征税数量的对象数量、重量、体积等作为计税依据,其课税数额与征税对象数量相关而与价格无关。从量税一般采用定额税率,如我国现行的车船税、消费税中的啤酒、黄酒等。
复合税	复合税是对某些货物或物品既征收从价税,又征收从量税。即采用从量税和从价税同时征收的一种方法。如对白酒、卷烟征收的消费税。

二、税法及其构成要素

(一) 税法的概念与作用

1. 税法的概念

税法即税收法律制度,是调整税收关系的法律规范,是由国家最高权力机关或其授权的行政机关制定的有关调整国家在筹集财政资金方面形成的税收关系的法律规范的总称。

2. 税法的作用

(1) 税法的规范作用

① 指引作用。税法的制定为人们的行为提供一个模式、标准和方向,即起到一种指引作用。

② 评价作用。税法作为法律规范具有判断、衡量人们的行为是否合法的作用。

③ 预测作用。依靠税法指引的方向和提供的评价标准,可以预先估计到人们将如何行动,从而在税法许可的范围内,对自己的行为作出最合理的安排。

④ 强制作用。税法的强制作用是指对违反税法的行为进行制裁而产生的法律保证,是税收强制性的法律依据。

⑤ 教育作用。税法的实施可以对以后人们的行为产生一定的影响,这种作用可以说是税法评价作用与强制作用的延伸。

(2) 税法的经济作用

① 税法是国家取得财政收入的重要保证。一方面体现在税法作为义务性法规,设定了种种纳税义务;另一方面,法律要求相对的稳定性,不能朝令夕改。

② 税法是正确处理税收分配关系的法律依据。税收分配是社会剩余产品由纳税人向国家无偿、单向的转移。

③ 税法是国家宏观调控经济的重要手段。调节宏观经济是税收的基本职能之一。

④ 税法是监督管理的有力武器。一方面可以及时发现一般性违法税收行为;另一方面,税法也是打击税收领域犯罪活动的有力武器。

⑤ 税法是维护国家权益的重要手段。在对外经济交往中,税法是维护国家权益的基本手段之一。

(二) 税法的分类

1. 按税法的功能作用不同,分为税收实体法和税收程序法

(1) 税收实体法是规定税收法律关系主体的实体权利、义务的法律规范总称。税收实体法具体规定了各种税种的征收对象、征收范围、税目、税率等。《企业所得税法》、《个人所得税法》、《车船税法》就属于实体法。

(2) 税收程序法是税务管理方面的法律规范。税收程序法主要包括税收管理法、发票管理法、税务机关组织法、税务争议处理法等。如《税收征收管理法》、《海关法》、《进出口关税条例》。

2. 按照主权国家行使税收管辖权不同,分为国内税法、国际税法、外国税法

(1) 国内税法是指一国在其税收管辖权范围内,调整国家与纳税人之间权利义务关系的法律规范的总称,是由国家立法机关和经由授权或依法律规定的国家行政机关制定的法律、法规和规范性文件。

(2) 国际税法是指两个或两个以上的课税权主体对跨国纳税人的跨国所得或财产征税形成的分配关系,并由此形成国与国之间的税收分配形式,主要包括双边或多边国家间的税收协定、条约和国际惯例。

(3) 外国税法是指外国各个国家制定的税收法律制度。

3. 按税法法律级次不同,分为税收法律、税收行政法规、税收行政规章和税收规范性文件

(1) 税收法律,由全国人民代表大会及其常务委员会制定。如《企业所得税法》、《个人所得税法》。

(2) 税收行政法规,由国务院制定的有关税收方面的行政法规和规范性文件。税收行政法规由国务院根据有关法律的规定制定,其法律地位和法律效力低于《宪法》和税收法律。如《中华人民共和国个人所得税法实施条例》(以下简称《个人所得税法实施条例》)、《中华人民共和国税收征收管理法实施条例》(以下简称《税收征收管理法实施条例》)、《中华人民共和国企业所得税法实施条例》(以下简称《企业所得税法实施条例》)、《中华人民共和国增值税暂行条例》(以下简称《增值税暂行条例》)、《中华人民共和国消费税暂行条例》(以下简称《消费税暂行条例》)和《中华人民共和国营业税暂行条例》(以下简称《营业税暂行条例》)等。

(3) 税收规章和税收规范性文件,由国务院财税主管部门根据法律和国务院行政法规或者规范性文件的要求,在本部门权限范围内发布的有关税收事项的规章和规范性文件,包括命令、通知、公告、通告、批复、意见、函等文件形式。

(三) 税法的构成要素

税法的构成要素,是指各种单行税法具有的共同的基本要素的总称。一般包括征税人、纳税义务人、征税对象、税目、税率、计税依据、纳税环节、纳税期限、纳税地点、减免税和法律责任等项目。其中,纳税义务人、征税对象、税率是构成税法的三个最基本的要素。

1. 征税人

征税人是指代表国家行使征税职权的各级税务机关和其他征收机关。因税种的不同,征税人也可能不同。我国的单项税法中都有有关征税人的规定。如增值税的征税人是税务机关,关税的征税人是海关。

2. 纳税义务人

纳税义务人简称纳税人，是指依法直接负有纳税义务的自然人、法人和其他组织，是纳税的主体，即对谁征税。根据税法规定，纳税人有自然人和法人两种最基本的形式，按照不同目的和标准，对自然人和法人还可以进一步细分。自然人可以划分为居民和非居民、个体经营者和其他个人等；法人可划分为居民企业和非居民企业，还可以按所有制的性质进行分类等。

与纳税人相联系的另一个概念是扣缴义务人。扣缴义务人是税法规定的，在其经营活动中负有代扣税款并向国库缴纳税款义务的单位。扣缴义务人必须按照税法规定代扣税款，并在规定期限内将税款缴入国库。

3. 征税对象

征税对象，又称课税对象、征税客体，是指对何种客体征税，即征税的标的物。如消费税的征税对象就是消费品（如烟、酒等）；房产税的征税对象就是房屋。征税对象是税法的最基本要素，是区分不同税种的主要标志。

4. 税目

税目是指征税对象的具体化，各个税种所规定的具体征税项目。规定税目的主要目的是明确征税的具体范围和对不同的征税项目加以区别，从而制定高低不同的税率。制定税目的基本方法有两种：一是列举法，即按照每种商品或经营项目分别设置科目，必要时还可以在一个科目下设若干子科目；二是概括法，即把性质相近的产品或项目归类设置税目，如按照商品大类或行业设计税目，主要适用于品种类别繁杂、界限不易划清的征税对象。

5. 税率

税率，是指应纳税额与征税对象数额之间的比例。税率是计算应纳税额的尺度，反映税负水平的高低。我国现行税率分为三种：

（1）比例税率。指按照固定比例确定的税率，即不论征税对象数额大小，只按一个固定比例征税。增值税、营业税、企业所得税等均实行比例税率。

① 单一比例税率，是指对同一征税对象的所有纳税人都适用同一比例税率。

② 差别比例税率，是指对同一征税对象的不同纳税人适用不同的比例征税。

③ 幅度比例税率，是指对同一征税对象，税法只规定最低税率和最高税率，各地区在该幅度内确定具体的适用税率。

（2）累进税率。指根据征税对象数额大小而确定不同等级的税率，征税对象数额越大，税率越高；反之，征税对象数额越小，税率越低。如个人所得税税率的确定。

累进税率又分为全额累进税率、超额累进税率、超率累进税率。

全额累进税率，是把征税对象按数额的大小分成若干等级，每个等级规定相应的税率，税率依次提高，当税基超过某个级距时，课税对象的全部数额都按提高后级距的相应税率计税。课税对象的全部数额只适用一个税率。该税率计算简便，但税负不合理，即在两个级距的临界点附近会出现税额增加超过计税依据增加的不合理现象。目前，我国的税收法律制度中已不采用这种税率。

超额累进税率，是把征税对象按数额大小分成若干等级，每一等级规定一个税率，税率依次提高，但每一纳税人的征税对象则依所属等级同时适用几个税率分别核算，将计算结果相加后得出应纳税额。目前，我国的个人所得税中对薪金工资征税即采用这种税率。

超率累进税率，是把征税对象数额的相对率划分为若干级距，分别规定相应的差别税率，相对率每超过一个级距的,对超过部分就按高一级的税率征税。目前,我国土地增值税采用了这种税率。

(3)定额税率。采用定额税率征税,税额的多少同征税对象的数量成正比。定额税率又称固定税率,是指按征税对象的一定计量单位,直接规定固定的税额,如我国现行消费税中啤酒、黄酒、成品油等税目,资源税中的煤炭和其他非金属原矿,城镇土地使用税,车船税等采用了定额税率。

6. 计税依据

计税依据也称计税标准、课税依据、课税基数、征税基数或税基,是指计算应纳税额的依据或标准,即依据什么来计算纳税人应缴纳的税额。一般分为以下几种:

(1)从价计征

从价计征是指以计税金额为计税依据,除了一些特殊性质的税种外,绝大多数的税种都采取从价计征。主要包括收入额、收益额、财产额、资金额等。其计算公式为:

$$计税金额=征税对象数量×计税价格$$
$$应纳税额=计税金额×适用税率$$

(2)从量计征

从量计征是指以征税对象的重量、体积、数量为计税依据。例如消费税中的黄酒、啤酒以吨数为计税依据,汽油、柴油以升数为计税依据。

$$应纳税额=计税数量×单位适用税额$$

(3)复合计征

复合计征是指既包括从量计征又包括从价计征。如我国现行的消费税中的卷烟、白酒等。

$$应纳税额=计税金额×适用税率+计税数量×单位适用税额$$

7. 纳税环节

纳税环节,指征税对象在流转过程中,按税法规定应当纳税的环节。如商品从生产到消费一般要经过产制、批发和零售三个环节,纳税环节解决的就是征一道税,或是征两道税,还是道道征税以及确定在哪个环节征税的问题。

商品流转环节包括工业生产、农业生产、货物进出口、农产品采购或发运、商品批发、商业零售等,在税收上只选择其中一定环节规定为缴纳税款的环节,如现行的增值税实行多次课征制,从商品生产环节到商业零售环节,每一个环节都要就其增值额部分交税;流转税在生产和流通环节纳税,所得税在分配环节纳税等。

8. 纳税期限

纳税期限是指纳税人的纳税义务发生后,应向税务机关申报纳税的起止时间。纳税期限可以分为两种:一是按期纳税,如增值税的纳税期限根据纳税人的生产和经营情况与税额的大小分别核定为1天、3天、5天、10天、15天、1个月、1个季度为一期,逐期计算缴纳;二是按次纳税,如进口商品应纳的增值税,是在纳税人发生纳税义务后,按次计算缴纳。

9. 纳税地点

纳税地点是指纳税人具体缴纳税款的地点。税法规定的纳税地点主要有机构所在地、经济活动发生地、财产所在地、报关地等。

10. 减免税

减免税是指国家对某些纳税人或征税对象给予鼓励和照顾的一种特殊规定。减免税主要包括三方面的内容：

（1）减税和免税。

所谓减税，是指从应纳税额中减征部分税款；所谓免税，是指对按规定应征收的税款全部免征。

（2）起征点。

起征点又称"征税起点"或"起税点"，税法规定的对课税对象开始征税的最低界限。征税对象的数额未达到起征点时不征税。而一旦征税对象的数额达到或超过起征点时，则要就其全部的数额征税，而不是仅对其超过起征点的部分征税。

（3）免征额。

免征额是指税法规定的课税对象全部数额中免予征税的数额。它是按照一定标准从征税对象总额中预先减除的数额。免征额部分不征税，只对超过免征额部分征税。当征税对象的数额小于起征点和免征额时，都不予征税；当征税对象的数额大于起征点时，要对课税对象的全部数额征税；当征税对象的数额大于免征额时，仅对课税对象超过免征额的部分征税。

11. 法律责任

法律责任是指对违反税法规定的行为人采取的处罚措施。它一般包括违法行为和因违法而应承担的法律责任两部分内容。这里的违法行为是指违反税法规定的行为，包括作为和不作为；这里的法律责任包括行政责任和刑事责任。纳税人和税务人员违反税法规定，都将依法承担法律责任。

任务二　主要税种

一、增值税

（一）增值税的概念与分类

1. 增值税的概念

增值税是以商品（含应税劳务）在流转过程中产生的增值额作为计税依据而征收的一种流转税。

2. 增值税的分类

增值税分为生产型增值税、收入型增值税和消费型增值税三种。我国在 2008 年及以前，增值税一直是实行生产型增值税。从 2009 年 1 月起，增值税由过去的生产型转为消费型。

（1）生产型增值税。

生产型增值税指在征收增值税时，只能扣除属于非固定资产项目的那部分生产资料的税款，不允许扣除固定资产价值中所含有的税款。该类型增值税的征税对象大体上相当于国民生产总值，因此称为生产型增值税。

（2）收入型增值税。

收入型增值税指在征收增值税时，只允许扣除固定资产折旧部分所含的税款，未提折旧部分不得计入扣除项目金额。该类型增值税的征税对象大体上相当于国民收入,因此称为收入型增值税。

(3) 消费型增值税。

消费型增值税指在征收增值税时,允许将固定资产价值中所含的税款全部一次性扣除。这样,就整个社会而言,生产资料都排除在征税范围之外。该类型增值税的征税对象仅相当于社会消费资料的价值,因此称为消费型增值税。我国从 2009 年 1 月 1 日起,在全国所有地区实施消费型增值税。

(二) 增值税的征税范围

1. 增值税征税范围的一般规定

(1) 销售或进口的货物。

这里所称的货物是指有形动产,包括电力、热力、气体在内,不包括无形资产和不动产。这里所称销售货物是指有偿转让货物的所有权。即在转让货物所有权后,从购买方取得货币、实物或其他经济利益。

进口货物是指经关境进入我国境内的货物。此类货物在报关进口环节中,除依法缴纳关税外,还必须缴纳增值税。

(2) 提供的加工、修理修配劳务。

加工是指受托加工货物,即委托方提供原料及主要材料,受托方按照委托方的要求制造货物并收取加工费的业务。修理修配是指受托方对损伤和丧失功能的货物进行修复,使其恢复原状和功能的业务。单位或者个体工商户聘用的员工为本单位或者雇主提供的加工、修理修配劳务不包括在内。

(3) 提供的应税服务。

应税服务是指陆路运输服务、水路运输服务、航空运输服务、管道运输服务、研发和技术服务、信息技术服务、文化创意服务、物流辅助服务、有形动产租赁服务、鉴证咨询服务。

提供应税服务是指有偿提供应税服务,但不包括非营业活动中提供的应税服务。非营业活动包括:

① 非企业性单位按照法律和行政法规的规定,为履行国家行政管理和公共服务职能收取政府性基金或行政事业性收费的活动;

② 单位或个体工商户的员工为本单位或雇主提供应税服务;

③ 单位或个体工商户为员工提供应税服务;

④ 财政部和国家税务总局规定的其他情形。

(4) 销售服务。

销售服务,是指提供交通运输服务、邮政服务、电信服务、建筑服务、金融服务、现代服务、生活服务。

① 交通运输服务。

交通运输服务是指利用运输工具将货物或者旅客送达目的地,使其空间位置得到转移的业务活动。包括陆路运输服务、水路运输服务、航空运输服务和管道运输服务。

② 邮政服务。

邮政服务,是指中国邮政集团公司及其所属邮政企业提供邮件寄递、邮政汇兑和机要通信等邮政基本服务的业务活动。包括邮政普遍服务、邮政特殊服务和其他邮政服务。

③ 电信服务。

电信服务，是指利用有线、无线的电磁系统或者光电系统等各种通信网络资源，提供语音通话服务，传送、发射、接收或者应用图像、短信等电子数据和信息的业务活动。包括基础电信服务和增值电信服务。

④ 建筑服务。

建筑服务，是指各类建筑物、构筑物及其附属设施的建造、修缮、装饰，线路、管道、设备、设施等的安装以及其他工程作业的业务活动。包括工程服务、安装服务、修缮服务、装饰服务和其他建筑服务。

⑤ 金融服务。

金融服务，是指经营金融保险的业务活动。包括贷款服务、直接收费金融服务、保险服务和金融商品转让。

⑥ 现代服务。

现代服务，是指围绕制造业、文化产业、现代物流产业等提供技术性、知识性服务的业务活动。包括研发和技术服务、信息技术服务、文化创意服务、物流辅助服务、租赁服务、鉴证咨询服务、广播影视服务、商务辅助服务和其他现代服务。

研发和技术服务，包括研发服务、合同能源管理服务、工程勘察勘探服务、专业技术服务。

信息技术服务，是指利用计算机、通信网络等技术对信息进行生产、收集、处理、加工、存储、运输、检索和利用，并提供信息服务的业务活动。

文化创意服务，包括设计服务、知识产权服务、广告服务和会议展览服务，是指把计划、规划、设想通过文字、语言、图画、声音、视觉等形式传递出来的业务活动。

物流辅助服务，包括航空服务、港口码头服务、货运客运场站服务、打捞救助服务、装卸搬运服务、仓储服务和收派服务。

租赁服务，包括融资租赁服务和经营租赁服务。按照标的物的不同，租赁服务可分为有形动产融资租赁服务和不动产融资租赁服务。

鉴证咨询服务，包括认证服务、鉴证服务和咨询服务。

广播影视服务，包括广播影视节目（作品）的制作服务、发行服务和播映（含放映，下同）服务。

商务辅助服务，包括企业管理服务、经纪代理服务、人力资源服务、安全保护服务。

其他现代服务，是指除研发和技术服务、信息技术服务、文化创意服务、物流辅助服务、租赁服务、鉴证咨询服务、广播影视服务和商务辅助服务以外的现代服务。

⑦ 生活服务。

生活服务，是指为满足城乡居民日常生活需求提供的各类服务活动。包括文化体育服务、教育医疗服务、旅游娱乐服务、餐饮住宿服务、居民日常服务和其他生活服务。

文化体育服务，包括文化服务和体育服务。文化服务，是指为满足社会公众文化生活需求提供的各种服务。体育服务，是指组织举办体育比赛、体育表演、体育活动，以及提供体育训练、体育指导、体育管理的业务活动。

教育医疗服务，包括教育服务和医疗服务。教育服务，是指提供学历教育服务、非学历教育服务、教育辅助服务的业务活动。医疗服务，是指提供医学检查、诊断、治疗、康复、预防、保健、接生、计划生育、防疫等方面的服务，以及与这些服务有关的提供药品、医用材料器具、救护车、病房住宿和伙食的业务。

旅游娱乐服务，包括旅游服务和娱乐服务。旅游服务，是指根据旅游者的要求，组织安排交通、游览、住宿、餐饮、购物、文娱、商务等服务的业务活动。娱乐服务，是指为娱乐活动同时提供场所和服务的业务。具体包括：歌厅、舞厅、夜总会、酒吧、台球、高尔夫球、保龄球、游艺（包括射击、狩猎、跑马、游戏机、蹦极、卡丁车、热气球、动力伞、射箭、飞镖等）。

餐饮住宿服务，包括餐饮服务和住宿服务。餐饮服务，是指通过同时提供饮食和饮食场所的方式为消费者提供饮食消费服务的业务活动。住宿服务，是指提供住宿场所及配套服务等的活动。包括宾馆、旅馆、旅社、度假村和其他经营性住宿场所提供的住宿服务。

居民日常服务，是指主要为满足居民个人及其家庭日常生活需求提供的服务，包括市容市政管理、家政、婚庆、养老、殡葬、照料护理、救助救济、美容美发、按摩、桑拿、氧吧、足疗、沐浴、洗染、摄影扩印等服务。

其他生活服务，是指除文化体育服务、教育医疗服务、旅游娱乐服务、餐饮住宿服务和居民日常服务之外的生活服务。

（5）销售无形资产。

销售无形资产，是指转让无形资产所有权或者使用权的业务活动。无形资产，是指不具实物形态，但能带来经济利益的资产，包括技术、商标、著作权、商誉、自然资源使用权和其他权益性无形资产。

技术，包括专利技术和非专利技术。

自然资源使用权，包括土地使用权、海域使用权、探矿权、采矿权、取水权和其他自然资源使用权。

其他权益性无形资产，包括基础设施资产经营权、公共事业特许权、配额、经营权（包括特许经营权、连锁经营权等其他经营权）、经销权、分销权、代理权、会员权、席位权、网络游戏虚拟道具、域名、名称权、肖像权、冠名权、转会费等。

（6）销售不动产。

销售不动产，是指转让不动产所有权的业务活动。不动产，是指不能移动或者移动后会引起性质、形状改变的财产，包括建筑物、构筑物等。

2. 增值税征税范围的特殊规定

（1）视同销售。单位或个体经营者的下列行为，视同销售货物：

① 将货物交付其他单位或个人代销；

② 销售代销货物；

③ 设有两个以上机构并实行统一核算的纳税人，将货物从一个机构移送其他机构用于销售，但相关机构设置在同一县（市）的除外；

④ 将自产、委托加工的货物用于非增值税应税项目；

⑤ 将自产、委托加工的货物用于集体福利或个人消费；

⑥ 将自产、委托加工或购进的货物作为投资，提供给其他单位或个体工商户；

⑦ 将自产、委托加工或购进的货物分配给股东或投资者；

⑧ 将自产、委托加工或购进的货物无偿赠送给其他单位或个人。

（2）下列情形视同销售服务、无形资产或者不动产：

① 单位或者个体工商户向其他单位或者个人无偿提供服务，但用于公益事业或者以社会

公众为对象的除外；

② 单位或者个人向其他单位或者个人无偿转让无形资产或者不动产，但用于公益事业或者以社会公众为对象的除外；

③ 财政部和国家税务总局规定的其他情形。

（3）混合销售。

一项销售行为如果既涉及货物又涉及服务，为混合销售。从事货物的生产、批发或者零售的单位和个体工商户的混合销售行为，按照销售货物缴纳增值税；其他单位和个体工商户的混合销售行为，按照销售服务缴纳增值税。

上述从事货物的生产、批发或者零售的单位和个体工商户，包括以从事货物的生产、批发或者零售为主，并兼营销售服务的单位和个体工商户在内。

（4）兼营非应税劳务。

纳税人销售货物，提供加工、修理修配劳务，服务、无形资产或者不动产，适用不同税率或者征收率的，应当分别核算适用不同税率或者征收率的销售额，未分别核算销售额的，按照以下方法适用税率或者征收率：

① 兼有不同税率的销售货物，提供加工、修理修配劳务，销售服务、无形资产或者不动产，从高适用税率。

② 兼有不同征收率的销售货物，提供加工、修理修配劳务，销售服务、无形资产或者不动产，从高适用征收率。

③ 兼有不同税率和征收率的销售货物，提供加工、修理修配劳务，销售服务、无形资产或者不动产，从高适用税率。

原增值税一般纳税人兼有销售服务、无形资产或者不动产的，截止到纳入营改增试点之日前的增值税期末留抵税额，不得从销售服务、无形资产或者不动产的销项税额中抵扣。

（三）增值税的纳税人

增值税的纳税人，是指在中国境内销售货物或者提供加工、修理修配劳务以及进口货物、提供加工、修理修配劳务、销售服务、无形资产或者不动产以及应税服务的单位和个人。纳税人按其经营规模大小，分为一般纳税人和小规模纳税人。

1. 一般纳税人的认定

一般纳税人是指年应征增值税销售额（以下简称年应税销售额，包括一个公历年度内的全部应税销售额）超过财政部规定的小规模纳税人标准的企业和企业性单位。

下列纳税人不办理一般纳税人资格认定：

（1）应税销售额未超过小规模纳税人标准的企业；

（2）除个体经营者以外的其他个人；

（3）非企业性单位；

（4）不经常发生增值税应税行为的企业。

纳税人符合一般纳税人条件的，按照下列程序办理一般纳税人资格认定：

（1）纳税人提出申请。

（2）填写《增值税一般纳税人申请认定表》并附送相关资料：

①《税务登记证》副本；

② 财务负责人和办税人员的身份证明及其复印件；

③ 会计人员的从业资格证明或者与中介机构签订的代理记账协议及其复印件；

④ 经营场所产权证明或者租赁协议，或者其他可使用场地证明及其复印件；

⑤ 国家税务总局规定的其他有关资料。

（3）主管税务机关受理纳税人申请以后，根据需要进行实地查验，并制作查验报告。

（4）认定机关应当自主管税务机关受理申请之日起 20 日内完成一般纳税人资格认定，并由主管税务机关制作、送达《税务事项通知书》，告知纳税人。

2. 小规模纳税人的认定

小规模纳税人是指年销售额在规定标准以下，并且会计核算不健全，不能按规定报送有关税务资料的增值税纳税人。

目前，认定小规模纳税人的具体年应税销售额的标准为：

（1）从事货物生产或者提供应税劳务的纳税人，以及以从事货物生产或者提供应税劳务为主，并兼营货物批发或者零售的纳税人，年应税销售额在 50 万元以下的。以从事货物生产或者提供应税劳务为主，是指纳税人的年货物生产或者提供应税劳务的销售额占年应税销售额的比重在 50% 以上。

（2）除上述规定以外的纳税人，年应税销售额在 80 万元以下的。

（3）对提供应税服务的，年应税服务销售额在 500 万以下的。

（4）年应税销售额超过小规模纳税人标准的其他个人按小规模纳税人纳税。

（5）非企业性单位、不经常发生应税行为的企业可选择按小规模纳税人纳税。

小规模纳税人会计核算健全，能够提供税务资料的，可以向主管税务机关申请一般纳税人资格认定，成为一般纳税人。

除国家税务总局另有规定外，一经认定为一般纳税人后，不得转为小规模纳税人。

3. 增值税的扣缴义务人

中华人民共和国境外单位或者个人在境内发生应税行为，在境内未设有经营机构的，以购买方为增值税扣缴义务人。财政部和国家税务总局另有规定的除外。

境外单位或个人在境内提供应税服务，在境内未设有经营机构的，扣缴义务人按照下列公式计算应扣缴税额：

$$应扣缴税额＝接受方支付的价款/（1＋税率）×税率$$

（四）增值税税率

（1）税率为 17%：销售及进口货物、提供增值税应税劳务和有形动产租赁服务；

（2）税率为 13%：

① 粮食、食用植物油、鲜奶；

② 自来水、暖气、冷气、热水、煤气、石油液化气、天然气、沼气、居民日用煤炭制品；

③ 图书、报纸、杂志；

④ 饲料、化肥、农药、农机（不包括农机零部件）、农膜；

⑤ 国务院规定的其他货物（农业产品、音像制品、电子出版物、二甲醚）。

（3）税率为 11%：提供交通运输、邮政、基础电信、建筑、不动产租赁服务，销售不动产，转让土地使用权；

（4）税率为 6%：提供现代服务（有形动产租赁服务除外）；

（5）税率为 0：境内单位和个人发生的跨境应税行为，纳税人出口货物，单位和个人提供的国际运输服务、向境外单位提供的研发服务和设计服务以及财政部和国家税务总局规定的其他应税服务。

（6）征收率：增值税征收率为3％，财政部和国家税务总局另有规定的除外。

（五）增值税应纳税额的计算

增值税的计税方法，包括一般计税方法和简易计税方法。

一般纳税人发生应税行为适用一般计税方法计税。小规模纳税人发生应税行为适用简易计税方法计税。

增值税一般纳税人，应纳税额等于当期销项税额减当期进项税额。增值税一般纳税人当期应纳税额的多少，取决于当期销项税额和当期进项税额这两个因素。在分别确定销项税额和进项税额的情况下，就不难计算出应纳税额。

$$应纳税额＝当期销项税额－当期进项税额＝销售额×税率－进项税额$$

当期销项税额小于当期进项税额不足抵扣时，其不足部分可以结转下期继续抵扣。

1. 销项税额

销项税额，是指纳税人发生应税行为按照销售额和增值税税率计算并收取的增值税额。销项税额计算公式：

$$销项税额＝不含税销售额×适用税率$$

销项税额是增值税条例中的一个概念，从定义和公式中我们可以知道，它是由购买方支付的税额；对于属于一般纳税人的销售方来讲，在没有抵扣其进项税额前，销售方收取的销项税额还不是其应纳增值税额。销项税额的计算取决于销售额和适用税率两个因素。适用税率在前已有说明，此处主要介绍销售额。需要强调的是，增值税是价外税，公式中的"销售额"必须是不包括收取的销项税额的销售额。

一般计税方法的销售额不包括销项税，纳税人采用销售额和销项税额合并定价方法的，按照下列公式计算销售额：

$$销售额＝含税销售额÷（1＋税率）$$

2. 销售额

（1）一般销售方式下的销售额的确定：

一般销售方式下的销售额的正确计算应纳增值税额，需要首先核算准确作为增值税计税依据的销售额。销售额是指纳税人销售货物或者提供应税劳务向购买方（承受应税劳务也视为购买方）收取的全部价款和价外费用，但是不包括收取的销项税额。

价外费用（实属价外收入）是指价外向购买方收取的手续费、补贴、基金、集资费、返还利润、奖励费、违约金（延期付款利息）、包装费、包装物租金、储备费、优质费、运输装卸费、代收款项、代垫款项及其他各种性质的价外收费。但下列项目不包括在内：

① 向购买方收取的销项税额；

② 受委托加工应征消费税的消费品所代收代缴的消费品；

③ 同时符合以下条件的代垫运费：

a. 承运者的运费发票开具给购货方的；

b. 纳税人将该项发票转交给购货方的。

④ 同时符合以下条件代为收取的政府性基金或者行政事业性收费：

a. 由国务院或者财政部批准设立的政府性基金，由国务院或省级人民政府及其财政、物价主管部门批准设立的行政事业性收费；

　　b. 收取时开具省级以上财政部门印制的财政票据；

　　c. 所收款项全额上缴财政。

　　⑤ 销售货物的同时代办保险等而向购买方收取的保险费，以及向购买方收取的代办买方缴纳的车辆购置税、车辆牌照费。

　　凡随同销售货物或提供应税劳务向购买方收取的价外费用，无论其会计制度如何核算，均应并入销售额计算应纳税额。

　　（2）特殊销售方式下销售额的确定：

　　在销售活动中，为了达到促销的目的，有多种销售方式。不同销售方式下，销售者取得的销售额会有所不同。对不同销售方式如何确定其计征增值税的销售额，既是纳税人关心的问题，也是税法必须分别予以明确规定的事情。税法对以下几种销售方式分别作了规定：

　　① 采取折扣方式销售：

　　折扣销售是指销货方在销售货物或应税劳务时，因购货方购货数量较大等原因而给予购货方的价格优惠（如购买 5 件，销售价格折扣 10%，购买 10 件，销售价格折扣 20% 等）。由于折扣是在实现销售时同时发生的，因此，税法规定，如果销售额和折扣额在同一张发票上分别注明的，可按折扣后的余额作为销售额计算增值税；如果将折扣额另开发票，不论其在财务上如何处理，均不得从销售额中减除折扣额。

　　② 采取以旧换新方式销售：

　　以旧换新是指纳税人在销售自己的货物时，有偿收回旧货物的行为。根据《税法》规定，采取以旧换新方式销售货物的，应按新货物的同期销售价格确定销售额，不得扣减旧货物的收购价格。

　　③ 采取还本销售方式销售：

　　还本销售是指纳税人在销售货物后，到一定期限由销售方一次或分次退还给购货方全部或部分价款。这种方式实际上是一种筹集资金，是以货物换取资金的使用价值，到期还本不付息的方法。《税法》规定，采取还本销售方式销售货物，其销售额就是货物的销售价格，不得从销售额中减除还本的支出。

　　④ 采取以物易物方式销售：

　　以物易物是一种较为特殊的购销活动，是指购销双方不是以货币结算，而是以同等价款的货物相互结算，实现货物购销的一种方式。以物易物双方都应作购销处理，以各自发出的货物核算销售额并计算销项税额，以各自收到的货物按规定核算购货额并计算进项税额。应注意的是：在以物易物活动中，应分别开具合法的票据，如收到的货物不能取得相应的增值税专用发票或其他合法票据的，不能抵扣进项税额。

　　⑤ 销售价格明显偏低且无正当理由或发生视同销售行为销售额的确定税法规定，对视同销售征税而无销售额的按下列顺序确定其销售额：

　　a. 按纳税人当月同类货物的平均销售价格确定；

　　b. 按纳税人最近时期同类货物的平均销售价格确定；

　　c. 按组成计税价格确定。组成计税价格的公式为：

$$组成计税价格＝成本×（1＋成本利润率）$$

征收增值税的货物，同时又征收消费税的，其组成计税价格中应加计消费税税额。其组成计税价格公式为：

$$组成计税价格＝成本×(1＋成本利润率)＋消费税税额$$

或：

$$组成计税价格＝成本×(1＋成本利润率)÷(1－消费税税率)$$

公式中的成本，是指销售自产货物的为实际生产成本，销售外购货物的为实际采购成本。公式中的成本利润率由国家税务总局统一规定为 10%，但属于从价定率征收消费税的货物，为消费税有关法规确定的成本利润率。

3. 进项税额

进项税额，是指纳税人购进货物，接受加工、修理修配劳务，购进服务、无形资产或者不动产，支付或者负担的增值税额。

(1) 准予从销项税额中抵扣的进项税额：

① 增值税专用发票上注明的增值税额。纳税人购进货物或应税劳务，从销售方或提供方取得的增值税专用发票（含货物运输业增值税专业发票、税控机动车销售统一发票，下同）上注明的增值税税额。

自 2010 年 1 月 1 日起，一般纳税人申请抵扣的防伪税控系统开具的增值税专用发票，必须自开具之日起 180 天内到税务机关认证，并应在认证通过的次月申报期内，向主管税务机关申报抵扣进项税额，否则不能抵扣其进项税额。

② 海关完税凭证上注明的增值税额。

③ 农产品的扣税额。一般纳税人购进农产品，除取得增值税专用发票或者海关进口增值税专用缴款书外，按照农产品收购发票或者销售发票上注明的农产品买价和 13% 的扣除率计算的进项税额。其进项税额计算公式为：

$$进项税额＝买价×扣除率(13\%)$$

④ 接受境外单位或个人提供的应税服务，从税务机关或者境内代理人取得的解缴税款的中华人民共和国税收通用缴款书上注明的增值税额。

⑤ 原增值税一般纳税人购进服务、无形资产或者不动产，取得的增值税专用发票上注明的增值税额为进项税额，准予从销项税额中抵扣。

2016 年 5 月 1 日后取得并在会计制度上按固定资产核算的不动产或者 2016 年 5 月 1 日后取得的不动产在建工程，其进项税额应自取得之日起分 2 年从销项税额中抵扣，第一年抵扣比例为 60%，第二年抵扣比例为 40%。

融资租赁的不动产以及在施工现场修建的临时建筑物、构筑物，其进项税额不适用上述分 2 年抵扣的规定。

⑥ 原增值税一般纳税人自用的应征消费税的摩托车、汽车、游艇，其进项税额准予从销项税额中抵扣。

⑦ 原增值税一般纳税人从境外单位或者个人购进服务、无形资产或者不动产，按照规定应当扣缴增值税的，准予从销项税额中抵扣的进项税额为自税务机关或者扣缴义务人取得的解缴税款的完税凭证上注明的增值税额。

纳税人凭完税凭证抵扣进项税额的，应当具备书面合同、付款证明和境外单位的对账单或者发票。资料不全的，其进项税额不得从销项税额中抵扣。

⑧ 原增值税一般纳税人购进货物或者接受加工、修理修配劳务，用于《销售服务、无形资产或者不动产注释》所列项目的，不属于《增值税暂行条例》第 10 条所称的用于非增值税应税

项目,其进项税额准予从销项税额中抵扣。

（2）不得从销项税额中抵扣的进项税额：

① 用于适用简易计税办法计税项目、非增值税应税项目、免征增值税项目、集体福利或者个人消费的购进货物、接受加工修理修配劳务或应税服务。个人消费包括纳税人的交际应酬消费。

② 非正常损失的购进货物及相关的应税劳务或应税服务。

③ 非正常损失的在产品、产成品所耗用的购进货物（不包括固定资产）、应税劳务或应税服务。

④ 接受的旅客运输服务。

⑤ 纳税人取得的增值税扣税凭证不符合法规、行政法规或者国家税务总局有关规定的，其进项税额不得从销项税额中抵扣。

增值税扣税凭证是指增值税专用发票、海关进口增值税专用缴款书、农产品收购发票、农产品销售发票、运输费用结算单据和税收缴款凭证。

⑥ 原增值税一般纳税人购进服务、无形资产或者不动产，下列项目的进项税额不得从销项税额中抵扣：

a. 用于简易计税方法计税项目、免征增值税项目、集体福利或者个人消费。其中涉及的无形资产、不动产，仅指专用于上述项目的无形资产（不包括其他权益性无形资产）、不动产。纳税人的交际应酬消费属于个人消费。

b. 非正常损失的购进货物，以及相关的加工、修理修配劳务和交通运输服务。

c. 非正常损失的在产品、产成品所耗用的购进货物（不包括固定资产）、接受加工修理修配劳务和交通运输服务。

d. 非正常损失的不动产，以及该不动产所耗用的购进货物、设计服务和建筑服务。

e. 非正常损失的不动产在建工程所耗用的购进货物、设计服务和建筑服务。纳税人新建、改建、扩建、修缮、装饰不动产，均属于不动产在建工程。

f. 购进的旅客运输服务、贷款服务、餐饮服务、居民日常服务和娱乐服务。

g. 财政部和国家税务总局规定的其他情形。

上述第 d 点、第 e 点所称货物，是指构成不动产实体的材料和设备，包括建筑装饰材料和给排水、采暖、卫生、通风、照明、通讯、煤气、消防、中央空调、电梯、电气、智能化楼宇设备及配套设施。

纳税人接受贷款服务向贷款方支付的与该笔贷款直接相关的投融资顾问费、手续费、咨询费等费用，其进项税额不得从销项税额中抵扣。

⑦ 已抵扣进项税额的购进服务，发生上述第⑥点规定情形（简易计税方法计税项目、免征增值税项目除外）的，应当将该进项税额从当期进项税额中扣减；无法确定该进项税额的，按照当期实际成本计算应扣减的进项税额。

⑧ 已抵扣进项税额的无形资产或者不动产，发生上述第⑥点规定情形的，按照下列公式计算不得抵扣的进项税额：

$$不得抵扣的进项税额 = 无形资产或者不动产净值 \times 适用税率$$

⑨ 按照《增值税暂行条例》第 10 条和上述第⑥点不得抵扣且未抵扣进项税额的固定资产、无形资产、不动产，发生用途改变，用于允许抵扣进项税额的应税项目，可在用途改变的次

月按照下列公式,依据合法有效的增值税扣税凭证,计算可以抵扣的进项税额:

可以抵扣的进项税额=固定资产、无形资产、不动产净值/(1+适用税率)×适用税率

上述可以抵扣的进项税额应取得合法有效的增值税扣税凭证。

简易计税方法的应纳税额,是指按照销售额和增值税征收率计算的增值税额,不得抵扣进项税额。应纳税额计算公式:

$$应纳税额=销售额×征收率$$

简易计税方法的销售额不包括其应纳税额,纳税人采用销售额和应纳税额合并定价方法的,按照下列公式计算销售额:

$$销售额=含税销售额÷(1+征收率)$$

纳税人适用简易计税方法计税的,因销售折让、中止或者退回而退还给购买方的销售额,应当从当期销售额中扣减。扣减当期销售额后仍有余额造成多缴的税款,可以从以后的应纳税额中扣减。

一般纳税人发生下列应税行为可以选择适用简易计税方法计税:

公共交通运输服务,包括轮客渡、公交客运、地铁、城市轻轨、出租车、长途客运、班车。班车,是指按固定路线、固定时间运营并在固定站点停靠的运送旅客的陆路运输服务。

经认定的动漫企业为开发动漫产品提供的动漫脚本编撰、形象设计、背景设计、动画设计、分镜、动画制作、摄制、描线、上色、画面合成、配音、配乐、音效合成、剪辑、字幕制作、压缩转码(面向网络动漫、手机动漫格式适配)服务,以及在境内转让动漫版权(包括动漫品牌、形象或者内容的授权及再授权)。

电影放映服务、仓储服务、装卸搬运服务、收派服务和文化体育服务。

以纳入营改增试点之日前取得的有形动产为标的物提供的经营租赁服务。

在纳入营改增试点之日前签订的尚未执行完毕的有形动产租赁合同。

(六) 增值税的征收管理

1. 纳税义务发生时间

纳税义务发生的时间,是纳税义务人发生应税行为应当承担纳税义务的起始时间。

(1) 销售货物或者提供应税劳务的纳税义务发生时间,为收讫销售款项或者取得索取销售款项凭据的当天,先开具发票的,为开具发票的当天。

(2) 采取托收承付和委托银行收款方式销售货物,为发出货物并办妥托收手续的当天。

(3) 采取赊销和分期收款方式销售货物,为书面合同约定的收款日期的当天,无书面合同的或者书面合同没有约定收款日期的,为货物发出的当天。

(4) 采取预收货款方式销售货物,为货物发出的当天,但生产销售生产工期超过 12 个月的大型机械设备、船舶、飞机等货物,为收到预收款或者书面合同约定的收款日期的当天。

纳税人提供有形动产租赁服务采取预收方式的,其纳税义务发生时间为收到预收款的当天。

(5) 委托其他纳税人代销货物,为收到代销单位的代销清单或者收到全部或者部分货款的当天。未收到代销清单及货款的,为发出代销货物满 180 天的当天。

(6) 销售应税劳务,为提供劳务同时收讫销售款或者取得索取销售款凭据的当天。

(7) 纳税人发生视同销售货物行为,为货物移送的当天。纳税人发生视同提供应税服务行为的,其纳税义务发生时间为应税服务完成的当天。

（8）纳税人进口货物,纳税义务发生时间为报关进口的当天。

（9）增值税扣缴义务发生时间为纳税人增值税纳税义务发生的当天。

2. 纳税期限

增值税的纳税期限分别为 1 日、3 日、5 日、10 日、15 日、1 个月或者 1 个季度,纳税人的具体纳税期限,由主管税务机关根据纳税人应纳税额的大小分别核定;以 1 个季度为纳税期限的规定适用于小规模纳税人以及财政部和国家税务总局规定的其他纳税人;不能按照固定期限纳税的,可以按次纳税。

纳税人以 1 个月或者 1 个季度为 1 个纳税期的,自纳税期满之日起 15 日内申报纳税;以 1 日、3 日、5 日、10 日或者 15 日为 1 个纳税期的,自期满之日起 5 日内预缴税款,于次月 1 日起 15 日内申报纳税并结清上月应纳税款。

纳税人进口货物,应当自海关填发税款缴纳书之日起 15 日内缴纳税款。

3. 纳税地点

（1）固定业户应当向其机构所在地的主管税务机关申报纳税。

（2）固定业户到外县（市）销售货物或者应税劳务,应当向其机构所在地的主管税务机关申请开具外出经营活动税收管理证明,并向其机构所在地的主管税务机关申报纳税;未开具证明的,应当向销售地或者劳务发生地的主管税务机关申报纳税;未向销售地或者劳务发生地的主管税务机关申报纳税的,由其机构所在地的主管税务机关补征税款。

（3）非固定业户销售货物或者应税劳务,应当向销售地或者劳务发生地的主管税务机关申报纳税;未向销售地或者劳务发生地的主管税务机关申报纳税的,由其机构所在地或者居住地的主管税务机关补征税款。

（4）进口货物,应当向报关地海关申报纳税。

（5）扣缴义务人应当向其机构所在地或者居住地的主管税务机关申报缴纳其扣缴的税款。

（七）免征增值税

1. 托儿所、幼儿园提供的保育和教育服务。

2. 养老机构提供的养老服务。

3. 残疾人福利机构提供的育养服务。

4. 婚姻介绍服务。

5. 殡葬服务。

6. 残疾人员本人为社会提供的服务。

7. 医疗机构提供的医疗服务。

8. 从事学历教育的学校提供的教育服务。

9. 学生勤工俭学提供的服务。

10. 农业机耕、排灌、病虫害防治、植物保护、农牧保险以及相关技术培训业务,家禽、牲畜、水生动物的配种和疾病防治。

11. 纪念馆、博物馆、文化馆、文物保护单位管理机构、美术馆、展览馆、书画院、图书馆在自己的场所提供文化体育服务取得的第一道门票收入。

12. 寺院、宫观、清真寺和教堂举办文化、宗教活动的门票收入。

13. 行政单位之外的其他单位收取的符合《试点实施办法》第 10 条规定条件的政府性基

金和行政事业性收费。

14. 个人转让著作权。

15. 个人销售自建自用住房。

16. 2018年12月31日前,公共租赁住房经营管理单位出租公共租赁住房。

17. 台湾航运公司、航空公司从事海峡两岸海上直航、空中直航业务在大陆取得的运输收入。

18. 纳税人提供的直接或者间接国际货物运输代理服务。

19. 利息收入。

20. 被撤销金融机构以货物、不动产、无形资产、有价证券、票据等财产清偿债务。

21. 保险公司开办的一年期以上人身保险产品取得的保费收入。

22. 个人从事金融商品转让等5类金融商品转让收入。

23. 金融同业往来利息收入。

24. 同时符合下列条件的担保机构从事中小企业信用担保或者再担保业务取得的收入(不含信用评级、咨询、培训等收入)3年内免征增值税:

(1) 国家商品储备管理单位及其直属企业承担商品储备任务,从中央或者地方财政取得的利息补贴收入和价差补贴收入。

(2) 纳税人提供技术转让、技术开发和与之相关的技术咨询、技术服务。

25. 同时符合下列条件的合同能源管理服务:

(1) 2017年12月31日前,科普单位的门票收入,以及县级及以上党政部门和科协开展科普活动的门票收入。

(2) 政府举办的从事学历教育的高等、中等和初等学校(不含下属单位),举办进修班、培训班取得的全部归该学校所有的收入。

(3) 政府举办的职业学校设立的主要为在校学生提供实习场所、并由学校出资自办、由学校负责经营管理、经营收入归学校所有的企业,从事《销售服务、无形资产或者不动产注释》中"现代服务"(不含融资租赁服务、广告服务和其他现代服务)、"生活服务"(不含文化体育服务、其他生活服务和桑拿、氧吧)业务活动取得的收入。

(4) 家政服务企业由员工制家政服务员提供家政服务取得的收入。

(5) 福利彩票、体育彩票的发行收入。

(6) 军队空余房产租赁收入。

(7) 为了配合国家住房制度改革,企业、行政事业单位按房改成本价、标准价出售住房取得的收入。

(8) 将土地使用权转让给农业生产者用于农业生产。

(9) 涉及家庭财产分割的个人无偿转让不动产、土地使用权。

(10) 土地所有者出让土地使用权和土地使用者将土地使用权归还给土地所有者。

(11) 县级以上地方人民政府或自然资源行政主管部门出让、转让或收回自然资源使用权(不含土地使用权)。

(12) 随军家属就业。

(13) 军队转业干部就业。

二、消费税

(一) 消费税的概念

(1) 概念。我国现行消费税是对在我国境内从事生产、委托加工和进口应税消费品的单位和个人,就其销售额或销售数量,在特定环节征收的一种税,也属于特种消费税的类型。

(2) 消费税的征税环节。主要包括生产环节、进口环节、批发环节。其中需要注意的是金银首饰、钻石饰品在零售环节征税。

(3) 消费税计税方法。主要有从价定率征收、从量定额征收、从价定率和从量定额复合征收三种方式。

(二) 消费税的征税范围

1. 生产应税消费品

生产应税消费品的销售是消费税征收的主要环节。生产应税消费品除了直接对外销售应征收消费税外,纳税人将生产的应税消费品换取生产资料、消费资料、投资入股、偿还债务,以及用于继续生产应税消费品以外的其他方面都应缴纳消费税。

2. 委托加工应税消费品

委托加工应税消费品是指委托方提供原料和主要材料,受托方只收取加工费和代垫部分辅助材料加工的应税消费品。由受托方提供原材料或其他情形的一律不能视同加工应税消费品。委托加工的应税消费品收回后,再继续用于生产应税消费品销售的,其加工环节缴纳的消费税款可以扣除。

委托加工的应税消费品,除受托方为个人外,由受托方在向委托交货时代收代缴税款;委托个人加工的应税消费品,由委托方收回后缴纳消费税。

委托加工的应税消费品,委托方用于连续生产应税消费品的,所纳税款准予按规定抵扣;直接出售的,不再缴纳消费税。委托方将收回的应税消费品,以不高于受托方的计税价格出售的,为直接出售,不再缴纳消费税;委托方以高于受托方的计税价格出售的,不属于直接出售,需按规定申报缴纳消费税,在计税时准予扣除受托方已代收代缴的消费税。

3. 进口应税消费品

单位和个人进口货物属于消费税征税范围的,在进口环节也要缴纳消费税。为了减少征税成本,进口环节缴纳的消费税由海关代征。

4. 零售应税消费品

经国务院批准,自 1995 年 1 月 1 日起,贵重首饰和珠宝玉石的消费税由生产销售环节改为零售环节征收。由于纳税人销售金银首饰、钻石及钻石饰品、珠宝玉石时取得的收入含有增值税。但在计算消费税时,其计税依据是不含增值税的销售额。

(三) 消费税纳税人

《消费税暂行条例》第 1 条规定,在中华人民共和国境内生产、委托加工和进口应税消费品的单位和个人,为消费税纳税义务人。单位是指国有企业、集体企业、私有企业、股份制企业、外商投资企业和外国企业、其他企业和行政单位、事业单位、军事单位、社会团体及其他单位。个体包括个体工商户和其他个人(自然人、农村承包经营户等)。

(四) 消费税税目与税率

1. 消费税税目

消费税税目的设置主要考虑到尽量简化、科学,征税主旨明确,课税对象清晰,并兼顾历史习惯。

我国消费税共设置了 14 个税目主要包括:烟,酒及酒精,鞭炮、焰火,化妆品,成品油,贵重首饰及珠宝玉石,高尔夫球及球具,高档手表,游艇,木制一次性筷子,实木地板,汽车轮胎,摩托车,小汽车等税目。

2. 消费税税率

消费税税率有两种形式:一种是比例税率,如粮食白酒税率为 20%;另一种是定额税率,即单位税额。如黄酒、啤酒、汽油、柴油等分别按单位重量或单位体积确定单位税额。

表 3-5 消费税税目税率表

税目	税率
一、烟	
1. 卷烟	
(1) 甲类卷烟	56%加 0.003 元/支
(2) 乙类卷烟	36%加 0.003 元/支
(3) 批发环节	11%
2. 雪茄烟	36%
3. 烟丝	30%
二、酒及酒精	
1. 白酒	20%加 0.5 元/500 克(或者 500 毫升)
2. 黄酒	240 元/吨
3. 啤酒	
(1) 甲类啤酒	250 元/吨
(2) 乙类啤酒	220 元/吨
4. 其他酒	10%
三、化妆品	30%
四、贵重首饰及珠宝玉石	
1. 金银首饰、铂金首饰和钻石级钻石饰品	5%
2. 其他贵重首饰和珠宝玉石	10%
五、鞭炮、焰火	15%
六、成品油	
1. 汽油	
(1) 含铅汽油	1.40 元/升
(2) 无铅汽油	1.00 元/升
2. 柴油	0.80 元/升
3. 航空煤油	0.80 元/升
4. 石脑油	1.00 元/升
5. 溶剂油	1.00 元/升
6. 润滑油	1.00 元/升
7. 燃料油	0.80 元/升
七、小汽车	1%~40%

（续表）

税目	税率
八、高尔夫球及球具	10％
九、高档手表	20％
十、游艇	10％
十一、木制一次性筷子	5％
十二、实木地板	5％

（五）消费税应纳税额

消费税的应纳税额的计算有 3 种方法：从价定率计征法、从量定额计征法以及从价定率和从量定额复合计征法。

1. 从价定率计征

（1）实行从价定率征税的应税消费品，其计税依据是含消费税而不含增值税的销售额。

（2）应税消费品销售额，是纳税人销售应税消费品向购买方收取的全部价款和价外费用。

（3）应税消费品的销售额中未扣除增值税税款或因不得开具增值税专用发票，发生价款和增值税税款合并收取的，在计算消费税时，应当换算为不含增值税税款的销售额。其换算公式为：

$$应纳税额＝应税消费品销售额×消费税税率$$
$$应税消费品的销售额＝含增值税的销售额÷（1＋增值税税率或征收率）$$

2. 从量定额计征

从量定额计征是以应税消费品计税数量为计税依据，按照使用的定额税率计算应纳消费税税额。在从量定额计算法中，应纳税额等于应纳消费品的销售数量乘以单位税额，应纳税额的多少取决于应税消费品的销售数量和单位税额两个因素。单位税额是法定的，所以，计算应纳消费税税额的关键是正确确定应税消费品的计税数量。其换算公式为：

$$应纳税额＝应税消费品销售数量×消费税单位税额$$

3. 从价定率和从量定额复合计征

复合计征是对一些特殊的应税消费品在按从价定率的方法计征一部分税额的基础上，再按从量定额的方法计征一部分消费税的方法。

目前只有卷烟、白酒，其计税依据分别是销售应税消费品向购买方收取的全部价款、价外费用和实际销售（或海关核定、委托方收回、移送使用）数量。其换算公式为：

$$应纳税额＝销售额×比例税率＋计税数量×定额税率$$

4. 应税消费品已纳税款的扣除

应税消费品若是用外购已缴纳消费税的应税消费品连续生产出来的，在对这些连续生产出来的应税消费品征税时，按当期生产领用数量计算准予扣除的外购应税消费品已缴纳的消费税税款。

5. 自产自用应税消费品应纳税额

纳税人自产自用应税消费品用于连续生产应税消费品的，不纳税；凡用于其他方面的，应按照纳税人生产的同类消费品的销售价格计算纳税，没有同类消费品销售价格的，按照组成计税价格计算纳税。

实行从价定率办法计算纳税的组成计税价格计算公式：

$$组成计税价格＝(成本＋利润)÷(1－比例税率)$$

实行复合计税办法计算纳税的组成计税价格计算公式：

$$组成计税价格＝(成本＋利润＋自产自用数量×定额税率)÷(1－比例税率)$$

6. 委托加工应税消费品应纳税额

委托加工的应税消费品，按照受托方的同类消费品的销售价格计算纳税；没有同类消费品销售价格的，按照组成计税价格计算纳税。

实行从价定率办法计算纳税的组成计税价格计算公式：

$$组成计税价格＝(材料成本＋加工费)÷(1－比例税率)$$

实行复合计税办法计算纳税的组成计税价格计算公式：

$$组成计税价格＝(材料成本＋加工费＋委托加工数量×定额税率)÷(1－比例税率)$$

（六）消费税的征收管理

1. 纳税义务发生时间（货款结算方式或行为发生时间）

（1）纳税人销售应税消费品的，按不同的销售结算方式分别为：

① 采取赊销和分期收款结算方式的，为书面合同约定的收款日期的当天，书面合同没有约定收款日期或者无书面合同的，为发出应税消费品的当天；

② 采取预收货款结算方式的，为发出应税消费品的当天；

③ 采取托收承付和委托银行收款方式的，为发出应税消费品并办妥托收手续的当天；

④ 采取其他结算方式的，为收讫销售款或者取得索取销售款凭据的当天。

（2）纳税人自产自用应税消费品的，为移送使用的当天。

（3）纳税人委托加工应税消费品的，为纳税人提货的当天。

（4）纳税人进口应税消费品的，为报关进口的当天。

2. 纳税期限

消费税纳税期限分别为 1 日、3 日、5 日、10 日、15 日、1 个月或者 1 个季度。纳税人的具体纳税期限，由主管税务机关根据纳税人应纳税额的大小分别核定，不能按照固定期限纳税的，可以按次纳税。

纳税人以 1 个月或者 1 个季度为一期纳税的，自期满之日起 15 日内申报纳税；纳税人以 1 日、3 日、5 日、10 日、15 日为一期的，自期满之日起 5 日内预缴税款，于次月 1 日起 15 日内申报纳税并结清上月应纳税款。进口货物自海关填发税收专用缴款书之日起 15 日内缴纳。

3. 纳税地点

（1）纳税人销售的应税消费品，以及自产自用的应税消费品，应当向纳税人机构所在地或者居住地主管税务机关申报纳税；

（2）委托个人加工的应税消费品，除受托方为个人外，由受托方向所在地主管税务机关缴纳消费税税款。

（3）进口的应税消费品，由进口人或其代理人向报关地海关申报纳税。

（4）纳税人到外县（市）销售或者委托外县（市）代销应税消费品的，于应税消费品销售后，向机构所在地或者居住地主管税务机关申报纳税。

（5）纳税人销售的应税消费品，如因质量等原因由购买方退回时，经由所在地主管税务机关审核批准后，可退还已缴纳的消费税税款。但不能自行直接抵减应纳税税款。

三、企业所得税

(一) 企业所得税的概念

企业所得税是对在我国境内的企业或组织,就其生产、经营所得和其他所得征收的一种税。

1. 企业

企业是以营利为目的、从事生产经营活动的经济实体,是企业所得税法最主要的适用对象。

2. 组织

组织主要包括事业单位、社会团体、民办非企业单位、基金会、商会、农村合作社等。

3. 经营所得

经营所得包括销售货物所得、提供劳务所得、转让财产所得、股息红利等权益性投资所得、利息所得、租金所得、特许权使用费所得、接受捐赠所得等。

4. 其他所得

其他所得是指除经营所得列举外的也应当缴纳企业所得税的所得。

(二) 企业所得税的纳税义务人、征税对象及范围

企业所得税的纳税义务人是指在我国境内的企业和其他取得收入的组织。按照纳税义务不同,企业分为居民企业和非居民企业。居民企业是指依法在中国境内成立,或者依照外国(地区)法律成立但实际管理机构在中国境内的企业。非居民企业是指依照外国(地区)法律成立且实际管理机构不在中国境内,但在中国境内设立机构、场所的,或者在中国境内未设立机构、场所,但有来源于中国境内所得的企业。

企业所得税的征税对象及范围是指企业取得的生产经营所得、其他所得和清算所得。居民企业和非居民企业应税所得分情况确定。

企业所得税的纳税义务人、征税对象及范围如表所示:

表3-6 企业所得税的纳税义务人、征税对象及范围

纳税义务人	判定标准	征税对象及范围
居民企业	依法在中国境内成立的企业	来源于中国境内、境外所得
	依照外国(地区)法律成立但实际管理机构在中国境内的企业	
非居民企业	依照外国(地区)法律、法规成立且实际管理机构不在中国境内,但在中国境内设立机构、场所的企业	来源于中国境内所得,以及发生在中国境外但与其设立机构、场所有实际联系的所得
	在中国境内未设立机构、场所,但有来源于中国境内所得的企业	来源于中国境内的所得

(三) 企业所得税税率

1. 基本税率

基本税率为25%。适用于居民企业和在中国境内设有机构、场所且所得与机构、场所有关联的非居民企业。

2. 优惠税率

（1）符合条件的小型微利企业，实际征税时减按 20％的税率征收企业所得税。

（2）国家需要重点扶持的高新技术企业，实际征税时减按 15％的税率征收企业所得税。

（3）对非居民企业在中国境内未设立机构、场所的，或者虽设立机构、场所但取得的所得与其所设机构、场所没有实际联系的所得，适用税率为 20％。但实际征税时减按 10％的税率征收企业所得税。

（四）企业所得税应纳税所得额

企业所得税应纳税所得额是指企业每一纳税年度的收入总额，减除不征税收入、免税收入、各项扣除以及允许弥补的以前年度亏损后的余额。这是企业所得税的计税基础。其计算公式为：

应纳税所得额＝每一纳税年度的收入总额－不征税收入－免税收入－各项扣除项目－允许弥补的以前年度亏损。

企业应纳税所得额的计算，以权责发生制为原则，属于当期的收入和费用，不论款项是否收付，均作为当期的收入和费用；不属于当期的收入和费用，即使款项已经在当期收付，均不作为当期的收入和费用。

1. 收入总额

企业以货币形式和非货币形式从各种来源取得的收入，为收入总额。收入具体包括以下几项：① 销售货物收入；② 提供劳务收入；③ 转让财产收入；④ 股息、红利等权益性投资收益；⑤ 利息收入；⑥ 租金收入；⑦ 特许权使用费收入；⑧ 接受捐赠收入；⑨ 其他收入。

2. 不征税收入

不征税收入，是指从性质和根源上不属于企业营利性活动带来的经济利益、不负有纳税义务并不作为应纳税所得额组成部分的收入。

《企业所得税法》第 7 条规定，收入总额中的下列收入为不征税收入：

（1）财政拨款。税法所称的财政拨款，是指各级政府对纳入预算管理的事业单位、社会团体等组织拨付的财政资金，但国务院和国务院财政、税务主管部门另有规定的除外。

（2）依法收取并纳入财政管理的行政事业性收费。税法所称的行政事业性收费，是指企业根据法律法规等有关规定，按照国务院规定程序批准，在实施社会公共管理，以及在向公民、法人或者其他组织提供特定公共服务过程中，向特定对象收取并纳入财政管理的费用。

（3）政府性基金。政府性基金，是指企业依照法律、行政法规等有关规定，代政府收取的具有专项用途的财政资金。

（4）国务院规定的其他不征税收入。税法所称国务院规定的其他不征税收入，是指企业取得的，由国务院财政、税务主管部门规定专项用途并经国务院批准的财政性资金。

3. 免税收入

免税收入是指属于企业的应纳所得但按照税法规定免予征收企业所得税的收入。免税收入包括以下各项：

（1）国债利息收入。纳税人购买国债的利息收入，不计入应纳税所得额；纳税人购买国家重点建设债券和金融债券的利息收入，应计入应纳税所得额。

（2）符合条件的居民企业之间的股息、红利等权益性投资收益。

（3）在中国境内设立机构、场所的非居民企业从居民企业取得与该机构、场所有实际联系的股息、红利等权益性投资收益。

(4) 符合条件的非营利组织的收入。

4. 准予扣除的项目

与取得收入有关的、合理的支出,包括成本、费用、税金、损失和其他支出,准予在计算应纳税所得额时扣除。

(1) 成本:是指企业在生产经营活动中发生的销售成本、销货成本、业务支出以及其他耗费,即企业销售商品、提供劳务、转让固定资产及无形资产的成本。

(2) 费用:是指企业每一个纳税年度为生产、经营商品和提供劳务等所发生的销售费用、管理费用和财务费用。

(3) 税金:是指企业发生的除企业所得税和允许抵扣的增值税以外的企业缴纳的各项税金及附加。例如,消费税、营业税、印花税。

(4) 损失:是指企业在生产经营活动中发生的固定资产和存货的盘亏、毁损、报废损失、转让财产损失、呆账损失、坏账损失、自然灾害等不可抗力因素造成的损失以及其他损失。

5. 职工福利费、工会经费和职工教育经费支出的税前扣除

(1) 企业发生的职工福利费支出,不超过工资薪金总额14%的部分,准予扣除。

(2) 企业拨缴的工会经费,不超过工资薪金总额2%的部分,准予扣除。

(3) 除国务院财政、税务主管部门另有规定外,企业发生的职工教育经费支出,不超过工资薪金总额2.5%的部分,准予扣除;超过部分,准予在以后纳税年度结转扣除。

(4) 工资、薪资。企业发生的合理的工资、薪金支出,准予扣除。

(5) 社会保险费和住房公积金。企业依照国务院有关主管部门或者省级人民政府规定的范围和标准为职工缴纳的基本养老保险费、基本医疗保险费、失业保险费、工伤保险费、生育保险费等基本社会保险会和住房公积金,准予扣除。企业为投资者或者职工支付的补充养老保险费、补充医疗保险费,在国务院财政、税务主管部门规定的范围和标准内,准予扣除。除企业依照国家有关规定为特殊工种职工支付的人身安全保险费和国务院财政、税务主管部门规定可以扣除的其他商业保险费外,企业为投资者或者职工支付的商业保险费,不得扣除。

(6) 借款费用和利息支出。企业在生产、经营活动中发生的合理的不需要资本化的借款费用,准予扣除。企业为购置、建造固定资产、无形资产和经过12个月以上的建造才能达到预定可销售状态的存货发生借款的,在有关资产购置、建造期间发生的合理的借款费用,应当作为资本性支出计入有关资产的成本,并依照《企业所得税实施条例》的规定扣除。企业在生产经营活动中发生的下列利息支出,准予扣除:① 非金融企业向金融企业借款的利息支出、金融企业的各项存款利息和同业拆借利息支出、企业经批准发行债券的利息支出;② 非金融企业向金融企业借款的利息支出,不超过按照金融企业同期同类贷款利率计算的数额的部分。

(7) 业务招待费。企业发生的与生产经营活动有关的业务招待费支出,按照发生额的60%扣除,但最高不得超过当年销售(营业)收入的5‰。

(8) 广告费和业务宣传费。企业发生的符合条件的广告费和业务宣传费支出,除国务院财政、税务主管部门另有规定外,不超过当年销售(营业)收入15%的部分,准予扣除;超过部分,准予在以后纳税年度结转扣除。

(9) 公益性捐赠支出。企业发生的公益性捐赠支出,在年度利润总额12%以内的部分,准予在计算应纳税所得额时扣除。

（10）依照法律、法规规定的准予扣除的其他项目。

6. 不得扣除的项目

计算应纳税所得额时，下列支出不得扣除：

（1）向投资者支付的股息、红利等权益性投资收益款项。

（2）企业所得税税款。

（3）税收滞纳金：纳税人因违反税法规定，被处以的滞纳金（按每天万分之五计算，不得扣除）。

（4）罚金、罚款和被没收财物的损失。纳税人的生产、经营因违反国家法律、法规和规章，被有关部门处以的罚金、罚款，以及被没收财物的损失，属于行政性罚款，不得扣除。但纳税人逾期归还银行贷款，银行按规定加收的罚息，不属于行政性罚款，允许在税前扣除。

（5）超过规定标准的公益性捐赠支出及其他捐赠支出。企业发生的公益性捐赠支出，在年度利润总额 12% 以内的部分，准予在计算应纳税所得额时扣除。

（6）赞助支出，即企业发生的与生产经营活动无关的各种非广告性质支出。

（7）未经核定的准备金支出。

（8）与取得收入无关的其他支出，包括企业之间支付的管理费、企业内营业机构之间支付租金和特许权使用费，以及非银行企业内营业机构之间支付的利息。

7. 亏损弥补

财务会计上的亏损是指企业当年总收益低于当年总支出。而税法上的亏损是指企业根据《企业所得税法》规定将每一纳税年度的收入总额减除不征税收入、免税收入和各项扣除以后小于零的数额。

根据税法的规定，企业某一纳税年度发生的亏损可以用下一年度的所得弥补，下一年度的所得不足以弥补的，可以逐年延续弥补，但最长不得超过 5 年。5 年内不管是盈利还是亏损，都作为实际弥补期限计算。

（五）企业所得税的征收管理

1. 纳税地点

除税收法律、行政法规另有规定外，居民企业一般以企业登记注册地为纳税地点，但登记注册地在境外的，以企业实际管理机构所在地为纳税地点。居民企业在中国境内设立的不具有法人资格的分支或营业机构，由该居民企业汇总计算并缴纳企业所得税。

非居民企业在中国境内设立机构、场所的，应当就其所设机构、场所取得的来源于中国境内的所得，以及发生在中国境外但与其所设机构、场所有实际联系的所得，缴纳企业所得税。非居民企业取得上述所得，以机构、场所所在地为纳税地点。

2. 纳税期限

企业所得税按年计征，分月或者分季预缴，年终汇算清缴，多退少补。

企业所得税按纳税年度计算。纳税年度自公历 1 月 1 日起至 12 月 31 日止。企业在一个纳税年度中间开业，或者终止经营活动，使该纳税年度的实际经营期不足 12 个月的，应当以其实际经营期为一个纳税年度。

3. 纳税申报

（1）企业所得税的纳税年度，自公历 1 月 1 日起至 12 月 31 日止。

（2）按月或按季预缴的，应当自月份或者季度终了之日起 15 日内，向税务机关报送预缴企业所得税纳税申报表,预缴税款。

(3)企业应当自年度终了后5个月内向税务机关报送年度企业所得税纳税申报表,并汇算清缴,结清应缴或应退税款。

(4)企业交纳所得税以人民币计算。

(5)企业在纳税年度内无论盈利或者亏损,都应当在法定期限内向税务机关报送企业所得税纳税申报表。

四、个人所得税

(一)个人所得税的概念

个人所得税,是以自然人取得的各项应税所得为征税对象所征收的一种税,是政府利用税收对个人收入进行调节的一种手段。作为征税对象的个人所得,有狭义和广义之分。

(二)个人所得税的纳税义务人

个人所得税的纳税义务人,是指在中国境内有住所或者无住所而在境内居住满1年的个人,以及在中国境内无住所又不居住或者无住所而在境内居住不满1年但从中国境内取得所得的个人,包括中国公民、个体工商户、外籍个人以及我国香港、澳门、台湾同胞等。上述纳税人以住所和居住时间为标准分为居民纳税人和非居民纳税人。

1.居民纳税人

居民纳税义务人是指在中国境内有住所,或者无住所但在中国境内居住满1年的个人。居民纳税义务人应当承担无限纳税义务,即就其从中国境内和境外取得的所得,都要在中国缴纳个人所得税。

2.非居民纳税人

非居民纳税义务人是指在中国境内无住所又不居住,或者无住所而在中国境内居住不满1年的个人。非居民纳税义务人承担有限纳税义务,仅就其从中国境内取得的所得,在中国缴纳个人所得税。

(三)个人所得税的应税项目和税率

1.个人所得税应税项目

我国税法规定,凡是中国居民纳税人,其所取得的应纳税所得,无论是来源于中国境内还是中国境外任何地方,都要在中国境内缴纳个人所得税(就全部所得纳税)。

非居民纳税人仅承担有限纳税义务,即仅就来源于中国境内的所得纳税(就境内所得纳税)。

下列各项个人所得,应纳个人所得税:

(1)工资、薪金所得。这是指个人因任职或受雇而取得的工资、薪金、奖金、年终加薪、劳动分红、津贴、补贴,以及与任职或受雇有关的其他所得。

(2)个体工商户的生产、经营所得。

(3)对企事业单位的承包经营、承租经营所得。这是指个人承包经营、承租经营及转包、转租取得的所得,包括个人按月或按次取得的工资、薪金性质的所得。

(4)劳务报酬所得。即个人从事非雇佣的各种劳务。

(5)稿酬所得。个人因其作品以图书、报刊形式出版、发表而取得的所得。

(6)特许权使用费所得。比如个人专利权或者著作权。

（7）利息、股息、红利所得。个人拥有债权、股权而取得的利息、股息、红利所得。

（8）财产租赁所得。比如租房，租车等。

（9）财产转让所得。比如个人转让有价证券、股票、建筑物、土地使用权、机器设备、车船等。

（10）偶然所得。这是指个人得奖、中奖、中彩及其他偶然性质的所得。

（11）经国务院财政部门确定征税的其他所得。

2．个人所得税的税率

个人所得税实行超额累进税率与比例税率相结合的税率体系。

（1）工资、薪金所得，适用3%～45%的超额累进税率。

表3-7　工资、薪金所得、个人所得税税率表

级数	全月应纳税所得额		税率（%）	速算扣除数（元）
	含税级距	不含税级距		
1	不超过1 500元	不超过1 455元的	3	0
2	超过1 500元至4 500元的部分	超过1 455元至4 155元的部分	10	105
3	超过4 500元至9 000元的部分	超过4 155元至7 755元的部分	20	555
4	超过9 000元至35 000元的部分	超过7 755元至27 255元的部分	25	1 005
5	超过35 000元至55 000元的部分	超过27 255元至41 255元的部分	30	2 755
6	超过55 000元至80 000元的部分	超过41 255元至57 505元的部分	35	5 505
7	超过80 000元的部分	超过57 505元的部分	45	13 505

（2）个体工商户的生产、经营所得和对企事业单位的承包经营、承租经营所得，适用5%～35%的超额累进税率。

表3-8　个体工商户的生产、经营所得和对企事业单位的承包经营、承租经营所得适用的税率

级数	全年应纳税所得额		税率（%）	速算扣除数（元）
	含税级距	不含税级距		
1	不超过15 000元	不超过14 250元的	5	0
2	超过15 000元至30 000元的部分	超过14 250元至27 750元的部分	10	750
3	超过30 000元至60 000元的部分	超过27 750元至51 750元的部分	20	3 750
4	超过60 000元至100 000元的部分	超过51 750元至79 750元的部分	30	9 750
5	超过100 000元的部分	超过79 750元的部分	35	14 750

（3）稿酬所得，适用20%的比例税率，并按应纳税额减征30%，故实际税率为14%。

（4）劳务报酬所得，适用20%的比例税率，对劳务报酬所得一次收入畸高的，可以实行加成征收。

劳务报酬所得适用的税率

级数	全年应纳税所得额	税率(%)	速算扣除数(元)
1	不超过 20 000 元	20	0
2	超过 20 000 元至 50 000 元的部分	30	2 000
3	超过 50 000 元的部分	40	7 000

(5) 特许权使用费所得,利息、股息、红利所得,财产租赁所得,财产转让所得,偶然所得和其他所得,适用比例税率,税率为 20%。

(四)个人所得税应纳税所得额

1. 工资、薪金所得

工资、薪金所得,以每月收入额减除费用 3 500 元或 4 800 元后的余额,为应纳税所得额。其基本计算公式为:

$$应纳税额 = 应纳税所得额 \times 适用税率 - 速算扣除数$$
$$= (每月收入额 - 3 500 或 4 800) \times 适用税率 - 速算扣除数$$

上式中提及的 4 800 元,包括了附加减除费用。

计算工资薪金所得的关键和基础是如何界定个人收入、准予扣除项目、法定免税项目和费用扣除标准等内容。

(1) 扣除项目

扣除项目是指税法规定准予从每月收入总额中扣除的项目。具体包括以下内容:

① "三险一金"。按照国家规定,单位为个人缴付和个人缴付的基本养老保险费、基本医疗保险费、失业保险费、住房公积金,可以从纳税义务人的应纳税所得额中扣除,但超过规定范围数额不准扣除。

② 公益事业捐赠。个人对教育事业和其他公益事业的捐赠,是指个人将其所得通过中国境内的社会团体、国家机关向教育和其他社会公益事业及遭受严重自然灾害地区、贫困地区的捐赠。

(2) 法定免税项目

下列各项个人所得,免纳个人所得税:

① 省级人民政府、国务院部委和中国人民解放军军以上单位,以及外国组织、国际组织颁发的科学、教育、技术、文化、卫生、体育、环境保护等方面的奖金;

② 国债和国家发行的金融债券利息;

③ 按照国家统一规定发给的补贴、津贴;

④ 福利费、抚恤金、救济金;

⑤ 保险赔款;

⑥ 军人的转业费、复员费;

⑦ 按照国家统一规定发给干部、职工的安家费、退职费(指个人符合《国务院关于工人退休、退职的暂行办法》规定的退职条件并按该办法规定的标准领取的退职费)、退休费、离休工资、离休生活补助费;

⑧ 依照我国有关法律规定应予免税的各国驻华使馆、领事馆的外交代表、领事官员和其他人员的所得;

⑨ 我国政府参加的国际公约、签订的协议中规定免税的所得；

⑩ 经国务院财政部门批准免税的所得。

（3）减除费用

工资薪金的减除费用分为标准减除费用和附加减除费用。标准减除费用是指税法规定的计算工资薪金所得时，准予每月扣除的标准费用。附加减除费用是指每月在减除 3 500 元费用的基础上，再减除 1 300 元的标准。我国《个人所得税法实施条例》中对附加减除费用的范围和标准作了具体规定。附加减除费用适用的范围包括：

① 在中国境内的外商投资企业和外国企业中工作取得工资、薪金所得的外籍人员；

② 应聘在中国境内的企业、事业单位、社会团体、国家机关中工作取得工资、薪金所得的外籍专家；

③ 在中国境内有住所而在中国境外任职或者受雇取得工资、薪金所得的个人；

④ 财政部确定的取得工资、薪金的其他人员。

2. 个体工商户的生产经营所得

个体工商户的生产经营所得，以每一纳税年度的收入总额减除成本、费用及损失后的余额，为应纳税所得额。个体工商户的生产经营所得按年计征，其计算公式为：

应纳个税＝（全年收入－成本、费用及损失）×适用税率－速算扣除数

3. 对企事业单位的承包经营、承租经营的所得

（1）应纳税所得额

对企事业单位的承包经营、承租经营所得，以每一纳税年度的收入总额，减除必要费用后的余额，为应纳税所得额。

（2）应纳税额

应纳税额＝应纳税所得额×适用税率－速算扣除数
＝（纳税年度收入总额－必要费用）×适用税率－速算扣除数

4. 劳务报酬所得

（1）一般规定：劳务报酬所得，适用比例税率，税率为 20%。

（2）加成征收：对劳务报酬所得一次收入较高的收入，可以实行加成征收。

劳务报酬所得一次收入畸高，是指个人一次取得劳务报酬，其应纳税所得额超过 20 000 元。对应纳税所得额超过 20 000～50 000 元的部分，依照税法规定计算应纳税额后再按照应纳税额加征五成；超过 50 000 元的部分，加征十成。因此，劳务报酬所得实际上适用 20%、30%、40% 的三级超额累进税率。

（3）应纳税所得额与应纳税额：

① 应纳税所得额

每次收入不超过 4 000 元的：应纳税所得额＝每次收入额－800

每次收入超过 4 000 元以上的：应纳税所得额＝每次收入额×（1－20%）

② 应纳税额

对劳务报酬所得，其个人所得税应纳税额的计算公式为：

每次收入不超过 4 000 元的：应纳税额＝（每次收入额－800）×20%

每次收入超过 4 000 元以上 20 000 以下的：应纳税额＝每次收入额×（1－20%）×20%

每次收入超过 20 000 元的：应纳税额＝每次收入额×（1－20%）×适用税率－速算扣

除数

5. 稿酬所得

稿酬所得应纳所得税额按次计征,其计算公式为:

(1) 每次收入不足 4 000 元的:

$$应纳税额 = (每次收入额 - 800) \times 20\% \times (1 - 30\%)$$

(2) 每次收入超过 4000 元的:

$$应纳税额 = 每次收入额 \times (1 - 20\%) \times 20\% \times (1 - 30\%)$$

稿酬所得,以每次出版、发表取得的收入为一次。具体又可细分为:出版、加印算一次;再版算一次;连载算一次。

6. 财产转让所得

财产转让所得是收入总额减除财产原值和合理费用,其余额为应纳税所得额。应纳税额的计算公式为:

$$应纳税额 = 应纳税所得额 \times 适用税率 = (每次收入额 - 财税原值 - 合理费用) \times 20\%$$

7. 利息、股息、红利利得,偶然所得和其他所得

利息、股息、红利利得,是以每次支付利息、股息、红利时取得的收入额为应纳税所得额。偶然所得,以每次取得该项收入为一次。按次计征。其计算公式为:

$$应纳税额 = 应纳税所得额 \times 适用税率 = 每次收入额 \times 20\%$$

(五)个人所得税征收管理

1. 自行申报纳税

自行申报是由纳税人自行在税法规定的纳税期限内,向税务机关申报取得的应税所得项目和数额,如实填写个人所得税纳税申报表,并按照税法规定计算应纳税额,据此缴纳个人所得税的一种方法。

下列人员为自行申报纳税的纳税义务人:

(1) 年所得在 12 万元以上的;

(2) 从中国境内两处或两处以上取得工资、薪金所得的;

(3) 从中国境外取得所得的;

(4) 取得应税所得,没有扣缴义务人的;

(5) 国务院规定的其他情形。

年所得 12 万元以上的纳税人,无论取得的各项所得是否已足额缴纳个人所得税,均应按照规定,于纳税年度终了后 3 个月内向主管税务机关办理纳税申报。

2. 代扣代缴

代扣代缴,是指按照税法规定负有扣缴税款义务的单位或个人,在向个人支付应纳税所得时,应计算应纳税额,从其所得中扣除并缴入国库,同时向税务机关报送扣缴个人所得税报告表。这种方式有利于控制税源,防止漏税和逃税,也能有效地提高征管效率。

代扣代缴的范围包括:工资、薪金所得;对企事业单位的承包经营、承租经营所得;劳务报酬所得;稿酬所得;特许权使用费所得;利息、股息、红利所得;财产租赁所得;财产转让所得;偶然所得;经国务院财政部门确定征税的其他所得。

任务三　税收征收管理

一、税务登记

税务管理从狭义上讲是税务机关依据国家税收政策法规所进行的税款征收活动,从广义的角度来说是国家及其税务机关,依据客观经济规律和税收分配特点,对税收分配的全过程进行决策、计划、组织、监督和协调,以保证税收职能得以实现的一种管理活动。

税务管理是税收征收管理的重要内容,是税款征收的前提和基础性工作。税务管理主要包括税务登记、发票管理、纳税申报等方面的管理。其中,税务登记是所有税务管理工作的首要环节。

(一) 税务登记的概述

税务登记又称纳税登记,是指税务机关根据税法规定,对纳税人的生产、经营活动进行登记管理的一项法定制度,也是纳税人依法履行纳税义务的法定手续。税务登记又称纳税登记,它是税务机关对纳税人实施税收管理的首要环节和基础工作,是征纳双方法律关系成立的依据和证明,也是纳税人必须依法履行的义务。

(二) 税务登记的范围

税务登记的范围包括:

(1) 领取营业执照从事生产、经营的纳税人:企业,企业在外设立的分支机构和从事生产、经营的场所,个体工商户和从事生产、经营的事业单位;

(2) 非从事生产经营但依照规定负有纳税义务的单位和个人:前款规定以外的纳税人,除国家机关、个人和流动性农村小商贩,临时取得应税收入或发生应税行为以及只缴纳个人所得税、车船税的外;

(3) 扣缴义务人:负有扣缴税款义务的扣缴义务人(除国家机关外),应当办理扣缴税款登记。

(三) 税务登记的种类

税务登记种类包括:设立(开业)税务登记;变更税务登记;停业、复业登记;外出经营报验登记;注销登记。

1. 设立(开业)税务登记

设立(开业)税务登记是指纳税人依法成立并经工商行政管理机关登记后,为确认其纳税人的身份,纳入国家税务管理体系而到税务机关进行的登记。

(1) 办理地点

企业在外地设立的分支机构和从事生产、经营的场所,个体工商户和从事生产、经营的事业单位(以下统称从事生产、经营的纳税人),向生产、经营所在地税务机关申报办理税务登记。

(2) 申报时间

① 从事生产、经营的纳税人领取工商营业执照(含临时工商营业执照)的,应当自领取工商营业执照之日起 30 日内申报办理税务登记,税务机关发放税务登记证及副本(纳税人领取临时工商营业执照的,税务机关核发临时税务登记证及副本);

② 从事生产、经营的纳税人未办理工商营业执照但经有关部门批准设立的,应当自有关部门批准设立之日起 30 日内申报办理税务登记,税务机关发放税务登记证及副本;

③ 从事生产、经营的纳税人未办理工商营业执照也未经有关部门批准设立的,应当自纳税义务发生之日起 30 日内申报办理税务登记,税务机关发放临时税务登记证及副本;

④ 有独立的生产经营权、在财务上独立核算并定期向发包人或者出租人上交承包费或租金的承包承租人,应当自承包承租合同签订之日起 30 日内,向其承包承租业务发生地税务机关申报办理税务登记,税务机关发放临时税务登记证及副本;

⑤ 境外企业在中国境内承包建筑、安装、装配、勘探工程和提供劳务的,应当自项目合同或协议签订之日起 30 日内,向项目所在地税务机关申报办理税务登记,税务机关发放临时税务登记证及副本;

⑥ 上述条款之外的其他纳税人,除国家机关、个人和无固定生产、经营场所的流动性农村小商贩外,均应当自纳税义务发生之日起 30 日内,向纳税义务发生地税务机关申报办理税务登记,税务机关发放税务登记证及副本。

（3）申报程序

① 申请填写《税务登记表》。

纳税人在申报办理税务登记时,应当如实填写税务登记表。

税务登记表的主要内容包括:单位名称、法定代表人或者业主姓名及其居民身份证、护照或者其他合法证件的号码;住所、经营地点;登记类型;核算方式;生产经营方式;生产经营范围;注册资金（资本）、投资总额;生产经营期限;财务负责人、联系电话;国家税务总局确定的其他有关事项。

② 提供相关证件、资料。

纳税人在申报办理税务登记时,应当根据不同情况向税务机关如实提供以下证件和资料:

a. 工商营业执照或其他核准执业证件;

b. 有关合同、章程、协议书;

c. 组织机构统一代码证书;

d. 法定代表人或负责人或业主的居民身份证、护照或者其他合法证件。

其他需要提供的有关证件、资料,由省、自治区、直辖市税务机关确定。

③ 受理。

④ 审核。

⑤ 核发税务登记证。

纳税人提交的证件和资料齐全且税务登记表的填写内容符合规定的,税务机关应当日办理并发放税务登记证件。纳税人提交的证件和资料不齐全或税务登记表的填写内容不符合规定的,税务机关应当场通知其补正或重新填报。

税务登记证件的主要内容包括:纳税人名称、税务登记代码、法定代表人或负责人、生产经营地址、登记类型、核算方式、生产经营范围（主营、兼营）、发证日期、证件有效期等。

已办理税务登记的扣缴义务人应当自扣缴义务发生之日起 30 日内,向税务登记地税务机关申报办理扣缴税款登记。税务机关在其税务登记证件上登记扣缴税款事项,税务机关不再发放扣缴税款登记证件。

表3-9 税务登记表

纳税编码:税务机关填写　　　　　　　　　　　　　　　　纳税人识别号:税务机关填写

纳税人名称	按执照上的"字号名称"或"名称"填写			
登记类别	单位纳税人□　个体纳税人□　临时税务登记□　扣缴税款登记□			
	姓名	身份证号码	固定电话	移动电话
法定代表人 (负责人、业主)				
财务负责人	/			
办税员	/			
国有控股情况	国有绝对控股□　国有相对控股□　其他□			
建账情况	自行建账□　委托建账□　不建账□	核算方式	独立核算□　非独立核算□	
实际经营地址	：　　与注册地址不一致的纳税人填写			

实际经营范围	工商营业执照、执业证件、批准设立文件等列明的经营范围不具体的纳税人填写	备注	请纳税人如实填写实际从业人数 从业人数其中外籍人数

纳税人声明:本表所填内容正确无误,所提交的证件、资料及复印件真实有效,如有虚假愿承担法律责任。

纳税人盖章及填写日期
法定代表人(负责人或业主)签名:法定代表人(负责人或业主)签名
经办人签章:经办人(填表人)签章　　　　　　(纳税人公章)

> **纳税人盖章及填写日期**

年　　月　　日

受理人签章: 由税务机关填写并盖章 (税务机关盖章) 年　月　日	录入人员签章: 由税务机关填写 年　月　日	审核人员签章: 由税务机关填写 年　月　日

税务代理人:　　　　　　　　　　代理人组织机构代码:

> 若由税务代理机构代办的请税务代理机构如实填写

> 若由税务代理机构代办的请税务代理机构如实填写

根据税收法律、行政法规的规定可不办理税务登记的扣缴义务人,应当自扣缴义务发生之日起30日内,向机构所在地税务机关申报办理扣缴税款登记。税务机关发放扣缴税款登记证件。

2. 变更税务登记

变更税务登记是指纳税人办理设立税务登记后,因登记内容发生变化,需要对原有登记内容进行更改,而向主管税务机关申请办理的税务登记。变更税务登记的主要目的在于及时掌握纳税人的生产经营情况,减少税款的流失。

变更税务登记的适用范围。纳税人办理税务登记后,如发生下列情形之一的,应当办理变更税务登记:改变名称、改变法定代表人、改变经济性质或经济类型、改变住所和经营地点、改变生产经营方式、增减注册资金(资本)、改变隶属关系、改变生产经营期限、改变或增减银行账号、改变生产经营权属以及改变其他税务登记内容的。

变更税务登记的程序:

(1)申请。纳税人提交的有关变更登记的证件、资料齐全的,应向主管税务机关领取《税务登记变更表》一式三份,如实填写变更登记事项、变更登记的具体内容。

(2)提供相关证件、资料。工商登记变更表及工商营业执照;纳税人变更登记内容的有关证明文件;税务机关发放的原税务登记证件(登记证正、副本和登记表等);其他有关资料。

(3)受理。税务机关对纳税人填报的表格及提交的附列资料、证件要进行认真审阅,在符合要求及资料证件提交齐全的情况下,予以受理;不符合规定的,税务机关应通知其补正。

(4)审核。

(5)发证。

税务机关应当于受理当日办理变更税务登记。纳税人税务登记表和税务登记证中的内容都发生变更的,税务机关按变更后的内容重新发放税务登记证件;纳税人税务登记表的内容发生变更而税务登记证中的内容未发生变更的,税务机关不重新发放税务登记证件。

表 3-10 变更税务登记表

纳税人名称			纳税人识别号		
变更登记事项					
序号	变更项目	变更前内容		变更后内容	批准机关名称及文件

（续表）

序号	变更项目	变更前内容	变更后内容	批准机关名称及文件

送缴证件情况：

纳税人

　　　　　经办人：　　　　　法定代表人（负责人）：　　　　　纳税人（签章）
　　　　　　　年　　月　　日　　　　年　　月　　日　　　　　年　　月　　日

经办税务机关审核意见：

　　　　　经办人：　　　　　负责人：　　　　　税务机关（签章）
　　　　　　　年　　月　　日　　　年　　月　　日　　　　年　　月　　日

3. 停业、复业登记

停业、复业登记是指实行定期定额征收方式的纳税人暂停或恢复生产经营活动而办理的一种税务登记手续。《税务登记管理办法》第二十三条规定：实行定期定额征收方式的个体工商户需要停业的，应当在停业前向税务机关申报办理停业登记。纳税人的停业期限不得超过1年。

纳税人在申报办理停业登记时，应如实填写《停业报告书》，说明停业理由、停业期限、停业前的纳税情况和发票的领、用、存情况，并结清应纳税款、滞纳金、罚款。税务机关应收存其税务登记证件及副本、发票领购簿、未使用完的发票和其他税务证件。纳税人在停业期间发生纳税义务的，应当按照税收法律、行政法规的规定申报缴纳税款。

纳税人应当于恢复生产经营之前，向税务机关申报办理复业登记，如实填写《停业复业报告书》，领回并启用税务登记证件、发票领购簿及其停业前领购的发票。纳税人停业期满不能及时恢复生产经营的，应当在停业期满前到税务机关办理延长停业登记，并如实填写《停业复业报告书》。

4. 外出经营报验登记

（1）申请

纳税人到外县（市）临时从事生产经营活动的，应当在外出生产经营以前，持税务登记证到主管税务机关开具《外出经营活动税收管理证明》（以下简称《外管证》）。

（2）发放

税务机关按照一地一证的原则，发放《外管证》，《外管证》的有效期限一般为30日，最长不得超过 180 天。

（3）交验

纳税人应当在《外管证》注明地进行生产经营前向当地税务机关报验登记，并提交下列证件、资料：

① 税务登记证件副本；

②《外管证》；

③ 主管税务机关需要的其他资料、证件。

纳税人在《外管证》注明地销售货物的，除提交以上证件、资料外，应如实填写《外出经营货物报验单》，申报查验货物。

（4）缴销

纳税人外出经营活动结束，应当向经营地税务机关填报《外出经营活动情况申报表》，并结清税款、缴销发票。

纳税人应当在《外管证》有效期届满后 10 日内，持《外管证》回原税务登记地税务机关办理《外管证》缴销手续。

5. 注销税务登记

注销税务登记是指纳税人由于法定的原因终止纳税义务时，向原税务机关申请办理的取消税务登记的手续。办理注销税务登记后，该当事人不再接受原税务机关的管理。

（1）注销登记的适用范围

注销税务登记的适用范围包括：纳税人因经营期限届满而自动解散；企业由于改组、分级、合并等原因而被撤销；企业资不抵债而破产；纳税人住所、经营地址迁移而涉及改变原主管税务机关的；纳税人被工商行政管理部门吊销营业执照；纳税人依法终止履行纳税义务的其他情形。

（2）注销登记的时间

纳税人发生解散、破产、撤销以及其他情形，依法终止纳税义务的，应当在向工商行政管理机关或者其他机关办理注销登记前，持有关证件和资料向原税务登记机关申报办理注销税务登记；按规定不需要在工商行政管理机关或者其他机关办理注册登记的，应当自有关机关批准或者宣告终止之日起 15 日内，持有关证件和资料向原税务登记机关申报办理注销税务登记。

纳税人被工商行政管理机关吊销营业执照或者被其他机关予以撤销登记的，应当自营业执照被吊销或者被撤销登记之日起 15 日内，向原税务登记机关申报办理注销税务登记。

纳税人因住所、经营地点变动，涉及改变税务登记机关的，应当在向工商行政管理机关或者其他机关申请办理变更、注销登记前，或者住所、经营地点变动前，持有关证件和资料，向原税务登记机关申报办理注销税务登记，并自注销税务登记之日起 30 日内向迁达地税务机关申报办理税务登记。

境外企业在中国境内承包建筑、安装、装配、勘探工程和提供劳务的，应当在项目完工、离开中国前 15 日内，持有关证件和资料，向原税务登记机关申报办理注销税务登记。

（3）注销登记的材料

纳税人办理注销税务登记前，应当向税务机关提交相关证明文件和资料，结清应纳税款、多退（免）税款、滞纳金和罚款，缴销发票、税务登记证件和其他税务证件，经税务机关核准后，办理注销税务登记手续。

表 3-11 注销税务登记申请审批表

纳税人名称			纳税人识别号	
注销原因				
附送资料				

纳税人

经办人：　　　　　　　　法定代表人(负责人)：　　　　　　　　纳税人(签章)
　年　月　日　　　　　　　　年　月　日　　　　　　　　　年　月　日

以下由税务机关填写

受理时间	经办人：　　　　　　　　负责人： 　年　月　日　　　　　　年　月　日
清缴税款、滞纳金、罚款情况	经办人：　　　　　　　　负责人： 　年　月　日　　　　　　年　月　日
缴销发票情况	经办人：　　　　　　　　负责人： 　年　月　日　　　　　　年　月　日
税务检查意见	检查人：　　　　　　　　负责人： 　年　月　日　　　　　　年　月　日

收缴税务证件情况	种类	税务登记证正本	税务登记证副本	临时税务登记证正本	临时税务登记证副本
	收缴数量				
	经办人：　　　　　　　　负责人： 　年　月　日　　　　　　年　月　日				

批准意见	部门负责人：　　　　　　　　　　税务机关(签章) 　年　月　日　　　　　　　　　　年　月　日

6. 扣缴义务人扣缴税款登记

扣缴税款登记是指根据税收法律、行政法规的规定负有扣缴税款义务人的扣缴义务人（国家机关除外）应当如实向税务机关提供与代扣代缴、代收代缴税款有关的信息,办理扣缴税款登记。

扣缴义务人应当自扣缴义务发生之日起 30 日内,向所在地的主管税务机关申报办理扣缴税款登记,领取扣缴税款登记证件;已办理税务登记的扣缴义务人,可以只在其税务登记证件上登记扣缴税款事项,不再发给扣缴税款登记证件。

扣缴义务人包括代扣代缴义务人和代收代缴义务人。

代扣代缴,是指按照税法规定,负有扣缴税款的法定义务人,负责对纳税人应纳的税款进行代扣代缴。如个人所得税。

代收代缴,是指按照税法规定,负有收缴税款的法定义务人,负责对纳税人应纳的税款进行代收代缴。如委托加工中的消费税。

7. 税务登记证管理

（1）种类

税务登记证件包括正本和副本,主要包括税务登记证及其副本、临时税务登记证及其副本和扣缴税款登记证及其副本。税务登记证件的式样,由国家税务总局制定。

（2）税务登记证的内容

税务登记证件的主要内容包括:① 纳税人名称;② 税务登记代码和税务机关签章;③ 法定代表人或负责人;④ 生产经营地址;⑤ 登记注册类型;⑥ 核算方式;⑦ 生产经营范围（主营、兼营）;⑧ 发证日期;⑨ 证件有效期;⑩ 批准设立机关;⑪ 扣缴义务人。

（3）税务登记证的使用

下列事项时,必须持税务登记证件:

① 开立银行账户;

② 申请减税、免税、退税;

③ 申请办理延期申报、延期缴纳税款;

④ 领购发票;

⑤ 申请开具外出经营活动税收管理证明;

⑥ 办理停业、歇业;

⑦ 其他有关税务事项。

税务机关对税务登记证件实行定期验证和换证制度。纳税人应当在规定的期限内持有关证件到主管税务机关办理验证或者换证手续。

纳税人应当将税务登记证件正本在其生产、经营场所或者办公场所公开悬挂,接受税务机关检查。

纳税人遗失税务登记证件的,应当在 15 日内书面报告主管税务机关,如实填写《税务登记证件遗失报告表》并登报声明作废。

二、发票管理

（一）发票概念

发票是指在购销商品、提供劳务或接受劳务、服务以及从事其他经营活动,所提供给对方的收付款的凭证。它是确定经营收支行为发生的法定凭证,是会计核算的原始依据,也是税务稽查的重要依据。《税收征收管理法》规定,税务机关是发票的主管机关,负责发票印刷、领购、开具、取得、保管、缴销的管理和监督。

(二) 发票的内容

发票的基本内容包括:发票的名称、字轨号码、联次及用途;客户名称;开户银行及账号;商品名称或经营项目;计量单位、数量、单价、大小写金额;开票人;开票日期;开票单位(个人名称、章)等。

发票的基本联次包括存根联、发票联、记账联。存根联由收款方或开票方留存备查;发票联由付款方或受票方作为付款原始凭证;记账联由收款方或开票方作为记账原始凭证。省以上税务机关可根据发票管理情况以及纳税人经营业务需要,增减除发票联以外的其他联次,并确定其用途。

第一联:存根联——开票方留存备查
第二联:发票联——收执方作为付款或收款原始凭证 } 基本联次
第三类:记账联——开票方作为记账原始凭证
　　　　抵扣联——抵扣税款的凭证 } 增值税专用发票基本联次

(三) 发票的印制

(1) 发票准印证由国家税务总局统一监制,省税务机关核发。税务机关应当对印制发票企业实施监督管理,对不符合条件的,应当取消其印制发票的资格。

(2) 全国统一的发票防伪措施由国家税务总局确定,省税务机关可以根据需要增加本地区的发票防伪措施,并向国家税务总局备案。发票防伪专用品应当按照规定专库保管,不得丢失。次品、废品应当在税务机关监督下集中销毁。

(3) 全国统一发票监制章是税务机关管理发票的法定标志,其形状、规格、内容、印色由国家税务总局规定。全国范围内发票换版由国家税务总局确定;省、自治区、直辖市范围内发票换版由省税务机关确定。发票换版时,应当进行公告。

(4) 监制发票的税务机关根据需要下达发票印制通知书,被指定的印制企业必须按照要求印制。发票印制通知书应当载明印制发票企业名称、用票单位名称、发票名称、发票代码、种类、联次、规格、印色、印制数量、起止号码、交货时间、地点等内容。

(5) 印制发票企业印制完毕的成品应当按照规定验收后专库保管,不得丢失。废品应当及时销毁。

(四) 发票的开具和保管

销售商品、提供服务以及从事其他经营活动的单位和个人,对外发生经营业务收取款项,收款方应向付款方开具发票;收购单位和扣缴义务人支付款项时,由付款方向收款方开具发票。

1. 发票的开具

开具发票时要遵守以下规定:

(1) 向消费者个人零售小额商品或者提供零星服务的,是否可免予逐笔开具发票,由省税务机关确定。

(2) 填开发票的单位和个人必须在发生经营业务确认营业收入时开具发票。未发生经营业务一律不准开具发票。

（3）开具发票后，如发生销货退回需开红字发票的，必须收回原发票并注明"作废"字样或取得对方有效证明。开具发票后，如发生销售折让的，必须在收回原发票并注明"作废"字样后重新开具销售发票或取得对方有效证明后开具红字发票。

（4）单位和个人在开具发票时，必须做到按照号码顺序填开，填写项目齐全，内容真实，字迹清楚，全部联次一次打印，内容完全一致，并在发票联和抵扣联加盖发票专用章。

（5）开具发票应当使用中文。民族自治地方可以同时使用当地通用的一种民族文字。

2. 发票的保管

使用发票的单位和个人应当妥善保管发票。发生发票丢失情形时，应当于发现丢失当日书面报告税务机关，并登报声明作废。

（五）发票的种类

发票按用途及反映内容的不同分为：增值税专用发票、普通发票和专业发票。

1. 增值税专用发票

增值税专用发票是由国家税务总局监制设计印制的，只限于增值税一般纳税人领购使用的，既作为纳税人反映经济活动中的重要会计凭证又是兼记销货方纳税义务和购货方进项税额的合法证明；是增值税计算和管理中重要的决定性的合法的专用发票。

增值税专用发票隶属于国家税务局管理范围，其式样和印制及管理规定均由国家税务总局制定。增值税专用发票只限于增值税一般纳税人领购使用，增值税小规模纳税人不得领购使用。增值税专用发票的样式如下图：

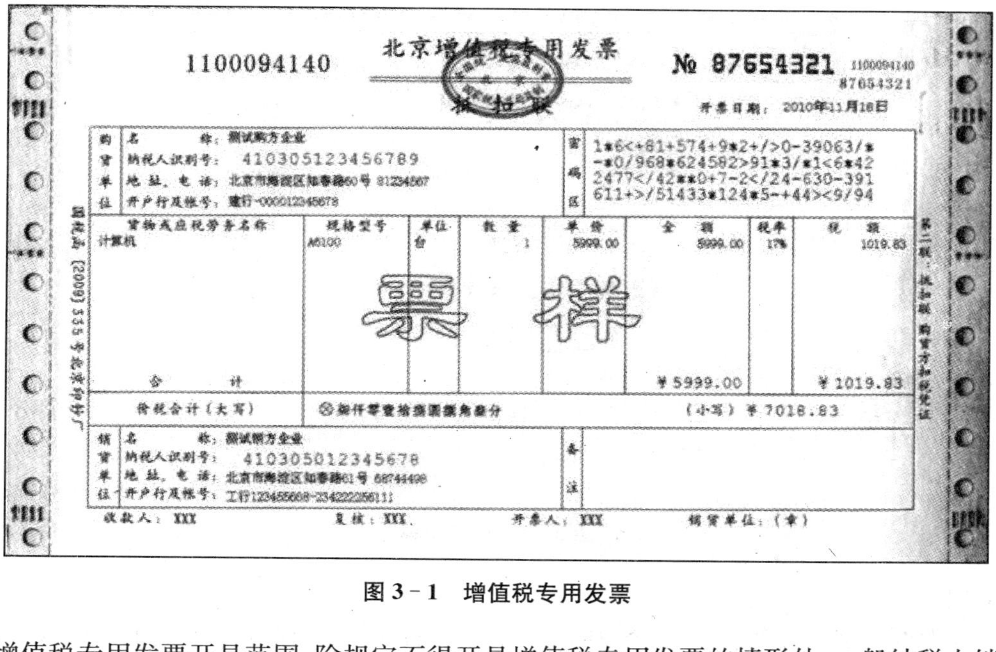

图 3-1 增值税专用发票

增值税专用发票开具范围：除规定不得开具增值税专用发票的情形外，一般纳税人销售货物或者提供应税劳务，应向购买方开具专用发票。

根据实行的《增值税暂行条例》的规定，属于下列情形之一的，不得开具增值税专用发票：

（1）向消费者销售应税项目；

（2）销售免税项目；

(3) 销售报关出口的货物在境外销售应税劳务；

(4) 将货物用于非应税项目；

(5) 将货物用于集体福利或个人消费；

(6) 将货物无偿赠送他人；

(7) 提供非应税劳务；

(8) 商业企业零售的烟、酒、食品、服装、鞋帽、化妆品等消费品；

(9) 向小规模纳税人销售应税项目，可以不开具增值税专用发票。

2. 普通发票

普通发票主要由营业税纳税人和增值税小规模纳税人使用，增值税一般纳税人在不能开具专用发票的情况下也可使用普通发票。普通发票由行业发票和专用发票组成。前者适用于某个行业的经营业务，如商业零售统一发票、商业批发统一发票、工业企业产品销售统一发票等；后者仅适用于某一经营项目，如广告费用结算发票、商品房销售发票等。

普通发票一般为三联：第一联是存根联，开票后留存备查；第二联为发票联，收执方作为付款或收款原始凭证，填开后的发票联要加盖财务章或发票专用章；第三联为记账联，开票方作为记账原始凭证。普通发票的样式如下图：

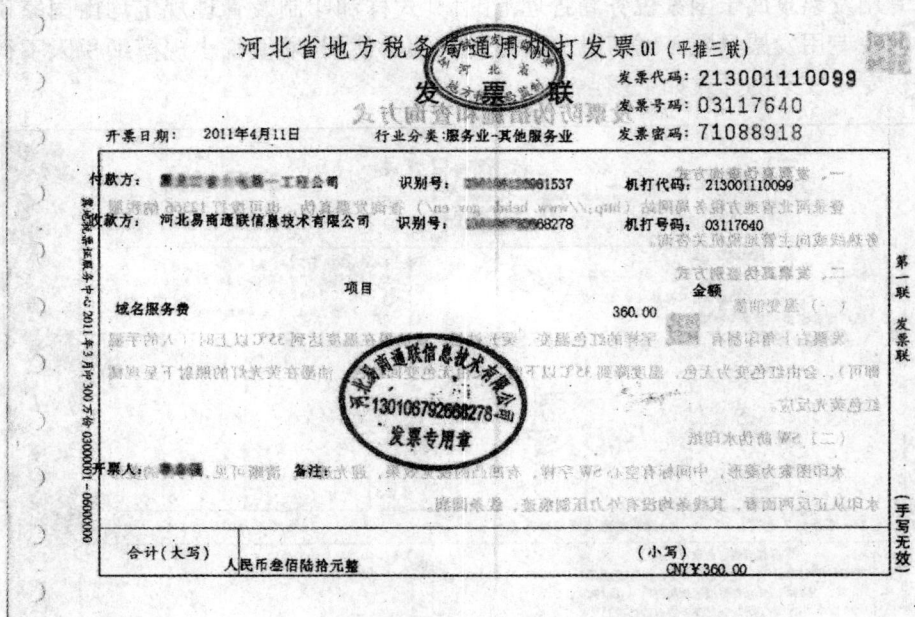

图 3-2 普通发票

3. 专业发票

专业发票是指国有金融、保险企业的存贷、汇兑、转账凭证、保险凭证；国有邮政、电信企业的邮票、邮单、话务、电报收据；国有铁路、国有航空企业和交通部门、国有公路、水上运输企业的客票、货票等。

专业发票从版面上可以划分为手写发票、电脑发票和定额发票三种。手写发票，是指用手工书写形式填开的发票。电脑发票，指用计算机填写并用其附设的打印机打出票面内容的发票。这类发票包括普通计算机用及防伪专用计算机用(如防伪税控机)的发票。定额发票,指发票票面印有固定金额的发票。这类发票主要是防止开具发票时大头小尾以及方便一些特殊行业或有特殊需要的企业使用。专业发票的样式如下图:

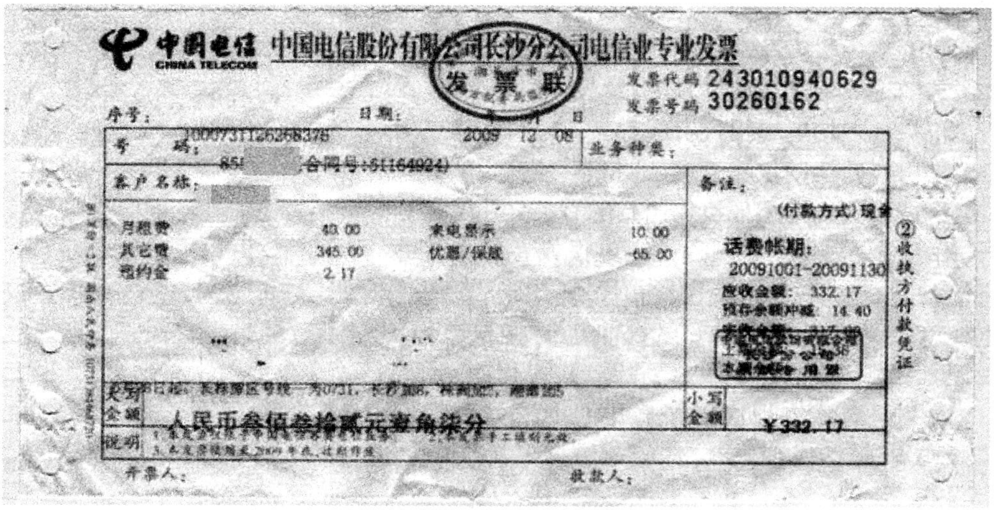
中国电信股份有限公司长沙分公司电信业专业发票
发票联
发票代码 243010940629
发票号码 30260162
序号:　　日期: 2009 12 08
号　码: 85　合同号:61164924
业务种类:
客户名称:
备注:
(付款方式)现金
月租费 40.00　来电显示 10.00
其它费 345.00　优惠/保底 -65.00
违约金 2.17
话费帐期: 20091001-20091130
应收金额: 332.17
预存余额冲减: 14.40
②收执方付款凭证
大写金额 人民币叁佰叁拾贰元壹角柒分
小写金额 ¥332.17
说明
开票人:　收款人:

图 3-3　专业发票

三、纳税申报

(一) 纳税申报的概念

纳税申报是指纳税人、扣缴义务人按照法律、行政法规的规定,在申报期限内就纳税事项向税务机关书面申报的一种法定手续。纳税申报的对象为纳税人和扣缴义务人。纳税人和扣缴义务人必须按照税法规定的期限申报纳税。纳税人在纳税期内没有应纳税款的,也应当按照规定办理纳税申报。纳税人享受减税、免税待遇的,在减税、免税期间应当按照规定办理纳税申报。

(二) 纳税申报的方式

(1) 自行申报。也称直接申报。是指纳税人、扣缴义务人按照规定的期限自行直接到主管税务机关(报税大厅)办理纳税申报手续。这是目前最主要的纳税申报方式。

(2) 邮寄申报。是指经税务机关批准的纳税人使用统一规定的纳税申报特快专递专用信封,通过邮政部门办理交寄手续,并向邮政部门索取收据作为申报凭据的方式。邮寄申报以寄出地的邮政局邮戳日期为实际申报日期。这种申报方式比较适宜边远地区的纳税人。

(3) 数据电文申报。数据电文是指以税务机关确定的电话语音、电子数据交换和网络传输等电子方式进行纳税申报。这种方式运用较为广泛,如网上申报。

(4) 其他方式申报。实行定期定额的纳税人可以实行简易申报、简并征期等申报纳税方式。

简易申报是指实行定期定额的纳税人,经税务机关批准,按期纳税的,通过以缴纳税款凭证代替申报,如果未按期纳税,也构成未办理纳税申报的一种纳税申报方式。

简并征期是指实行定期定额的纳税人,经税务机关批准,可以采取将纳税期限合并为按季、半年、年的方式缴纳税款的一种纳税申报方式。

（三）纳税申报的材料

纳税人办理纳税申报时，应当如实填写纳税申报表，并根据不同的情况相应报送下列有关证件、资料：

（1）财务会计报表及其说明材料；

（2）与纳税有关的合同、协议书及凭证；

（3）税控装置的电子报税资料；

（4）外出经营活动税收管理证明和异地完税凭证；

（5）境内或者境外公证机构出具的有关证明文件；

（6）纳税人、扣缴义务人的纳税申报或者代扣代缴、代收代缴税款报告表的主要内容包括：税种、税目、应纳税目或者应代扣代缴、代收代缴税款项目，计税依据、扣除项目及标准，适用税率或单位税额，应退税项目及税额、应减免税项目及税额，应纳税额或者应代扣代缴、代收代缴税额，税款所属期限延期缴纳税款、欠税、滞纳金等；

（7）扣缴义务人办理代扣代缴、代收代缴税款报告时，应当如实填写代扣代缴、代收代缴税款报告表，并报送代扣代缴、代收代缴款的合法凭证以及税务机关规定的其他有关证件、资料；

（8）税务机关规定应当报送的其他有关证件、资料。

（四）纳税申报的主要内容

纳税人、扣缴义务人的纳税申报或者代扣代缴、代收代缴税款报告表的主要内容包括：税种、税目，应纳税项目或者应代扣代缴、代收代缴税款项目，计税依据，扣除项目及标准，适用税率或者单位税额，应退税项目及税额、应减免税项目及税额，应纳税额或者应代扣代缴、代收代缴税额，税款所属期限、延期缴纳税款、欠税、滞纳金等。

（五）纳税申报的延期

纳税人、扣缴义务人按照规定的期限办理纳税申报或者报送代扣代缴、代收代缴税款报告表确有困难，需要延期的，应当在规定的期限内向主管国家税务机关提出书面延期申请，经主管国家税务机关核准，在核准的期限内办理。

纳税人、扣缴义务人因不可抗力，不能按期办理纳税申报或者报送代扣代缴、代收代缴税款报告表的，可以延期办理；但是，应当在不可抗力情形消除后立即向税务机关报告。税务机关应当查明事实，予以核准。

四、税款征收

税款征收是指税务机关依照税收法律、行政法规规定，将纳税人依法应纳的税款以及扣缴义务人代扣代缴、代收代缴的税款通过不同的方式组织征收入库的活动。税款征收是税收征收管理的中心环节，直接关系到国家税收能否及时、足额入库。

（一）税款征收方式

税款征收的方式主要有9种：① 查账征收；② 查定征收；③ 查验征收；④ 定期定额征收；⑤ 核定征收；⑥ 代扣代缴；⑦ 代收代缴；⑧ 委托代征税款；⑨ 其他方式。

1. 查账征收

查账征收是指由纳税人依据账簿记载，先自行计算缴纳，事后经税务机关查账核实，如有不符合《税法》规定的,则多退少补。这种征收方式较为规范,符合课税法定性的基本原则,适用于经营规模较大、财务会计制度健全、会计记录完整、能够认真履行纳税义务的纳税人,其中主要是对已建立会计账簿并且会计记录完整的单位采用。

2. 查定征收

查定征收是指由税务机关根据纳税人的从业人数、耗用原材料、生产设备等情况在正常情况下的生产、销售情况,对其生产的应税产品查定产量和销售额,然后依照税法规定的税率征收的一种税款征收方式。这种税款征收方式适用于生产经营规模较小、产品零星、税源分散、会计账簿不健全、财务管理和会计核算水平较低、但可以控制原材料或进销货的小型厂矿和作坊。

3. 查验征收

查验征收是由税务机关对纳税申报人的应税产品进行查验后征税,并贴上完税凭证、查验证或盖查验戳,并据以征税的一种税款征收方式。这种税款征收方式适用于纳税人财务制度不健全,经营品种比较单一,经营地点、时间和商品来源不固定、零星分散、流动性大的纳税人。如城乡集贸市场的临时经营和机场、码头、公路交通要道等地方的经营者。

4. 定期定额征收

定期定额征收,又称双定征收,是指税务机关依照有关法律、法规的规定,按照一定的程序,核定纳税人在一定经营时期内的应纳税经营额及收益额,并以此为计税依据,确定其应纳税额(包括增值税额、消费税额、营业税额、所得税额等)的一种税款征收方式。这种税款征收方式适用于生产经营规模小,又确无建账能力,经主管税务机关审核批准可以不设置账簿或暂缓建账的小型纳税人。如个体工商户。

5. 核定征收

核定征收,是指税务机关对不能完整、准确提供纳税资料的纳税人采用特定方式确定其应税收入或应纳税额,纳税人据以缴纳税款的一种方式。核定征收方式包括定额征收和核定应纳税所得率征收两种办法。

(1)定额征收:直接核定所得税额。

(2)核定应税所得率征收:按照收入总额或成本费用等项目的实际发生额,按预先核定的应税所得率计算缴纳所得税。

6. 代扣代缴

代扣代缴,是指按照《税法》规定,负有扣缴税款的法定义务人,在向纳税人支付款项时,从所支付的款项中直接扣收税款的方式。其目的是对零星分散、不易控制的税源实行源泉控制。如个人所得税。

7. 代收代缴

代收代缴,是指负有收缴税款的法定义务人,对纳税人应纳的税款进行代收代缴的方式。即由与纳税人有经济业务往来的单位和个人向纳税人收取款项时,依照税收的规定收取税款。这种方式一般适用于对零星分散、不易控制的税源实行源泉控制。如受托加工应缴消费税的消费品,由受托方代收代缴的消费税。

8. 委托代征税款

委托代征,是指受托单位按照税务机关核发的代征证书的要求,以税务机关的名义向纳税人征收一些零散税款的一种税款征收方式。这种方式主要适用于小额、零散税源征收。如集贸市场税款的征收。

9. 其他方式

除上述方式外,还可以采取网络申报、IC卡纳税、邮寄纳税等其他方式。

(二) 核定应纳税额

核定应纳税额是按其他征收方法难以合理准确地征收税款时采取的一种征税方法。

1. 核定应纳税额的适用范围

根据《税收征管法》第35条的规定,有下列情形之一的纳税人,税务机关有权核定其应纳税额:

(1) 依照法律、行政法规的规定可以不设置账簿的;

(2) 依照法律、行政法规的规定应当设置账簿但未设置的;

(3) 擅自销毁账簿或者拒不提供纳税资料的;

(4) 虽设置账簿,但账目混乱或者成本资料、收入凭证、费用凭证残缺不全,难以查账的;

(5) 发生纳税义务,未按照规定的期限办理纳税申报,经税务机关责令限期申报,逾期仍未申报的;

(6) 纳税人申报的计税依据明显偏低,又无正当理由的。

2. 核定应纳税额的方法

税务机关按以下方式进行核定:

(1) 参照当地同类行业或者类似行业中经营规模和收入水平相近的纳税人的收入额和利润率核定;

(2) 按照成本加合理费用和利润的方法核定;

(3) 按照耗用的原材料、燃料、动力等推算或者核算核定;

(4) 按照其他合理的方法核定。

采用上述所列一种方法不足以正确核定应纳税额时,可以同时采用两种以上的方法核定。

(三) 税收保全措施与税收强制执行

1. 税收保全措施

税务机关有根据认为从事生产、经营的纳税人有逃避纳税义务行为的,可以在规定的纳税期之前,责令限期缴纳应纳税款;在限期内发现纳税人有明显的转移、隐匿其应纳税的商品、货物以及其他财产或者应纳税的收入的迹象的,税务机关可以责成纳税人提供纳税担保。如果纳税人不能提供纳税担保,经县以上税务局(分局)局长批准,税务机关可以采取下列税收保全措施:

(1) 书面通知纳税人开户银行或者其他金融机构冻结纳税人的金额相当于应纳税款的存款;

(2) 扣押、查封纳税人的价值相当于应纳税款的商品、货物或者其他财产。

纳税人在前款规定的限期内缴纳税款的,税务机关必须立即解除税收保全措施;限期期满仍未缴纳税款的,经县以上税务局(分局)局长批准,税务机关可以书面通知纳税人开户银行或者其他金融机构从其冻结的存款中扣缴税款,或者依法拍卖或者变卖所扣押、查封的商品、货物或者其他财产,以拍卖或者变卖所得抵缴税款。

个人及其所扶养家属维持生活必需的住房和用品,不在税收保全措施的范围之内。

2. 税收强制执行

从事生产、经营的纳税人、扣缴义务人未按照规定的期限缴纳或者解缴税款，纳税担保人未按照规定的期限缴纳所担保的税款，由税务机关责令限期缴纳，逾期仍未缴纳的，经县以上税务局（分局）局长批准，税务机关可以采取下列强制执行措施：

（1）书面通知其开户银行或者其他金融机构从其存款中扣缴税款；

（2）扣缴、查封、依法拍卖或者变卖其价值相当于应纳税款的商品、货物或者其他财产，以拍卖或者变卖所得抵缴税款。

税务机关采取强制执行措施时，对前款所列纳税人、扣缴义务人、纳税担保人未缴纳的滞纳金同时强制执行。但是，税务机关在采取强制执行措施时，要有确切的证据并严格按照法律规定的条件和程序进行，决不能随意行使强制执行权。

个人及其所扶养家属维持生活必需的住房和用品，不在强制执行措施的范围之内。

（四）税款的退还与追征

1. 税款的退还

纳税人不论何种原因超过应纳税额缴纳的税款，税务机关发现后应当立即退还；纳税人自结算缴纳税款之日起3年内发现的，可以向税务机关要求退还多缴的税款并加算银行同期存款利息，税务机关及时查实后应当立即退还；涉及从国库中退库的，依照法律、行政法规有关国库管理的规定退还。如果纳税人在结清缴纳税款之日起3年后才向税务机关提出退还多缴税款要求的，税务机关将不予受理。

2. 税款的追征

（1）因税务机关的责任，致使纳税人、扣缴义务人未缴或者少缴税款的，税务机关在3年内可以要求纳税人、扣缴义务人补缴税款，但是不得加收滞纳金。

（2）因纳税人、扣缴义务人计算错误等失误，未缴或者少缴税款的，税务机关在3年内可以追征税款、滞纳金；有特殊情况的，追征期可以延长到5年。所谓"特殊情况"，是指纳税人或者扣缴义务人因计算错误等失误，未缴或者少缴、未扣或者少扣、未收或者少收税款，累计数额在10万元以上的。

（3）对偷税、抗税、骗税的，税务机关追征其未缴或者少缴的税款、滞纳金或者所骗取的税款，不受时间的限定。

（五）税务代理

1. 税务代理的概念

税务代理，是指税务代理人在国家税务总局规定的代理范围内，接受纳税人、扣缴义务人的委托，代为办理涉税事宜的各项行为的总称。所谓的税务代理人是指具有丰富的税收实务工作经验和较高的税收、会计专业理论知识及法律基础知识，经国家税务总局及其省、自治区、直辖市国家税务局批准，从事税务代理的专门人员及其工作机构。

2. 税务代理的特点

（1）公正性。税务代理机构不是税务行政机关，而是征纳双方的中介机构，因而只能站在公正的立场上，客观地评价代理人的经济行为。

（2）自愿性。委托税务代理人代为办理税务事宜是纳税人、扣缴义务人自愿采取的一种办税方式。

（3）中介性。税务代理是一种社会中介服务，税务代理机构介于纳税人、扣缴义务人和税务机关之间。

（4）法定性。税务代理人的税务代理范围，是以法律、行政法规和行政规章的形式确定的，即业务范围是法定的。

3. 税务代理的法定业务范围

税务代理的业务范围是指按照国家有关法律的规定，允许税务代理人从事的业务内容。税务代理人可以接受纳税人、扣缴义务人的委托从事下列范围内的业务代理：

办理税务登记，变更税务登记；办理增值税专用发票外的发票领购手续；办理纳税申报和扣缴税款报告；办理纳税、退税和减免税申报；制作涉税文书；审查纳税情况；建账建制，办理账务；开展税务咨询（顾问）、税收筹划、涉税培训等涉税服务业务；办理税务行政复议手续；办理增值税一般纳税人资格认定手续；利用主机共享服务系统为增值税一般纳税人代开增值税专用发票以及国家税务总局规定的其他服务。

除此之外，涉税签证业务范围包括：企业所得税汇算清缴纳税申报签证；企业所得税税前弥补亏损和财产损失的签证；国家税务总局和省税务局的其他涉税签证业务。

（六）税收检查

税收检查是税务机关依照税收法律、行政法规的规定，对纳税人、扣缴义务人履行纳税义务或扣缴义务及其他有关税务事项进行审查、核实、监督活动的总称。

税务机关有权进行下列税收检查：

（1）检查纳税人的账簿、记账凭证、报表和有关资料，检查扣缴义务人代扣代缴、代收代缴税款账簿、记账凭证和有关资料；

（2）到纳税人的生产、经营场所和货物存放地检查纳税人应纳税的商品、货物或者其他财产，检查扣缴义务人与代扣代缴、代收代缴税款有关的经营情况；

（3）责成纳税人、扣缴义务人提供与纳税或者代扣代缴、代收代缴税款有关的文件、证明材料和有关资料；

（4）询问纳税人、扣缴义务人与纳税或者代扣代缴、代收代缴税款有关的问题和情况；

（5）到车站、码头、机场、邮政企业及其分支机构检查纳税人托运、邮寄应纳税商品、货物或者其他财产的有关单据、凭证和有关资料；

（6）经县以上税务局（分局）局长批准，凭全国统一格式的检查存款账户许可证明，查询从事生产、经营的纳税人、扣缴义务人在银行或者其他金融机构的存款账户。税务机关在调查税收违法案件时，经设区的市、自治州以上税务局（分局）局长批准，可以查询案件涉嫌人员的储蓄存款。税务机关查询所获得的资料，不得用于税收以外的用途。

（七）税收法律责任

1. 税收违法的行政处罚

税收违法行政处罚是指依法享有税务行政处罚权的税务机关依法对公民、法人和其他经济组织违反税收法律、法规或规章，尚未构成犯罪税务违法行为给予的一种税务行政制裁。涉及税务领域的具体行政处罚种类主要有：

（1）责令限期改正。这是税务机关对违反法律、行政法规所规定义务的当事人的谴责和申诫。适用于情节轻微或尚未构成实际危害后果的违法行为，是一种较轻的处罚形式，既可以起到教育的作用，又具有一定的处罚作用。

（2）罚款。罚款是指税务机关强迫违反《税法》的当事人在一定的期限内向国家缴纳一定数额金钱的制裁措施,是应用最广的一种处罚。

(3) 没收财产。没收财产是对行政管理相对一方当事人的财产权予以剥夺的处罚。有两种情况:一是非法占有的财产;二是用于非法活动的财产。

(4) 收缴未用发票和暂停供应发票。

(5) 停止出口退税权。停止出口退税权是指税务机关对有骗税或者其他税务违法行为的出口企业停止其一定时间的出口退税权的处罚形式。

2. 税务违法的刑事处罚

税务刑事处罚,是指享有刑事处罚权的国家机关对违反税收刑事法律规范,依法应当给予刑事处罚的公民、法人或其他组织法律制裁的行为。

违反税收征收管理规定的具体法律责任如下:

(1) 偷税行为的法律责任

纳税人伪造、变造、隐匿、擅自销毁账簿、记账凭证,或者在账簿上多列支出或者不列、少列收入,或者经税务机关通知申报而拒不申报或者进行虚假的纳税申报,不缴或者少缴应纳税款的,是偷税。对纳税人偷税的,由税务机关追缴其不缴或者少缴的税款、滞纳金,并处不缴或者少缴的税款50%以上5倍以下的罚款;构成犯罪的,依法追究刑事责任。

扣缴义务人采取前款所列手段,不缴或者少缴已扣、已收税款,由税务机关追缴其不缴或者少缴的税款、滞纳金,并处不缴或者少缴的税款50%以上5倍以下的罚款;构成犯罪的,依法追究刑事责任。

(2) 逃税行为的法律责任

纳税人欠缴应纳税款,采取转移或者隐匿财产的手段,妨碍税务机关追缴欠缴的税款的,由税务机关追缴欠缴的税款、滞纳金,并处欠缴税款50%以上5倍以下的罚款;构成犯罪的,依法追究刑事责任。

(3) 抗税行为的法律责任

以暴力、威胁方法拒不缴纳税款的是抗税,除由税务机关追缴其拒缴的税款、滞纳金外,依法追究刑事责任。情节轻微,未构成犯罪的,由税务机关追缴其拒缴的税款、滞纳金,并处拒缴税款1倍以上5倍以下的罚款。

(4) 骗税行为的法律责任

以假报出口或者其他欺骗手段,骗取国家出口退税款的,由税务机关追缴其骗取的退税款,并处骗取税款1倍以上5倍以下的罚款;构成犯罪的,依法追究刑事责任。骗税罪及处罚,以假报出口或者其他欺骗手段,骗取国家出口退税款,由税务机关追缴其骗取的退税款,并处骗取税款1倍以上5倍以下的罚款;构成犯罪的,依法追究刑事责任。其具体包括:数额较大的,处5年以下有期徒刑或者拘役,并处骗取税款1倍以上5倍以下罚金;数额巨大或者有其他严重情节的,处5年以上10年以下有期徒刑,并处骗取税款1倍以上5倍以下罚金;数额特别巨大或者有其他特别严重情节的,处10年以上有期徒刑或者无期徒刑,并处骗取税款1倍以上5倍以下罚金或者没收财产。

(5) 非法印制发票行为的法律责任

非法印制发票的,由税务机关销毁非法印制的发票,没收违法所得和作案工具,并处1万元以上5万元以下的罚款;构成犯罪的,依法追究刑事责任。

(6) 其他行为的法律责任

税务人员利用职务上的便利,收受或者索取纳税人、扣缴义务人财物或者谋取其他不正当利益,构成犯罪的,依法追究刑事责任;尚不构成犯罪的,依法给予行政处分。

税务人员徇私舞弊或者玩忽职守,不征或者少征应征税款,致使国家税收遭受重大损失,构成犯罪的,依法追究刑事责任;尚不构成犯罪的,依法给予行政处分。

税务人员对控告、检举税收违法违纪行为的纳税人、扣缴义务人以及其他检举人进行打击报复的,依法给予行政处分;构成犯罪的,依法追究刑事责任。

税务人员违反法律、行政法规的规定,故意高估或者低估农业税计税产量,致使多征或者少征税款,侵犯农民合法权益或者损害国家利益,构成犯罪的,依法追究刑事责任;尚不构成犯罪的,依法给予行政处分。

(八) 税务行政复议

行政复议,是指当事人(纳税人、扣缴义务人、纳税担保人及其他税务当事人)对税务机关及其工作人员作出的税务具体行政行为不服的,依法向上一级税务机关(复议机关)提出申请,复议机关对具体行政行为的合法性、合理性作出裁决。

1. 复议范围

(1) 征税行为:包括确认纳税主体,征税对象、征税范围、减税、免税、退税、抵扣税款、适用税率,计税依据、纳税环节、纳税期限、纳税地点和税款征收方式等具体行政行为、征收税款,加收滞纳金,扣缴义务人、受税务机关委托的单位和个人作出的代扣代缴、代收代缴、代征行为等。

(2) 行政许可、行政审批行为。

(3) 发票管理行为,包括发售、收缴、代开发票等。

(4) 税收保全措施、强制执行措施。

(5) 行政处罚行为:包括罚款;没收财物和违法所得;停止出口退税权。

(6) 不依法履行下列职责的行为:包括颁发税务登记;开具、出具完税凭证、外出经营活动税收管理证明;行政赔偿;行政奖励;其他不依法履行职责的行为。

(7) 资格认定行为。

(8) 不依法确认纳税担保行为。

(9) 政府信息公开工作中的具体行政行为。

(10) 纳税信用等级评定行为。

(11) 通知出入境管理机关阻止出境行为。

(12) 其他具体行政行为。

申请人对复议范围中第(1)项规定的行为不服的,应当先向复议机关申请行政复议,对复议决定不服的,可以再向人民法院提起行政复议,也可以直接向人民法院提起行政诉讼。

2. 复议的申请与受理

申请人可以在知道税务机关作出具体行政行为之日起60日内提出行政复议申请。

纳税人、扣缴义务人、纳税担保人同税务机关在纳税上发生争议时,必须先依照税务机关的纳税决定缴纳或者解缴税款及滞纳金或者提供相应的担保,然后可以依法申请行政复议;对行政复议决定不服的,可以依法向人民法院起诉。

当事人对税务机关的处罚决定、强制执行措施或者税收保全措施不服的,可以依法申请行政复议,也可以依法向人民法院起诉。

当事人对税务机关的处罚决定逾期不申请行政复议也不向人民法院起诉、又不履行的,作出处罚决定的税务机关可以采取强制执行措施,或者申请人民法院强制执行。

复议机关收到行政复议申请后,应当在 5 日内进行审查,决定是否受理。

3. 行政复议决定

复议机关应当自受理申请之日起 60 日内作出行政复议决定。复议机关根据不同的情况作出以下行政复议决定:

第一,具体行政行为认定事实清楚、证据确凿、适用依据正确、程序合法、内容适当的,决定维持。

第二,被申请人不履行法定职责的,决定其在一定期限内履行。

第三,具体行政行为有下列情形之一的,决定撤销、变更或确认该具体行政行为违法:

(1) 主要事实不清、证据不足的。

(2) 适用依据错误的。

(3) 违反法定程序的。

(4) 超越或者滥用职权的。

(5) 具体行政行为明显不当的。

第四,被申请人不按照规定提出书面答复、提交当初作出具体行政行为的证据、依据和其他有关材料的,视为该具体行政行为没有证据、依据,应决定撤销该具体行政行为。

税务行政复议书决定一经送达,即产生法律效力。

【工作评价与反馈】

项目		任务完成程度		
		全部完成	部分完成	未完成
自我评价	任务一			
	任务二			
	任务三			
项目任务完成心得				
存在的问题				
教师评价				

强 化 练 习

一、单项选择题

1. 税务登记不包括(   )。
   A. 开业登记
   B. 变更登记
   C. 核定应纳税额
   D. 注销登记

2. 税务机关对于纳税人填报的《税务登记表》、提供的证件和资料审核完毕的时间为(   )。
   A. 自收到之日起 15 日内
   B. 自纳税人填报之日起 15 日内
   C. 自收到之日起 30 日内
   D. 自纳税人填报之日起 30 日内

3. 按照规定不需要在工商行政管理机关办理注销登记的纳税人,应当向原税务登记机关申报办理注销税务登记,其时间限制为(   )。
   A. 自有关机关批准或者宣告终止之日起 15 日内
   B. 自有关机关批准或者宣告终止之日起 30 日内
   C. 自有关机关批准或者宣告终止之日起 60 日内
   D. 自有关机关批准或者宣告终止之日起 90 日内

4. 纳税人外出经营活动结束时应当填报《外出经营活动情况申报表》并上交给(   )。
   A. 公司所在地税务机关
   B. 经营地税务机关
   C. 上一级税务机关
   D. 不用上交

5. 下列各项不符合发票开具要求的是(   )。
   A. 按号码顺序填开发票
   B. 填写发票使用中文
   C. 一次性复写发票的全部联次
   D. 随意拆本使用发票

6. 单位和个人开具发票的时间是(   )。
   A. 发生经营业务、确认营业收入时
   B. 收到货款时
   C. 产品发出时
   D. 合同签订时

7. 下列各项不属于纳税申报方式的是(   )。
   A. 直接申报
   B. 邮寄申报
   C. 数据电文申报
   D. 口头申报

8. 一般情况下,上市公司适用的税款征收方式是(   )。
   A. 查账征收
   B. 查定征收
   C. 查验征收
   D. 定期定额征收

9. 增值税一般纳税人在计算企业所得税应纳税所得额时,不允许扣除的税金是(   )。
   A. 消费税
   B. 营业税
   C. 增值税
   D. 印花税

10. 下列发票属于专业发票的是(   )。
    A. 广告费用结算发票
    B. 工业企业产品销售统一发票
    C. 商品房销售发票
    D. 运输企业的客票、货票

二、多项选择题

1. 根据《税收征管法》的规定,需要办理开业税务登记的纳税人有(   )。
   A. 领取营业执照从事生产经营活动的纳税人

B. 不从事生产经营活动,法律、法规规定负有纳税义务的单位和个人

C. 只交纳个人所得税的自然人

D. 企业在外地设立分支机构

2. 纳税人需要申请办理注销登记的情况有(　　)。

A. 解散　　　　　　B. 破产　　　　　C. 撤销　　　　　　D. 暂停营业

3. 从事下列活动需要持有税务登记证件的有(　　)。

A. 领购发票　　　　　　　　　　B. 申请开具外出经营活动税收管理证明

C. 开立银行账户　　　　　　　　D. 设置账簿

4. 开具发票时应按号码顺序填开,并且要求(　　)。

A. 填写项目齐全　　B. 内容真实　　　C. 字迹清楚　　　　D. 逐联填写

5. 关于发票的开具和保管,下列说法正确的是(　　)。

A. 不符合规定的发票,任何单位和个人有权拒收

B. 使用电子计算机开具发票,须经主管税务机关批准

C. 发票限于领购单位和个人在本省、自治区、直辖市内开具

D. 已开具的发票存根联和发票登记簿在保存期满后可以自行销毁

6. 下列发票中,属于普通发票的有(　　)。

A. 增值税专用发票　　　　　　　B. 商业零售统一发票

C. 商品房销售发票　　　　　　　D. 邮票

7. 纳税申报的材料主要有(　　)。

A. 财务会计报表及其说明材料

B. 税控装置的电子报税资料

C. 外出经营活动税收管理证明和异地完税凭证

D. 境内或者境外公证机构出具的有关证明文件

8. 目前,我国税款征收的方式主要有(　　)。

A. 查账征收　　　　B. 查定征收　　　C. 查验征收　　　　D. 定期定额征收

9. 不适用于税收保全措施的纳税人有(　　)。

A. 从事生产经营的纳税人　　　　B. 非从事生产经营的纳税人

C. 扣缴义务人　　　　　　　　　D. 纳税担保人

10. 根据《中华人民共和国税收征收管理法》的规定,下列情形中,税务机关有权核定纳税人应纳税额的有(　　)。

A. 有偷税、骗税前科的　　　　　B. 拒不提供纳税资料的

C. 按规定应设置账簿而未设置的　D. 虽设置账簿,但账目混乱,难以查账的

三、判断题

1. 从事生产、经营的纳税人税务登记事项发生变化的,自向税务机关办理税务变更登记之日起 30 日内向工商行政管理机关登记变更。　　　　　　　　　　　　　　(　　)

2. 凡有法律、法规规定的应税收入、应税财产或应税行为的各类纳税人,均应当办理税务登记。　　　　　　　　　　　　　　　　　　　　　　　　　　　　　(　　)

3. 从事生产、经营的纳税人违反税收征收管理法律制度,拒不接受税务机关处理的,税务机关可以收缴其发票或者停止向其发售发票。　　　　　　　　　　　　　　　(　　)

4. 停业、复业登记是纳税人终止和恢复生产经营活动而办理的纳税登记。　　　　　（　　）

5.《发票管理办法》规定,在中国境内,发票可以使用中文印制,也可以使用外文印制。
　　　　　　　　　　　　　　　　　　　　　　　　　　　　　　　　　　　　（　　）

6. 纳税人被工商行政管理部门吊销营业执照的,应当在向工商行政管理机关办理注销登记前,持有关证件向原税务登记管理机关申报办理注销税务登记。　　　　　　　　　（　　）

7. 发票包括增值税专用发票、普通发票、专业发票。　　　　　　　　　　　　　（　　）

8. 未发生经营业务一律不得开具发票。　　　　　　　　　　　　　　　　　　　（　　）

9. 纳税申报采用简易申报方式,纳税人必须按照税务机关核定的税款和纳税期3个月内申报纳税。　　　　　　　　　　　　　　　　　　　　　　　　　　　　　　　　　（　　）

10. 对纳税人采取税收保全措施,必须经税务机关向人民法院提出申请后,由人民法院执行。　　　　　　　　　　　　　　　　　　　　　　　　　　　　　　　　　　　　　（　　）

四、案例分析题

某酒店在地税局办理了税务登记,并实行定期定额征收方式,核定月应纳税额2 300元。2014年5月3日,该酒店因包厢装修,向地税局提出自5月4日至5月31日申请停业的报告,经地税局审核后,批准了其停业申请,下达了《核准停业通知书》,并在办税服务厅予以公示。5月15日,地税局在日常检查中发现该酒店一直在营业,就于5月16日送达《复业通知书》,并告知其需按原定额申报纳税。6月12日,地税局发现该酒店仍未申报纳税,即下达了《限期改正通知书》,责令限期申报并缴纳税款,到7月15日该酒店还是未改正。

请回答:地税局对该酒店应如何处理?

微信扫一扫
本章练习解析

项目四 财政法规制度

【案例导入】

小田是某校会计专业三年级的学生,寒假时经人介绍来到家乡某事业单位财务部门实习,在实习过程中,他发现,事业单位不仅在经济业务的会计处理上与企业有很大的差别,而且平时遵循的法律法规很不一样。在完成本项目的学习后,你能帮助小田总结出行政事业单位在财务上需要遵守哪些法律法规吗?

【学习目标】

认知目标:了解预算法律制度的构成,包括预算法的概念、构成,掌握国家预算和预算管理的职权,熟悉我国政府采购法律制度的构成,包括政府采购的概念、主体、对象、功能等,掌握国库集中支付法律制度。

情感目标:通过对本章的学习,为学生将来在行政事业单位财务部门工作打下基础,使他们了解这些单位区别于企业财务的法规制度。

技能目标:掌握政府预算的编制实施流程,掌握行政事业单位的政府采购流程,掌握国库集中支付的操作方法。

任务一 明确预算法律制度

一、预算法律制度的构成

(一)《预算法》

1994 年 3 月 22 日第八届全国人民代表大会第二次会议通过,1994 年 3 月 22 日中华人民共和国主席令第二十一号公布,自 1995 年 1 月 1 日起施行。根据 2014 年 8 月 31 日第十二届全国人民代表大会常务委员会第十次会议《全国人民代表大会常务委员会关于修改〈中华人民共和国预算法〉的决定》修正,自 2015 年 1 月 1 日起施行。《预算法》是调整在国家进行预算资金的筹集、分配、使用和管理过程中发生的经济关系的法律规范的总称。该法是我国第一部财政基本法律,是我国国家预算管理工作的根本性法律以及制定其他预算法律的基本依据。

(二)《预算法实施条例》

根据《中华人民共和国预算法》(简称《预算法》)制定。1995 年 11 月 2 日经中华人民共和国国务院第三十七次常务会议通过,由中华人民共和国国务院于 1995 年 11 月 22 日发布实施,共计八章七十九条。

二、国家预算

(一) 国家预算的概念

国家预算也称政府预算,是经过法定程序审批的国家(政府)的基本财政收支计划。财政是国家为了实现其职能的需要,对一部分社会产品进行分配和再分配的活动,是国家配置资源的重要方式和调控社会经济运行的重要手段,是确保国家赖以存在的基本条件,有财才有政。国家预算由预算收入和预算支出两部分组成。

(二) 国家预算的原则

国家预算的原则是指国家选择预算形式和体系应遵循的指导思想,也就是制定政府财政收支计划的方针。一般来说,国家预算原则应体现公开性、可靠性、完整性、统一性和年度性。

1. 公开性

国家预算反映政府的活动范围、方向和政策,与全体公民的切身利益息息相关,因此国家预算及其执行情况必须采取一定的形式公之于众,让民众了解财政收支情况,并置于民众的监督之下。

2. 可靠性

每一收支项目的数字指示必须运用科学的方法,依据充分确实的资料,并总结规律进行计算,不得假定、估算,更不能任意编造。

3. 完整性

预算由预算收入和预算支出组成,各级政府的全部收入和支出都纳入国家预算,不得打埋伏、造假账,预算外另列预算。国家允许的预算外支出,也应在预算中有所体现。

4. 统一性

虽然一级政府设立一级预算,但国家预算是由所有地方预算和中央预算共同组成统一的国家预算,这就要求设立统一的预算科目,每个科目都应按统一的口径、程序计算和填列。

5. 年度性

年度性是国家预算编制和实现的时间上的界定,即预算收支的起讫的有效期限,简称预算年度。政府必须按照法定预算年度编制国家预算,这一预算要反映全年的财政收支活动,同时不允许将不属于本年度财政收支的内容列入本年度的国家预算之外。我国预算年度采用公历制,即 1 月 1 日起至 12 月 31 日止。

(三) 国家预算的职能和作用

国家预算作为财政分配和宏观调控的主要手段,具有三个职能:分配、调控、监督。

国家预算的作用包括以下三个方面:

(1) 财力保证作用。国家预算既是保障国家机器运转的物质条件,又是政府实施各项社会经济政策的有效保证。

(2) 调节制约作用。国家预算作为国家的基本财政计划,是国家财政实行宏观控制的主要依据和主要手段。

(3) 反映监督作用。国家预算是国民经济的综合反映,预算收入反映国民经济发展规模和经济效益水平,预算支出反映各项建设事业发展的基本情况。

(四) 国家预算的级次划分

国家实行一级政府一级预算,共分五级预算,具体包括:

（1）中央预算；

（2）省级（省、自治区、直辖市）预算；

（3）地市级（设区的市、自治州）预算；

（4）县市级（县、自治县、不设区的市、市辖区）预算；

（5）乡级（乡、民族乡、镇）预算。

对于不具备设立预算条件的乡、民族乡、镇，经省、自治区、直辖市政府确定可以暂不设立预算。

（五）国家预算管理体制

我国国家预算管理体制，实行中央和地方分税制，即在划分中央与地方事权的基础上，确定中央与地方财政支出范围，并按税种划分中央与地方预算收入的财政管理体制。中央预算和各级地方预算按照复式预算编制，分为政府公共预算、国有资产经营预算、社会保障预算和其他预算。

（六）国家预算的构成

1. 按照政府级次可分为中央预算和地方预算

（1）中央预算

中央预算是指中央政府预算，由中央各部门（含直属单位）的预算组成。

中央预算包括地方向中央上解的收入数额和中央对地方返还或者给予补助的数额。

其中：

① 中央各部门，是指与财政部直接发生预算缴款、拨款关系的国家机关、军队、政党组织和社会团体；

② 直属单位，是指与财政部直接发生预算缴款、拨款关系的企业和事业单位。

中央预算收入主要由中央固定收入、共享收入的中央收入部分、地方上缴收入等组成。中央预算支出主要包括国防、外交、援建支出、中央级行政管理费、中央统筹的基本建设投资以及中央本级负担的公检法支出等。

（2）地方预算

地方预算由各省、自治区、直辖市总预算组成。

地方各级政府预算由本级各部门（含直属单位，下同）和所属下级政府的预算组成，包括：

① 下级政府向上级政府上解的收入数额；

② 上级政府对下级政府返还或者给予补助的数额。

地方预算收入主要由地方固定收入、公共收入的地方收入部分、中央对地方的返还收入、补助收入等。地方预算支出根据地方政府的职能划分，主要包括：地方行政管理、公检法支出、地方统筹的基本建设投资、支农支出、地方文教卫生事业费支出、地方上缴支出等。

2. 按照收支管理范围可分为总预算和部门单位预算

（1）总预算是指政府的财政汇总预算

总预算分为中央总预算、省（自治区、直辖市）总预算、市总预算、县总预算。

各级政府总预算由本级政府预算和汇总的下一级政府总预算组成，由财政部门负责编制。

没有下一级政府预算的，总预算即指本级预算。

（2）部门单位预算

部门单位预算是指部门、单位的收支预算，是总预算的基础。各部门预算由本部门所属各单位预算组成。本部门机关经费预算,应当纳入本部门预算。

我国从 2000 年开始进行了国家预算编制的重大改革,即部门预算改革。部门预算是市场经济国家财政预算管理的基本组织形式,其内涵包括:一是部门作为预算编制的基础单元;二是国家预算要落实到每一个具体部门,预算管理以部门为依托;三是"部门"本身要有严格的资质要求,限定那些与财政直接发生经费领拨关系的一级预算单位为预算部门。

部门预算是一项综合预算,既包括行政单位预算,又包括其下属的事业单位预算;既包括一般预算收支计划,又包括政府基金预算收支计划;既包括正常经费预算,又包括专项支出预算;既包括财政预算内拨款收支计划,又包括财政预算外核拨资金收支计划和部门其他收支计划。

三、预算管理的职权

预算管理主要是对预算的编制、审查、批准、执行、调整、监督,以及决算和其他预算的管理活动。根据统一领导、分级管理、权责结合的原则,《预算法》明确地规定了各级人民代表大会及其常务委员会、各级政府、各级财政部门和各部门、各单位的预算职权。明确划分国家各级权力机关、政府、财政部门及各部门、单位在预算活动中的职权,是预算管理法制化、规范化的必要前提。

(一) 各级人民代表大会及其常务委员会的职权

1. 全国人民代表大会及其常务委员会的职权

全国人民代表大会职权:

(1) 审查中央和地方预算草案及中央和地方预算执行情况的报告;

(2) 批准中央预算和中央预算执行情况的报告;

(3) 改变或者撤销全国人民代表大会常务委员会关于预算、决算的不适当的决议。

全国人民代表大会常务委员会职权:

(1) 监督中央和地方预算的执行;

(2) 审查和批准中央预算的调整方案;

(3) 审查和批准中央决算;

(4) 撤销国务院制定的同《宪法》、法律相抵触的关于预算、决算的行政法规、决定和命令;

(5) 撤销省、自治区、直辖市人民代表大会及其常务委员会制定的同《宪法》、法律和行政法规相抵触的关于预算、决算的地方性法规和决议。

2. 县级以上地方各级人民代表大会及其常务委员会的职权

县级以上地方各级人民代表大会职权:

(1) 审查本级总预算草案及本级总预算执行情况的报告;

(2) 批准本级预算和本级预算执行情况的报告;

(3) 改变或者撤销本级人民代表大会常务委员会关于预算、决算的不适当的决议;

(4) 撤销本级政府关于预算、决算的不适当的决定和命令。

县级以上地方各级人民代表大会常务委员会职权:

(1) 监督本级总预算的执行;

(2) 审查和批准本级预算的调整方案;

(3) 审查和批准本级政府决算(以下简称本级决算);

（4）撤销本级政府和下一级人民代表大会及其常务委员会关于预算、决算的不适当的决定、命令和决议。

3. 乡、民族乡、镇的人民代表大会的职权

（1）审查和批准本级预算和本级预算执行情况的报告；

（2）监督本级预算的执行；

（3）审查和批准本级预算的调整方案；

（4）审查和批准本级决算；

（5）撤销本级政府关于预算、决算的不适当的决定和命令。

（二）各级政府的预算管理职权

国务院的预算管理职权：

（1）编制中央预算、决算草案；

（2）向全国人民代表大会作关于中央和地方预算草案的报告；

（3）将省、自治区、直辖市政府报送备案的预算汇总后报全国人民代表大会常务委员会备案；

（4）组织中央和地方预算的执行；

（5）决定中央预算预备费的动用；

（6）编制中央预算调整方案；

（7）监督中央各部门和地方政府的预算执行；

（8）改变或者撤销中央各部门和地方政府关于预算、决算的不适当的决定、命令；

（9）向全国人民代表大会、全国人民代表大会常务委员会报告中央和地方预算的执行情况。

县级以上地方各级政府的预算管理职权：

（1）编制本级预算、决算草案；

（2）向本级人民代表大会作关于本级总预算草案的报告；

（3）将下一级政府报送备案的预算汇总后报本级人民代表大会常务委员会备案；

（4）组织本级总预算的执行；

（5）决定本级预算预备费的动用；

（6）编制本级预算的调整方案；

（7）监督本级各部门和下级政府的预算执行；

（8）改变或者撤销本级各部门和下级政府关于预算、决算的不适当的决定、命令；

（9）向本级人民代表大会、本级人民代表大会常务委员会报告本级总预算的执行情况。

乡、民族乡、镇政府的预算管理职权：

（1）编制本级预算、决算草案；

（2）向本级人民代表大会作关于本级预算草案的报告；

（3）组织本级预算的执行；

（4）决定本级预算预备费的动用；

（5）编制本级预算的调整方案；

（6）向本级人民代表大会报告本级预算的执行情况。

（三）各级财政部门的职权

1. 国务院财政部门的职权

（1）具体编制中央预算、决算草案；

（2）具体编制中央预算的调整方案；

（3）具体组织中央和地方预算的执行；

（4）提出中央预算预备费动用方案；

（5）定期向国务院报告中央和地方预算的执行情况。

2. 地方各级政府财政部门的职权

（1）具体编制本级预算、决算草案；

（2）具体编制本级预算的调整方案；

（3）具体组织本级总预算的执行；

（4）提出本级预算预备费动用方案；

（5）定期向本级政府和上一级政府财政部门报告本级总预算的执行情况。

（四）各部门、各单位的职权

1. 各部门的职权

（1）编制本部门预算、决算草案；

（2）组织和监督本部门预算的执行；

（3）定期向本级政府财政部门报告预算的执行情况。

2. 各单位的职权

（1）编制本单位预算、决算草案；

（2）按照国家规定上缴预算收入，安排预算支出，并接受国家有关部门的监督。

四、预算收入与预算支出

（一）预算收入

预算收入按其来源划分，包括：

（1）税收收入，是指国家按照预定标准，向经济组织和居民无偿地征收实物或货币所取得的一种财政收入。这是国家预算收入的主体部分。

（2）依规定应上缴的国有资产收益，是指各部门和各单位占有、使用和依法处分境内外国有资产产生的收益，按照国家有关规定应当上缴预算的部分。如国有资产投资产生的股息。

（3）专项收入，是指根据特定需要由国务院批准或经国务院授权由财政部批准，设置、征集和纳入预算管理，有专项用途的收入。如铁道专项收入、征收排污费专项收入、电力建设基金专项收入。

（4）其他收入，是指除上述各项收入以外的纳入预算管理的收入，如规费收入、罚没收入。其中，规费收入是指国家机关为居民或团体提供特殊服务或实施行政管理所收取的手续费和工本费，如工商企业登记费、商标注册费、公证费等。

预算收入还可按分享程度划分，分为中央预算收入、地方预算收入以及中央和地方财政共享收入。

中央预算收入，包括：中央本级收入；地方按照规定向中央上缴的收入。

地方预算收入，包括：地方本级收入；中央按照规定返还或者补助地方的收入。

中央和地方预算共享收入:中央预算和地方预算对同一税种的收入,按照一定划分标准或者比例分享的收入。

(二) 预算支出

(1) 按内容可分为经济建设支出、事业发展支出、国家管理费用支出、国防支出、各项补贴支出和其他支出。

经济建设支出包括用于经济建设的基本投资支出,支持企业的建设改造支出,拨付的企业流动资金支出,支持企业的生产性贷款贴息支出,专项建设基金支出,支持农业生产支出以及其他经济建设支出。

事业发展支出是指用于教育、科学、文化、卫生、体育、工业、交通、商业、农业、林业、环境保护、水利、气象等方面事业支出,具体包括公益性基本建设支出、设备购置支出、人员费用支出、业务费用支出以及其他事业发展支出。

国家管理费用支出包括国家权力机关、行政机关和司法机关的行政管理支出等。

国防支出包括国防费、国防科研事业费、民兵建设费等。

各项补贴支出包括粮油补贴、农业生产资料价差补贴、副食品风险基金等。

其他支出包括国家物资储备支出、社会福利救济费支出等。

(2) 按主体可分为中央预算支出和地方预算支出。

中央预算支出是指按照分税制财政管理体制,由中央财政承担并列入中央预算的支出,包括:中央本级支出和中央返还或者补助地方的支出。

地方预算支出是指按照分税制财政管理体制,由地方财政承担并列入地方预算的支出,包括:地方本级支出和地方按照规定上缴中央的支出。

中央预算与地方预算有关收入和支出项目的划分、地方向中央上缴收入、中央对地方税收返还或者转移支付的具体办法,由国务院规定,报全国人民代表大会常务委员会备案。

上级政府不得在预算之外调用下级政府预算的资金。下级政府不得挤占或者截留属于上级政府预算的资金。

五、预算的编制

国务院应当及时下达关于编制下一年预算草案的通知。编制预算草案的具体事项由国务院财政部门部署。各级政府、各部门、各单位应当按照国务院规定的时间编制预算草案。

预算草案,是指各级政府、各部门、各单位编制的未经法定程序审查和批准的预算收支计划。

《预算法》规定,预算年度自公历 1 月 1 日起至 12 月 31 日止。各预算主体都必须按照在规定的时间内完成预算的编制。

(一) 预算草案的编制内容

中央预算的编制内容:

(1) 本级预算收入和支出;

(2) 上一年度结余用于本年度安排的支出;

(3) 返还或者补助地方的支出;

(4) 地方上缴的收入。

地方各级政府预算的编制内容:

（1）本级预算收入和支出；

（2）上一年度结余用于本年度安排的支出；

（3）上级返还或者补助的收入；

（4）返还或者补助下级的支出；

（5）上缴上级的支出；

（6）下级上缴的收入。

（二）预算草案的提交时间

（1）国务院财政部门应当在每年全国人民代表大会会议举行的 45 日前，将中央预算草案的初步方案提交全国人民代表大会财政经济委员会进行初步审查。

（2）省、自治区、直辖市政府财政部门应当在本级人民代表大会会议举行的 30 日前，将本级预算草案的初步方案提交本级人民代表大会有关专门委员会进行初步审查。

（3）设区的市、自治州政府财政部门应当在本级人民代表大会会议举行的 30 日前，将本级预算草案的初步方案提交本级人民代表大会有关专门委员会进行初步审查，或者送交本级人民代表大会常务委员会有关工作机构征求意见。

（4）县、自治县、不设区的市、市辖区政府应当在本级人民代表大会会议举行的 30 日前，将本级预算草案的初步方案提交本级人民代表大会常务委员会进行初步审查。

六、预算的审批和执行

（一）预算的审查

全国人民代表大会和地方各级人民代表大会对预算草案及其报告、预算执行情况的报告重点审查下列内容：

（1）上一年预算执行情况是否符合本级人民代表大会预算决议的要求；

（2）预算安排是否符合法律的规定；

（3）预算安排是否贯彻国民经济和社会发展的方针政策，收支政策是否切实可行；

（4）重点支出和重大投资项目的预算安排是否适当；

（5）预算的编制是否完整，是否符合法律的规定；

（6）对下级政府的转移性支出预算是否规范、适当；

（7）预算安排举借的债务是否合法、合理，是否有偿还计划和稳定的偿还资金来源；

（8）与预算有关重要事项的说明是否清晰。

（二）预算的备案

乡、民族乡、镇政府应当及时将经本级人民代表大会批准的本级预算报上一级政府备案。县级以上地方各级政府应当及时将经本级人民代表大会批准的本级预算及下一级政府报送备案的预算汇总，报上一级政府备案。

县级以上地方各级政府将下一级政府依照前款规定报送备案的预算汇总后，报本级人民代表大会常务委员会备案。国务院将省、自治区、直辖市政府依照前款规定报送备案的预算汇总后，报全国人民代表大会常务委员会备案。

国务院和县级以上地方各级政府对下一级政府依照本法第 40 条规定报送备案的预算，认为有同法律、行政法规相抵触或者有其他不适当之处，需要撤销批准预算的决议的，应当提请本级人民代表大会常务委员会审议决定。

（三）预算批复

各级预算经本级人民代表大会批准后,本级政府财政部门应当在 20 日内向本级各部门批复预算。各部门应当在接到本级政府财政部门批复的本部门预算后 15 日内向所属各单位批复预算。

中央对地方的一般性转移支付应当在全国人民代表大会批准预算后 30 日内正式下达。中央对地方的专项转移支付应当在全国人民代表大会批准预算后 90 日内正式下达。

省、自治区、直辖市政府接到中央一般性转移支付和专项转移支付后,应当在 30 日内正式下达到本行政区域县级以上各级政府。

县级以上地方各级预算安排对下级政府的一般性转移支付和专项转移支付,应当分别在本级人民代表大会批准预算后的 30 日和 60 日内正式下达。

（四）预算的执行

各级预算由本级政府组织执行,具体工作由本级政府财政部门负责。各部门、各单位是本部门、本单位的预算执行主体,负责本部门、本单位的预算执行,并对执行结果负责。

各级政府财政部门必须依照法律、行政法规和国务院财政部门的规定,及时、足额地拨付预算支出资金,加强对预算支出的管理和监督。各级政府、各部门、各单位的支出必须按照预算执行,不得虚假列支。各级政府、各部门、各单位应当对预算支出情况开展绩效评价。

七、预算的调整

1. 预算调整的规定

经全国人民代表大会批准的中央预算和经地方各级人民代表大会批准的地方各级预算,在执行中出现下列情况之一的,应当进行预算调整:

（1）需要增加预算支出或者减少预算收入的,导致预算支出大于预算收入的;

（2）需要增加举借债务数额的。

在预算执行中,各级政府一般不制定新的增加财政收入或者支出的政策和措施,也不制定减少财政收入的政策和措施;必须作出并需要进行预算调整的,应当在预算调整方案中作出安排。

各部门、各单位的预算支出应当按照预算科目执行。严格控制不同预算科目、预算级次或者项目间的预算资金的调剂,确需调剂使用的,按照国务院财政部门的规定办理。地方各级预算的调整方案经批准后,由本级政府报上一级政府备案。

2. 预算调整方案的审批

预算是一种计划,它确定以后,往往会受到主客观条件的影响和制约,原来预料不到的一些特殊情况也会出现,导致预算收支由原来的平衡变得不平衡,这时就必须依法进行预算调整。由于预算是由权力机关批准的,具有法律效力,预算的调整实际上就是对预算法案的修正,因此,预算的调整就必须经权力机关批准。任何政府或部门都不得擅自变动预算。

（1）根据《预算法》规定,各级政府对于必须进行的预算调整,应当编制预算调整方案。具体调整程序是:中央预算的调整方案必须提请全国人民代表大会常务委员会审查和批准;县级以上地方各级政府预算的调整方案必须提请本级人民代表大会常务委员会审查和批准;乡、民族乡、镇政府预算的调整方案必须提请本级人民代表大会审查和批准。

（2）未经批准调整预算,各级政府不得作出任何使原批准的收支平衡的预算的总支出超过总收入或者使原批准的预算中举借债务的数额增加的决定。对违反法律规定作出的决定，本级人民代表大会、本级人民代表大会常务委员会或者上级政府应当责令其改变或者撤销。

（3）地方各级政府预算的调整方案经批准后，由本级政府报上一级政府备案。

除此之外，根据《预算法实施条例》的有关规定，以下几个问题需要注意：一是预算调整方案由政府财政部门负责具体编制。预算调整方案应当列明调整的原因、项目、数额、措施及有关说明，经本级政府审定后，提请本级人民代表大会常务委员会审查和批准。二是接受上级返还或者补助的地方政府，应当按照上级政府规定的用途使用款项，不得擅自改变用途。三是政府有关部门以本级预算安排的资金拨付给下级政府有关的专款，必须经本级政府财政部门同意并办理预算划转手续。四是各部门、各单位的预算支出，必须按照本级政府财政部门批复的预算科目和数额执行，不得挪用。确需调整的，必须经本级政府财政部门同意。五是年度预算确定后，企业、事业单位改变隶属关系，引起预算级次和关系变化的，应当在改变财务关系的同时，相应办理预算划转。

八、决算

决算是对预算执行情况的总结，是预算工作的最后环节。决算草案由各级政府、各部门、各单位，在每一预算年度终了后按照国务院规定的时间编制。

编制决算草案，必须符合法律、行政法规，做到收支真实、数额准确、内容完整、报送及时。决算草案应当与预算相对应，按预算数、调整预算数、决算数分别列出。一般公共预算支出应当按其功能分类编列到项，按其经济性质分类编列到款。

国务院财政部门编制中央决算草案，经国务院审计部门审计后，报国务院审定，由国务院提请全国人民代表大会常务委员会审查和批准。县级以上地方各级政府财政部门编制本级决算草案，经本级政府审计部门审计后，报本级政府审定，由本级政府提请本级人民代表大会常务委员会审查和批准。乡、民族乡、镇政府编制本级决算草案，提请本级人民代表大会审查和批准。

九、预、决算的监督

根据《预算法》所确立的监督体系，对各级政府实施的预算与决算活动进行的监督，可以分为：权力机关的监督、各级政府的监督、各级政府财政部门的监督和各级政府审计部门的监督。

（一）权力机关的监督

全国人民代表大会及其常务委员会对中央和地方预算、决算进行监督。

县级以上地方各级人民代表大会及其常务委员会对本级和下级预算、决算进行监督。

乡、民族乡、镇人民代表大会对本级预算、决算进行监督。

（二）各级政府的监督

各级政府对下一级政府预算执行的监督；下级政府应当定期向上一级政府报告预算执行情况。

（三）各级政府财政部门的监督

各级政府财政部门负责监督检查本级各部门及其所属各单位预算的编制、执行，并向本级政府和上一级政府财政部门报告预算执行情况。

（四）各级政府审计部门的监督

县级以上政府审计部门依法对预算执行、决算实行审计监督。

对预算执行和其他财政收支的审计工作报告应当向社会公开。

十、法律责任

各级政府及有关部门有下列行为之一的,责令改正,对负有直接责任的主管人员和其他直接责任人员追究行政责任:(一) 未依照本法规定,编制、报送预算草案、预算调整方案、决算草案和部门预算、决算以及批复预算、决算的;(二) 违反本法规定,进行预算调整的;(三) 未依照本法规定对有关预算事项进行公开和说明的;(四) 违反规定设立政府性基金项目和其他财政收入项目的;(五) 违反法律、法规规定使用预算预备费、预算周转金、预算稳定调节基金、超收收入的;(六) 违反本法规定开设财政账户的。

各级政府有关部门、单位及其工作人员有下列行为之一的,责令改正,追回骗取、使用的资金,有违法所得的没收违法所得,对单位给予警告或者通报批评;对负有直接责任的主管人员和其他直接责任人员依法给予处分:(一) 违反法律、法规的规定,改变预算收入上缴方式的;(二) 以虚报、冒领等手段骗取预算资金的;(三) 违反规定扩大开支范围、提高开支标准的;(四) 其他违反财政管理规定的行为。

任务二 了解我国政府采购法律制度

一、政府采购法律制度的构成

国家采购法律制度是调整政府采购关系的法律规范的总称。我国政府采购法律制度由《政府采购法》和国务院各部门特别是财政部颁布的一系列政府采购部门规章,以及政府采购地方性法规和政府规章构成。这些法规数量众多,形成了一个从中央到地方、从上位到下位衔接严密的制度体系。

(一)《政府采购法》

2002 年 6 月 29 日由第九届全国人民代表大会常务委员会 28 次会议通过,于 2003 年 1 月 1 日起施行的《政府采购法》是规范我国政府采购活动的基本法律,也是制定其他政府采购法律制度的依据。该法共分九章八十八条,包括总则、政府采购当事人、政府采购方式、政府采购程序、政府采购合同、质疑与投诉、监督检查、法律责任和附则。

《政府采购》的颁布和施行,对规范政府采购行为、提高政府采购资金的使用效益、维护国家利益和社会公共利益、保护政府采购当事人的合法权益、促进廉政建设具有十分重要的意义。

(二) 政府采购部门规章

目前国务院尚未出台有关政府采购方面的行政法规,但国务院各部门,特别是财政部,颁布了一系列有关政府采购的部门规章,以进一步细化《政府采购法》中的原则性规定。如财政部颁布的《政府采购信息公告管理办法》(财政部令第 19 号)、《政府采购货物和服务招标投标管理办法》(财政部令第 18 号)、《政府采购代理机构资格认证办法》等。

(三) 政府采购地方性法规和政府采购规章

政府采购地方性法规是由省、自治区、直辖市以及较大的市的人民代表大会及其常务委员会根据本行政区域的具体情况和实际需要,在不同宪法、法律、行政法规相抵触的前提下制定的有关政府采购的规范性文件。

政府采购规章是由省、自治区、直辖市以及较大市的人民政府根据法律、行政法规和本省、自治区、直辖市的地方性法规制定的有关政府采购的规范性文件。

这些法规和规章都以《政府采购法》为依据,同时结合了本地区的实际情况,具有较强的针对性和可操作性。如《安徽省省级 2009—2010 年度政府集中采购目录及限额标准》、《广东省实施〈政府采购法〉办法》等。

二、政府采购的概念

政府采购,是指各级国家机关、事业单位和团体组织,使用财政性资金采购依法制定的集中采购目录以内的或者采购限额标准以上的货物、工程和服务的行为。

采购,是指以合同方式有偿取得货物、工程和服务的行为,包括购买、租赁、委托、雇用等。货物,是指各种形态和种类的物品,包括原材料、燃料、设备、产品等。工程,是指建设工程,包括建筑物和构筑物的新建、改建、扩建、装修、拆除、修缮等。服务,是指除货物和工程以外的其他政府采购对象。

(一)政府采购的主体范围

政府采购的主体,是依靠财政资金运作的国家机关、事业单位和团体等,不包括国有企业、个人、私人企业和公司。国家机关,是指各级国家权力机关、行政机关、司法机关、党务机关等;事业单位,是指依法设立的履行科教文卫体医等公共事业发展职能的机构和单位;社会团体,是指依法设立的由财政供养的从事公共社会活动的团体组织,如有关行业协会等。

(二)政府采购的资金来源

政府采购运用的主要是财政性资金。采购资金的性质是确定采购行为是否属于《政府采购法》规范范围的重要依据。政府采购的资金来源为财政性资金和需要财政偿还的公共借款,以及与财政资金相配套的单位自筹资金。这些资金的最终来源为纳税人的税收和政府对公共服务的收费。

(三)政府采购的对象范围

政府采购的对象包括货物、工程和服务。货物是指各种形态和种类的物品,包括原材料、燃料、设备、产品等;工程是指建设工程,包括建筑物和构筑物的新建、改建、扩建、装修、拆除、修缮等;服务是指除货物和工程以外的其他政府采购对象。

政府采购应当采购本国货物、工程和服务。但有下列情形之一的除外:

(1)需要采购的货物、工程或者服务在中国境内无法获取或者无法以合理的商业条件获取的;

(2)为在中国境外使用而进行采购的;

(3)其他法律、行政法规另有规定的。

前款所称本国货物、工程和服务的界定,依照国务院有关规定执行。

(四)政府集中采购目录和政府采购限额标准

集中采购目录是指应当实行集中采购的货物、工程和服务品目类别目录。采购限额标准是指集中采购目录以外应实行政府采购的货物、工程和服务品目类别的最低金额标准。政府集中采购目录和采购限额标准由省级以上人民政府确定并公布。属于中央预算的政府采购项目,其集中采购目录和政府采购限额标准由国务院确定并公布;属于地方预算的政府采购项目,其集中采购目录和政府采购限额标准由省、自治区、直辖市人民政府或者其授权的机构确定并公布。没有纳入政府采购目录的,但是在采购限额标准以上的也需要集中采购。

三、政府采购的原则

政府采购应当遵循公开透明原则、公平竞争原则、公正原则和诚实信用原则,又称三公一诚。

(一) 公开透明原则

公开透明原则,是指有关采购的法律、政策、程序和采购活动对社会公开,所有相关信息都必须公之于众。

公开透明原则应当贯穿于政府采购的全过程,具体体现为以下三个方面:

一是公开的内容:

(1) 政府采购法规政策;

(2) 省级以上人民政府公布的集中采购目录、政府采购限额标准和公开招标数额标准;

(3) 政府采购招标业务代理机构名录;

(4) 招标投标信息;

(5) 财政部门受理政府采购投诉的联系方式及投诉处理决定;

(6) 财政部门对集中采购机构的考核结果;

(7) 采购代理机构;

(8) 供应商不良行为记录名单。

二是公开的标准:

内容真实、准确可靠、发布及时、便于获得查找。

三是公开的途径:

省级以上财政部门指定的政府采购;

信息发布媒体上向社会公开发布。

(二) 公平竞争原则

公平竞争实际上是一种有序竞争,即竞争必须公平。公平竞争原则可以进一步划分为竞争性原则和公平性原则。政府采购竞争的主要方式是竞价方式,如招标投标。

公平性原则主要有两方面的内容:一是机会均等;二是待遇平等。公平性原则是实现采购目标的重要保证。

(三) 公正原则

公正原则主要是指采购人、采购代理机构相对于作为投标人、潜在投标人的多个供应商而言,政府采购主管部门相对于作为被监督人的多个当事人而言,应站在中立、公允、超然的立场上,对于每个相对人都要一碗水端平、不偏不倚、平等对待、一视同仁,而不应厚此薄彼,不因其身份不同而施行差别对待。

(四) 诚实信用原则

在政府采购活动中的各方当事人,在项目发标、信息发布、评标审标中要真实,不得有所隐瞒;要求供应商在提供物品、服务时达到投标时做出的承诺,树立相应的责任意识。

四、政府采购的功能

1. 节约财政支出,提高采购资金的使用效益

实行统一集中的政府采购使采购规模得到扩大,有利于形成规模经济——批量采购,降低采购成本,从而起到节约财政支出、提高采购资金使用效益的作用。

2. 强化宏观调控

对社会总供需进行调控;对产业和产品结构进行调整;平衡地区间经济发展;促进就业等社会目标的实现。

3. 活跃市场经济

提高供应商的竞争能力;调动了供应商的参与热情;国内产品走向国际市场的助推器。

4. 推进反腐倡廉

制度本身内在的监督约束机制;外在的监督约束机制;透明度是推进反腐倡廉的保证。

5. 保护民族产业

根据我国《政府采购法》的规定,除极少数法定情形外,政府采购应当采购本国货物、工程和服务。这一规定就体现了国货优先原则,即政府采购保护民族产业的功能。

五、政府采购当事人

政府采购当事人是指在政府采购活动中享有权利和承担义务的各类主体,包括采购人、供应商和采购代理机构等。

(一)采购人

采购人是指依法进行政府采购的国家机关、事业单位、团体组织。采购人依法委托采购代理机构办理采购事宜的,应当由采购人与采购代理机构签订委托代理协议,依法确定委托代理的事项,约定双方的权利义务。

采购人的权利主要包括:① 自行选择采购代理机构的权利;② 要求采购代理机构遵守委托协议约定的权利;③ 审查政府采购供应商的资格的权利;④ 依法确定中标供应商的权利;⑤ 签订采购合同并参与对供应商履约验收的权利;⑥ 特殊情况下提出特殊要求的权利,例如,对于纳入集中采购目录属于本部门、本系统有特殊要求的项目,可以实行部门集中采购;属于本单位有特殊要求的项目,经省级以上人民政府批准,可以自行采购;⑦ 其他合法权利。

采购人的义务主要包括:① 遵守政府采购的各项法律、法规和规章制度;② 接受和配合政府采购监督管理部门的监督检查,同时还要接受和配合审计机关的审计监督以及监察机关的监察;③ 尊重供应商的正当合法权益;④ 遵守采购代理机构的工作秩序;⑤ 在规定时间内与中标供应商签订政府采购合同;⑥ 在指定媒体及时向社会发布政府采购信息、招标结果;⑦ 依法答复供应商的询问和质疑;⑧ 妥善保存反映每项采购活动的采购文件;⑨ 其他法定义务。

(二)供应商

供应商是指向采购人提供货物、工程或者服务的法人、其他组织或者自然人。

供应商参加政府采购活动应当具备下列条件:

(1)具有独立承担民事责任的能力;

(2)具有良好的商业信誉和健全的财务会计制度;

（3）具有履行合同所必需的设备和专业技术能力；

（4）有依法缴纳税收和社会保障资金的良好记录；

（5）参加政府采购活动前三年内，在经营活动中没有重大违法记录；

（6）法律、行政法规规定的其他条件。

采购人可以根据采购项目的特殊要求，规定供应商的特定条件，但不得以不合理的条件对供应商实行差别待遇或者歧视待遇。

（三）采购代理机构

集中采购机构为采购代理机构。设区的市、自治州以上人民政府根据本级政府采购项目组织集中采购的需要设立集中采购机构。集中采购机构是非营利事业法人，根据采购人的委托办理采购事宜。

集中采购机构进行政府采购活动，应当符合采购价格低于市场平均价格、采购效率更高、采购质量优良和服务良好的要求。

采购代理机构不得以向采购人行贿或者采取其他不正当手段谋取非法利益。

一般采购代理机构是指经国务院有关部门或者省级人民政府有关部门认定，主要负责分散采购的代理业务。采购代理机构资格认定由省、自治区、直辖市以上人民政府财政部门依据《政府采购代理机构资格认定办法》规定的权限和程序实施。

政府采购代理机构作为一种特殊的利益主体，应当对包括自身在内的政府采购当事人负责，自觉履行政府采购法律规定的义务，依法开展代理采购活动，维护国家利益和社会公众利益。就具体操作而言，其义务和责任主要包括：① 依法开展代理采购活动并提供良好服务；② 依法发布采购信息；③ 依法接受监督管理；④ 不得向采购人行贿或者其他不正当手段牟取非法利益；⑤ 其他法定义务和责任。

六、政府采购的执行模式

政府采购实行集中采购和分散采购相结合。纳入集中采购目录的政府采购项目，应当实行集中采购。

1. 集中采购

集中采购，是指由一个专门的政府采购机构负责本级政府的全部采购任务。按照集中的程度不同，集中采购又分为政府集中采购和部门集中采购。集中采购的范围由省级以上人民政府公布的集中采购目录确定。集中采购的特点有：① 采购单位必须委托集中采购机构代理采购，不得自行组织采购。② 列入集中采购的项目往往是一些大宗的、通用性的项目。③ 具有采购成本低、操作相对规范和社会影响大的特点。

2. 分散采购

分散采购，是指采购单位自行组织或委托采购代理机构实施的采购任务。采购未纳入集中采购目录的政府采购项目，可以自行采购，也可以委托集中采购机构在委托的范围内代理采购。列入分散采购的项目往往是一些在限额标准以上、专业化程度较高或单位有特殊需求的项目，一般不具有通用性。分散采购的特点有：有利于满足采购及时性和多样性的需求，手续简单。不足之处是失去了规模效益，加大了采购成本，也不利于实施统一的监督和管理。

七、政府采购方式

政府采购采用以下方式：公开招标；邀请招标；竞争性谈判；单一来源采购；询价；国务院政府采购监督管理部门认定的其他采购方式。公开招标应作为政府采购的主要采购方式。

（一）公开招标

公开招标，是指采购人在公开媒介上以招标公告的方式邀请不特定的供应商参加投标竞争，并从符合条件的投标人中择优选择中标人的一种的招标方式。

采购人采购货物或者服务应当采用公开招标方式的，其具体数额标准，属于中央预算的政府采购项目，由国务院规定；属于地方预算的政府采购项目，由省、自治区、直辖市人民政府规定；因特殊情况需要采用公开招标以外的采购方式的，应当在采购活动开始前获得设区的市、自治州以上人民政府采购监督管理部门的批准。

采购人不得将应当以公开招标方式采购的货物或者服务化整为零或者以其他任何方式规避公开招标采购。

（二）邀请招标

邀请招标，是指采购人或其委托的政府采购代理机构以投标邀请书的方式邀请三家或三家以上特定的供应商参与投标的采购方式。

符合下列情形之一的货物或者服务，可以采用邀请招标方式采购：

（1）具有特殊性，只能从有限范围的供应商处采购的；

（2）采用公开招标方式的费用占政府采购项目总价值的比例过大的。

（三）竞争性谈判

竞争性谈判，是指采购人或其委托的政府采购代理机构通过与多家供应商（不少于三家）就采购事宜进行谈判，经分析比较后从中确定中标供应商的采购方式。

符合下列情形之一的货物或者服务，可以采用竞争性谈判方式采购：

（1）招标后没有供应商投标或者没有合格标的或者重新招标未能成立的；

（2）技术复杂或者性质特殊，不能确定详细规格或者具体要求的；

（3）采用招标所需时间不能满足用户紧急需要的；

（4）不能事先计算出价格总额的。

（四）单一来源采购

单一来源，是指对于达到了限额标准和公开招标数额标准，但因存在以下情形之一的货物或者服务，采购人无法从其他供应商采购，只能从某个特定的供应商采购的一种政府采购方式：

（1）只能从唯一供应商处采购的；

（2）发生了不可预见的紧急情况不能从其他供应商处采购的；

（3）必须保证原有采购项目一致性或者服务配套的要求，需要继续从原供应商处添购，且添购资金总额不超过原合同采购金额10%的。

（五）询价

询价，是指采购人只考虑价格因素，向三家以上潜在的供应商发出询价单，对各供应商一次性报出的价格进行分析比较，按照符合采购需求、质量和服务相等且报价最低的原则确定中标供应商的采购方式。

采购的货物规格、标准统一、现货货源充足且价格变化幅度小的政府采购项目,可以采用询价方式采购。

八、政府采购的程序

负有编制部门预算职责的部门在编制下一财政年度部门预算时,应当将该财政年度政府采购的项目及资金预算列出,报本级财政部门汇总。部门预算的审批,按预算管理权限和程序进行。

在招标采购中,出现下列情形之一的,应予废标:

(1) 符合专业条件的供应商或者对招标文件作实质响应的供应商不足三家的;

(2) 出现影响采购公正的违法、违规行为的;

(3) 投标人的报价均超过了采购预算,采购人不能支付的;

(4) 因重大变故,采购任务取消的。

废标后,采购人应当将废标理由通知所有投标人,并且除采购任务取消情形外,应当重新组织招标;需要采取其他方式采购的,应当在采购活动开始前获得设区的市、自治州以上人民政府采购监督管理部门或者政府有关部门批准。

采购人或者其委托的采购代理机构应当组织对供应商履约的验收。大型或者复杂的政府采购项目,应当邀请国家认可的质量检测机构参加验收工作。验收方成员应当在验收书上签字,并承担相应的法律责任。

九、政府采购的监督检查

政府采购监督管理部门应当加强对政府采购活动及集中采购机构的监督检查。监督检查的主要内容是:一是有关政府采购的法律、行政法规和规章的执行情况;二是采购范围、采购方式和采购程序的执行情况;三是政府采购人员的职业素质和专业技能。

政府采购监督管理部门不得设置集中采购机构,不得参与政府采购项目的采购活动。采购代理机构与行政机关不得存在隶属关系或者其他利益关系。集中采购机构应当建立健全内部监督管理制度。采购活动的决策和执行程序应当明确,并相互监督、相互制约。经办采购的人员与负责采购合同审核、验收人员的职责权限应当明确,并相互分离。

审计机关应当对政府采购进行审计监督。政府采购监督管理部门、政府采购各当事人有关政府采购活动,应当接受审计机关的审计监督。监察机关应当加强对参与政府采购活动的国家机关、国家公务员和国家行政机关任命的其他人员实施监察。任何单位和个人对政府采购活动中的违法行为,有权控告和检举,有关部门、机关应当依照各自职责及时处理。

任务三　熟悉国库集中收付制度

一、国库集中收付制度

(一)国库集中收付制度的概念

国库集中收付制度也称国库单一账户制度,包括国库集中支付制度和收入收缴管理制度,是指由财政部门代表政府设置国库单一账户体系,所有的财政性资金均纳入国库单一账户体系收缴、支付和管理的制度。财政收入通过国库单一账户体系,直接缴入国库和财政专户。财政支出通过国库单一账户体系,以财政直接支付和财政授权支付的方式,将资金支付到商品和劳务供应者或用款单位,即预算单位使用资金但见不到资金;未支用的资金均保留在国库单一账户,由财政部门代表政府进行管理运作。国库集中收付制度的实施大大提高了财政资金收付管理的规范性、安全性、有效性,增强了透明度。

(二) 国库集中收付制度的意义

实行国库集中收付制度,改革以往财政性资金主要通过征收机关和预算单位设立多重账户分散进行缴库和拨付的方式,对于政府财政性资金的管理具有以下积极作用:

(1) 有利于提高资金的快速运转,提高资金的使用效益。

(2) 对资金实行有效控制,提高资金支付的透明度,防止截留、挤占、挪用问题。

(3) 能够及时、准确、系统地提供预算执行信息,有利于国家对宏观经济进行正确的决策。

二、国库单一账户体系

(一) 国库单一账户体系的概念

国库单一账户体系,是指实行财政国库集中支付后,用于所有财政性资金收支核算管理的账户体系,用于记录、核算和反映纳入预算管理的财政收入和支出活动,并用于同财政部门在商业银行开设的零余额账户进行清算,实现支付。这个账户体系主要由国库单一账户、财政零余额账户、单位零余额账户、预算外资金财政专户、特设专户等主要银行账户构成。其中,单位最常使用的、最重要的账户为"财政零余额账户"和"单位零余额账户"。

(二) 国库单一账户体系的构成

1. 国库单一账户

财政部门在中国人民银行开设的国库存款账户。该账户用于记录、核算和反映财政预算资金和纳入预算管理的政府性基金的收入和支出。代理银行应当按日将支付的财政预算内资金和纳入预算的政府性基金与国库单一账户进行清算。国库单一账户在财政总预算会计中使用。行政单位和事业单位中不设置该账户。

2. 财政部门零余额账户

财政部门在商业银行开设的零余额账户,用于财政直接支付和与国库单一账户进行清算;该账户每日发生的支付,于当日营业终了前与国库单一账户清算;营业中单笔支付额在5 000万元人民币以上的(含5 000万元),应当及时与国库单一账户清算。财政部门零余额账户在国库会计中使用。

3. 预算单位零余额账户

财政部门在商业银行为预算单位开设的零余额账户,简称财政部门预算单位零余额账户。该账户用于财政授权支付和清算。该账户每日发生的支付,于当日营业终了前由代理银行在财政部门批准的用款额度内与国库单一账户清算;营业中单笔支付额在5 000万元人民币以上的(含5 000万元),应当及时与国库单一账户清算。预算单位零余额账户可以办理转账、提取现金等结算业务,可以向本单位按账户管理规定保留的相应账户划拨工会经费、住房公积金及提租补贴,以及经财政部门批准的特殊款项,不得违反规定向本单位其他账户和上级主管单位、所属下级单位账户划拨资金。预算单位零余额账户在行政事业单位会计中使用。

4. 预算外资金专户

财政部门在商业银行开设的预算外资金财政专户,简称财政部门预算外资金专户。该账户用于记录、核算和反映预算外资金的收入和支出活动,并用于预算外资金日常收支清算。预算外资金专户在财政部门设立和使用。

5. 特设专户

经国务院或国务院授权财政部门批准为预算单位在商业银行开设的特殊专户,简称特设专户。该账户用于记录、核算和反映预算单位的特殊专项支出活动,并用于与国库单一账户清算。特设专户在按规定申请设置了特设专户的预算单位使用财政部门是持有和管理国库单一账户体系的职能部门,任何单位不得擅自设立、变更或撤销国库单一账户体系中的各类银行账户。中国人民银行对国库单一账户和代理银行进行管理和监督。这里所指的代理银行,是指由财政部门确定的、具体办理财政性资金支付业务的商业银行。

三、财政收入的收缴方式和程序

(一)收缴方式

财政收入的收缴分为直接缴库和集中汇缴两种方式。

1. 直接缴库

直接缴库是指由预算单位或缴款人按有关法律法规规定,直接将应缴收入缴入国库单一账户或预算外资金财政专户。

2. 集中汇缴

集中汇缴是指由征收机关和依法享有征收权限的单位按有关法律法规规定,将所收的应缴收入汇总缴入国库单一账户或预算外资金财政专户。

(二)收缴程序

1. 直接缴库程序。

直接缴库的税收收入,由纳税人通过开户银行将税款缴入国库单一账户;直接缴库的其他收入,由缴款人按规定,直接缴入国库单一账户或预算外资金财政专户。

2. 集中汇缴程序。

小额零散税收和法律另有规定的应缴收入,由征收机将当日收缴收入汇总缴入国库单一账户。非税收入中的现金缴款,比照本程序缴入国库单一账户或预算外资金财政专户。

四、财政支出的支付方式和程序

(一)支付方式

财政性资金的支付实行财政直接支付和财政授权支付两种支付方式。

1. 财政直接支付

财政直接支付,是指由财政部门向人民银行和代理银行签发支付指令,代理银行根据支付指令通过国库单一账户体系将资金直接支付到收款人(即商品或劳务的供应商等)或用款单位(即具体申请和使用财政性资金的预算单位)账户。实行财政直接支付的支出包括以下各项:
(1)工资支出、购买支出以及中央对地方的专项转移支付,拨付企业大型工程项目或大型设备采购的资金等,直接支付到收款人。(2)转移支出包括中央对地方的一般性转移支付中的税收返还、原体制补助、过渡期转移支付、结算补助等支出以及对企业的补贴和未指明购买内容的某些专项支出等,支付到用款单位。

2. 财政授权支付

财政授权支付,是指预算单位按照财政部门的授权,自行向代理银行签发支付指令,代理银行根据支付指令,在财政部门批准的预算单位的用款额度内,通过国库单一账户体系将资金支付到收款人账户。实行财政授权支付的支出包括未实行财政直接支付的购买支出和零星支出。

财政授权支付程序适用于未纳入工资支出、工程采购支出,物品、服务采购支出管理的购买支出和零星支出。包括单件物品或单向购买额不足 10 万元人民币的购买支出;年度财政投资不足 50 万元人民币的工程采购支出;特别紧急的支出和经财政部门批准的其他支出。

(二) 支付程序

1. 财政直接支付程序

(1) 预算单位申请;

(2) 财政国库支付执行机构开具支付指令;

(3) 代理银行划拨资金;

(4) 资金清算;

(5) 出具入账通知书。

2. 财政授权支付程序

预算单位按照批复的部门预算和资金使用计划,向国库支付执行机构申请授权支付的月度用款限额,国库支付执行机构将批准后的限额通知代理银行和预算单位,并通知中国人民银行国库部门,预算单位在月度用款限额内自行开具支付令,通过国库支付执行机构转由代理银行向收款人付款,并与国库单一账户清算。财政授权支付是通过预算单位零余额账户和小额现金账户与国库单一账户实现支付。

【工作评价与反馈】

项目		任务完成程度		
		全部完成	部分完成	未完成
自我评价	任务一			
	任务二			
	任务三			
项目任务完成心得				
存在的问题				
教师评价				

强 化 练 习

一、单项选择题

1. 根据国家政权结构、行政区域划分和财政管理体制要求而确定的国家预算可划分为（   ）级。

    A. 3　　　　　　　　B. 4　　　　　　　　C. 5　　　　　　　　D. 2

2. 我国国家预算年度是指（   ）。

    A. 自公历 12 月 31 日起，至次年 12 月 31 日止

    B. 自公历 1 月 1 日起，至次年 1 月 1 日止

    C. 自公历 1 月 1 日起，至 12 月 31 日止

    D. 自公历 12 月 31 日起，至 12 月 31 日止

3. 预算法规定，中央预算的调整方案必须提请（   ）审查和批准。

    A. 全国人民代表大会　　　　　　B. 全国人民代表大会常务委员会

    C. 国务院　　　　　　　　　　　D. 财政部

4. （   ）应作为政府采购的主要采购方式。

    A. 竞争性谈判　　B. 询价　　C. 公开招标　　D. 单一来源采购

5. 中央预算的政府采购项目，其集中采购目录由（   ）确定并公布。

    A. 财政部　　　　　　　　　　　B. 国务院

    C. 全国人民代表大会　　　　　　D. 全国人民代表大会常务委员会

6. 政府采购的主体不包括（   ）。

    A. 政府机关　　B. 事业单位　　C. 社会团体　　D. 公司

7. 国库集中收付制度一般也称为（   ）。

    A. 国库单一账户制度　　　　　　B. 国库集中支付制度

    C. 国库收入收缴制度　　　　　　D. 国库集中管理制度

8. 国库单一账户是指（   ）。

    A. 财政部门在中央银行开设国库单一账户

    B. 由财政部门在代理银行为预算单位开设的账户，用于财政授权支付

    C. 需经上级政府或财政部、本级政府批准或授权财政部门批准才能开设的特殊性专项账户

    D. 由财政部门在商业银行开设的预算外资金收入账户

9. 工资支出、基本建设支出、政府采购支出、科技三费支出属于（   ）财政支出方式。

    A. 财政授权支付　　　　　　　　B. 财政直接支付

    C. 财政转移支付　　　　　　　　D. 财政专款支付

10. 财政部门开设的零余额账户，营业中（   ），应当及时与国库单一账户清算。

    A. 单笔支付额在 3 000 万元人民币以上（含 3 000 万元）的

    B. 单笔支付额在 3 000 万元人民币以下（含 3 000 万元）的

    C. 单笔支付额在 5 000 万元人民币以上（含 5 000 万元）的

    D. 单笔支付额在 5 000 万元人民币以下（含 5 000 万元）的

二、多项选择题

1. 下列关于中央预算的表述正确的是(　　)。
   A. 由中央各部门(含直属单位)的预算组成
   B. 包括地方向中央上解的收入数额
   C. 包括中央对地方返还或者给予补助的数额
   D. 不包括军队和政党组织的预算

2. 国家预算的作用是国家预算职能在经济生活中的具体体现,主要包括(　　)。
   A. 财力保证作用
   B. 调节制约作用
   C. 计划执行作用
   D. 反映监督作用

3. 下列表述正确的有(　　)。
   A. 由国务院财政部门编制的中央决算草案,经国务院审定后,由国务院提请全国人大批准
   B. 由国务院财政部门编制的中央决算草案,由国务院提请全国人大常委会审批
   C. 由县级以上地方各级政府财政部门编制的本级决算草案,经本级政府审定后,由本级人大常委会审批
   D. 由乡级政府编制的决算草案,由本级人大审批

4. 从主体上讲,预算支出划分为(　　)。
   A. 经济建设支出
   B. 中央预算支出
   C. 国家管理费用支出
   D. 地方预算支出

5. 各级政府编制年度预算草案的依据有(　　)。
   A. 法律、法规
   B. 国民经济和社会发展计划、财政中长期计划以及有关的财政经济政策
   C. 本级政府的预算管理职权和财政管理体制确定的预算收支范围
   D. 上一年度预算执行情况和本年度预算收支变化因素

6. 政府采购法应当遵循(　　)的原则。
   A. 公开透明
   B. 公平竞争
   C. 公正
   D. 诚实信用

7. 政府采购的采购人是指依法进行政府采购的(　　)。
   A. 国家机关
   B. 事业单位
   C. 团体组织
   D. 企业

8. 政府采购方式包括(　　)单一来源采购或者其他方法。
   A. 公开招标采购
   B. 邀请招标采购
   C. 询价采购
   D. 竞争性谈判

9. 国库集中收付方式按不同主体分为(　　)。
   A. 财政直接支付
   B. 财政工资支付
   C. 财政转移支付
   D. 财政授权支付

10. 财政直接支付程序有哪些(　　)。
    A. 预算单位申请
    B. 财政国库支付执行机构开具支付指令
    C. 资金清算
    D. 出具入账通知书

三、判断题

1. 我国的预算分为中央预算和地方预算,而中央预算是由各地方预算组成的。　　（　　）

2. 地方预算由各省、自治区、直辖市总预算组成,包括下级政府向上级政府上缴的收入数额和上级政府对下级政府返还或者给予补助的数额。　　（　　）

3. 中央预算收入是指按照分税制财政管理体制,由中央财政承担并列入中央预算的收入,包括中央本级支出和中央返还或者补助地方的收入。　　（　　）

4. 中央预算由财政部审查和批准,地方各级政府预算由本级财政部门审查和批准。

　　（　　）

5. 国库集中收付制度是指将所有财政性资金全部集中到国库单一账户,并规定所有的支出必须由国库直接支付给商品或劳务供应者或用款单位,实行收支两条线管理。　　（　　）

6. 竞争性谈判应根据符合采购需求、质量和服务相等且报价最低的原则确定成交供应商。　　（　　）

7. 政府采购资金包括财政预算资金、预算外资金以及与财政资金相配套的单位自筹资金的总和。　　（　　）

8. 政府采购原则上应该采购本国产品,担负起保护民族产业的重要职责。　　（　　）

9. 预算单位零余额账户用于财政直接支付和与国库单一账户支出清算。　　（　　）

10. 政府采购监督管理部门不得设置集中采购机构,不得参与政府采购项目的采购活动。

　　（　　）

四、案例分析题

某医院 2015 年初准备使用财政性资金修缮和装修一幢办公楼,预算金额为 800 万元,采用公开招标方式,经确认,此次采购项目已经达到公开招标的标准。该单位委托甲招标公司代理进行公开招标的事宜,已知甲公司是取得的政府采购代理机构资格的中介机构。甲公司于 2015 年 2 月 1 日在财政部指定的媒体上公开发布招标文件,招标文件中确认的投标截止时间为 2015 年 2 月 17 日。招标活动中,甲公司确定的符合专业条件的供应商为 5 家,最终确定中标的供应商为乙建筑公司。工程于当年 2015 年 10 月 1 日完工验收,实际结算金额与预算相同。由于施工质量极佳,该医院准备再将其另外一幢楼房按照同样的标准进行外墙修缮,但不再进行内部装修,并与乙建筑公司签订补充合同,该合同的预算金额为 100 万元。

要求:根据本题所述内容,并结合《政府采购法》法律制度的规定,回答下列问题:

（1）采购代理机构的类别有哪些?

（2）政府采购方式有哪些?

（3）政府采购当事人包括哪些?

（4）该公司与 B 建筑公司签订补充合同,该合同的预算金额为 100 万元,属于哪种财政支出支付程序?

微信扫一扫
本章练习解析

项目五　会计职业道德

【案例导入】

1985年7月,美国休斯顿天然气公司与奥马哈的安然天然气公司合并,成立了后来的安然石油天然气公司。15年以后,该公司成为美国、一度也是全球的头号能源交易商,其市值曾高达700亿美元、年收入达1 000亿美元。2000年12月28日,安然公司的股票价格达到84.87美元。2001年初,被美国《财富》杂志连续四年评为美国"最具创新精神的公司"。

可谁知美梦苦短:2001年10月16日,"安然"公布其第三季度亏损6.38亿美元;11月"安然"向美国证券交易委员会承认,自1997年以来,共虚报利润5.86亿美元;当月29日,"安然"股价一天之内猛跌超过75%,创下纽约股票交易所和纳斯达克市场有史以来的单日下跌之最;次日,"安然"股票暴跌至每股0.26美元,成为名副其实的垃圾股,其股价缩水近360倍!两天后,即12月2日,"安然"向纽约破产法院申请破产保护,其申请文件中开列的资产总额468亿美元。"安然"又创造两个之最——美国有史以来最大宗的破产申请记录;最快的破产速度。

为什么"安然"真实的财务状况在破产前没有真实反映在它的报表上呢?

一是它在财务报表上隐瞒并矫饰公司的真实财务状况;

二是利用错综复杂的关联方交易虚构利润,利用现行财务规则漏洞"不进入资产负债表"隐藏债务,以其回避法律和规则对其提出的信息披露要求;

三是夸大公司业绩并向投资者隐瞒公司业务等违法手段来误导投资者。而世界"五大"会计师公司之一的安达信公司又为其提供了不实的审计报告。这些手段使投资者在它破产前毫不知情,最后损失惨重。

能从会计职业道德角度来谈谈该案例对你的启发吗?

【本章知识点介绍】

1. 会计职业道德概述。包括会计职业道德的概念、特征、作用、会计职业道德与会计法律制度的关系。

2. 会计职业道德规范的主要内容。具体包括爱岗敬业、诚实守信、廉洁自律、客观公正、坚持准则、提高技能、参与管理和强化服务。

3. 会计职业道德教育。包括道德观念教育、规范教育、警示教育和其他与会计职业道德相关的教育,其途径主要有岗前教育、岗位教育和自我教育。

4. 会计职业道德建设组织与实施。包括财政部门的组织推动、会计职业组织的行业自律、企事业单位的内部监督和社会各界的监督与配合。

5. 会计职业道德的检查与奖惩。包括财政部门的监督检查、会计行业组织的自律管理与约束、激励机制的建立。

【学习目标】

认知目标：了解职业道德的概念及主要内容，熟悉会计职业道德概念及其规范内容，明确会计职业道德与会计法律制度的区别和联系。

了解会计职业道德教育的形式、内容和途径。

了解会计职业道德的检查与奖惩机制，知晓会计职业道德建设组织与实施的相关情况。

情感目标：通过理论及案例教学，希望学生能够按照会计职业道德规范的要求进行自律，成长成为一个"德才兼备"的会计人才。

技能目标：能够利用会计职业道德规范的相关要求对现实案例进行具体分析，并且在实际工作中能够按照规范进行自我要求。

任务一　职业道德与会计职业道德

一、职业道德的概念和主要内容

（一）职业道德的概念

职业道德的概念有广义和狭义之分。广义的职业道德是指从业人员在职业活动中应该遵循的行为准则，涵盖了从业人员与服务对象、职业与职工、职业与职业之间的关系。狭义的职业道德是指在一定职业活动中应遵循的、体现一定职业特征的、调整一定职业关系的职业行为准则和规范。不同职业的人员在特定的职业活动中形成了特殊的职业关系，包括职业主体与职业服务对象之间的关系、职业团体之间的关系、同一职业团体内部人与人之间的关系，以及职业劳动者、职业团体与国家之间的关系，等等。为了协调这些复杂的、特殊的社会关系，除了需要政治的、行政的、法律的、经济的规范和手段之外，还需要一种适应职业生活特点的、调节职业社会关系的规范和手段，由此形成了不同职业人员的道德规范，即职业道德。如医生的职业道德是救死扶伤、治病救人、实行人道主义；法官的职业道德是清正廉明、刚直不阿；商人的职业道德是买卖公平、童叟无欺；注册会计师的职业道德是独立、客观、公正；军人的职业道德是服从命令、不怕牺牲。这些职业道德规范用来指导和约束职业行为，以保证职业活动的正常进行。

（二）职业道德的特征

职业道德是道德在职业实践活动中的具体体现，除了具有道德的一般特征之外，还具有以下特征：

1. 职业性（行业性）

职业道德的内容与职业实践活动紧密相联，反映着特定职业活动对从业人员行为的道德要求。所以，职业道德的行业性很强，不具有全社会普遍的适用性。一定的职业道德规范只适用一定的职业活动领域；有些具体的行业道德规范，只适用本行业，其他行业就不完全适用，或完全不适用。

2. 实践性

由于职业活动都是具体的实践活动，因此根据职业实践经验概括出来的职业道德规范，具有较强的针对性、实践性,形成条文,它一般用行业公约、工作守则、行为须知、操作规程等具体的规章制度形式,来教育和约束本行业的从业人员,并且公之于众,让行业内外人员(包括服务对象)检查、监督。有的甚至被纳入法律规范,如《中国注册会计师职业道德基本准则》就是以财政部部门规范性文件的形式颁布的,可以直接指导、规范注册会计师的职业活动。

3. 继承性

职业道德作为社会意识形态的一种特殊形式,是受社会经济关系决定的,随着社会经济关系的变化而改变。但是,由于职业首先是与职业活动紧密结合的,所以即使在不同的社会经济发展阶段,同样一种职业因服务对象、服务手段、职业利益、职业责任和义务相对稳定,职业行为的道德要求的核心内容就被继承和发扬。因此,职业道德具有较强的相对稳定性和历史继承性的特点。例如,教师"诲人不倦"、医生"救死扶伤"、商人"买卖公平"等道德要求,就在这些行业中世代相传,并且得到不断丰富和发展。

4. 多样性

既然职业道德与具体的职业相联系,而社会上的职业是复杂、多样的,因此有多少种职业就有多少种职业道德。例如,经商有"商德",行医有"医德",执教有"师德",从艺有"艺德"。即使在同一行业中又有不同的岗位,这些不同的岗位又有更加具体的职业道德要求。而且随着生产力和社会的发展,新兴行业不断产生,与之相适应的职业道德也就层出不穷,职业道德就越来越多样、越来越丰富。

【多项选择】 某企业员工在讨论职业道德时提出的下列观点中,正确的有( )。

A. 社会分工形成各种不同的职业是职业道德产生的必要条件

B. 道德是从业人员对社会所应承担的道德责任和义务

C. 职业道德主要解决职业生活中的具体道德冲突

D. 职业道德由社会经济关系所决定

【答案】 ABCD

(三)职业道德的作用

1. 促进职业活动的健康进行

职业道德最主要的作用就是通过调节职业关系,维护正常的职业活动秩序。人们在从事的各种职业活动中所涉及的各方都会存在着责、权、利的矛盾和差异,职业道德作为职业行为的规范,用来协调职业关系中的各种矛盾和差异,确保职业活动的正常进行,同时也促进职业的健康发展。

2. 对社会道德风尚会产生积极的影响

职业道德是社会道德的一个重要组成部分。职业道德状况对社会道德风尚会产生极大的影响。在我们的现实生活中,人们把商业、交通、医疗、供电、供热等对社会生活影响较大的一些行业和部门形象地比喻为"窗口"行业,这些行业和部门的职业道德水准,直接体现着社会道德风尚的面貌。如果人们都能自觉地遵守各自的职业道德规范,必将会形成良好的社会道德风尚。

(四)职业道德的主要内容

1. 爱岗敬业

爱岗就是热爱自己的工作岗位,热爱本职工作。爱岗是对人们工作态度的一种普遍要求。热爱本职,就是职业工作者以正确的态度对待各种职业劳动,努力培养热爱自己所从事的工作的幸福感、荣誉感。敬业就是用一种严肃的态度对待自己的工作,勤勤恳恳,兢兢业业,忠于职守,尽职尽责。

爱岗与敬业精神是相通的,是相互联系在一起的。爱岗是敬业的基础,敬业是爱岗的具体表现,不爱岗就很难做到敬业,不敬业也很难说是真正的爱岗。爱岗敬业是为人民服务和集体主义精神的具体体现,是社会主义职业道德一切基本规范的基础。

2. 诚实守信

诚实,就是忠诚老实,不讲假话。诚实的人能忠实于事物的本来面目,不歪曲、不篡改事实,同时也不隐瞒自己的真实思想,光明磊落,言语真切,处事实在。诚实的人反对投机取巧,趋炎附势,吹拍奉迎,见风使舵,争功诿过,弄虚作假,口是心非。守信,就是信守诺言,说话算数,讲信誉,重信用,履行自己应承担的义务。

诚实和守信两者意思是相辅相成的,是互相联系在一起的。诚实是守信的基础,守信是诚实的具体表现,不诚实很难做到守信,不守信也很难说是真正的诚实。"诚实"是真实不欺,"守信"也是真实不欺。诚实侧重于对客观事实的反映是真实的,对自己内心的思想、情感的表达是真实的。守信侧重于对自己应承担、履行的责任和义务的忠实,毫无保留地实践自己的诺言。诚实守信是忠诚老实,信守诺言,是为人处事的一种美德。

3. 办事公道

办事公道是指从业人员在办理事情处理问题时,要站在公正的立场上,按照同一标准和同一原则办事的职业道德规范。

人们生活在世界上,就要与人打交道,就要处理各种关系,这就存在办事是否公道的问题,每个从业人员都有一个办事公道问题。如一个服务员接待顾客不以貌取人,对不同国籍、不同肤色、不同民族的宾客都能一视同仁,同样热情服务,这就是办事公道。一个售货员对于购买其商品的消费者,无论其购买商品的贵贱,同样周到接待,这就是办事公道。

4. 服务群众

服务群众就是为人民群众服务。时时刻刻为群众着想,急群众所急,忧群众所忧,乐群众所乐。服务群众的含义,应注意两个方面:

(1) 服务群众是对各级领导及各级领导机关、各级公务员的一种要求。领导干部、各级公务员一定要真心诚意服务于群众,绝不能践踏人民的利益,不能利用人民赋予的权力随心所欲,谋取私利。服务群众是党的群众路线在社会主义职业道德的具体表现,这也是社会主义职业道德与以往私有制社会职业道德的根本分水岭。

(2) 服务群众是对所有从业人员的要求。每个从业人员都是群众中的一员,既是为别人服务的主体,又是别人服务的对象。每个人都有权享受他人职业服务,同时又承担着为他人作出职业服务的义务。因此,服务群众作为职业道德,不仅仅是对领导及公务员的要求,而且是对所有从业者的要求。

5. 奉献社会

奉献社会,就是全心全意为社会作贡献。奉献就是不计较个人得失,兢兢业业,任劳任怨。一个人不论从事什么行业的工作,不论在什么岗位,都可以做到奉献社会。奉献社会是一种人生境界,是一种融入一生事业中的高尚人格。

奉献社会与爱岗敬业、诚实守信、办事公道、服务群众这四项规范相比较,是职业道德中的最高境界,同时也是做人的最高境界。爱岗敬业、诚实守信是对从业人员的职业行为的基础要求,是首先应当做到的。做不到这两项要求,就很难做好工作。办事公道、服务群众比前两项要求高了一些,需要有一定的道德修养做基础。奉献社会,则是这五项要求中最高的境界。一个人只要达到一心为社会作奉献的境界,他的工作就必然能做得很好,这就是全心全意为人民服务了。

二、会计职业道德

(一) 会计职业道德概念

会计职业道德是指在会计职业活动中应当遵循的、体现会计职业特征的、调整会计职业关系的各种经济关系的职业行为准则和规范。其含义包括以下几个方面:

1. 会计职业道德是调整会计职业活动中各种利益关系的手段

会计工作的性质决定了在会计职业活动中要处理方方面面的经济关系,包括单位与单位、单位与国家、单位与投资者、单位与债权人、单位与职工、单位内部各部门之间及单位与社会公众之间等经济关系,这些经济关系的实质是经济利益关系。在我国社会主义市场经济建设中,当经济主体的利益与国家利益、社会公众利益发生冲突的时候,会计职业道德不允许通过损害国家和社会公众利益而获取违法利益,但允许个人和各经济主体获取合法的自身利益。会计职业道德可以配合国家法律制度,调整职业关系中的经济利益关系,维护正常的经济秩序。

2. 会计职业道德具有相对稳定性

会计是一种专业技术性很强的职业。在其对单位经济事项进行确认、计量、记录和报告中,会计标准的设计、会计政策的制定、会计方法的选择,都必须遵循其内在的客观经济规律和要求。由于人们面对的是共同的客观经济规律,因此,会计职业道德在社会经济关系不断的变迁中,始终保持自己的相对稳定性。在会计职业活动中诚实守信、客观公正等是对会计人员的普遍要求。没有任何一个社会制度能够容忍虚假会计信息,也没有任何一个经济主体会允许会计人员私自向外界提供或者泄露单位的商业秘密。

3. 会计职业道德具有广泛的社会性

会计职业道德的社会性是由会计职业活动所生成的产品决定的。特别是在所有权和经营权分离的情况下,会计不仅要为政府机构、企业管理层、金融机构等提供符合质量要求的会计信息,而且要为投资者、债权人及社会公众服务,因其服务对象涉及面很广,提供的会计信息是公共产品,所以会计职业道德的优劣将影响国家和社会公众利益。像银广夏、郑百文、蓝田股份等会计造假丑闻就是典型例子,由于会计造假致使广大股东遭受了巨大的损失,严重干扰了社会经济的正常秩序。可见,会计信息质量直接影响着社会经济的发展和社会经济秩序的健康运行,会计职业道德必然受社会关注,具有广泛的社会性。

(二) 会计职业道德的特征

会计作为社会经济活动中的一种特殊职业,除了具有职业道德的一般特征外,与其他职业道德相比还具有如下特征:

1. 具有一定的强制性

法律是具有强制性的,它要求人们"必须这样或那样做";而道德一般不具有强制性,它要求人们"应该这样或那样做"。但在我国,会计职业道德和其他道德不一样,许多内容都直接纳入了会计法律制度,如《中华人民共和国会计法》、《会计基础工作规范》等都规定了会计职业道德的内容和要求。因此,会计职业道德是一种"思想立法",它已经超出"应该怎样做"的界限,跨入"必须这样做"的范围。如果不按照"守则"、"准则"、"条例"去做,有的虽谈不上犯罪,但也是违反职业纪律的,更是职业道德所不允许的。会计职业道德的这种独特的强制性,是由会计工作在市场经济活动中的特殊地位所决定的。当然,会计职业道德的许多非强制性内容仍然存在,而且也在发挥着作用。例如,会计职业道德中的提高技能、强化服务、参与管理、奉献社会等内容虽然是非强制性要求,但其直接影响到专业胜任能力、会计信息质量和会计职业的声誉,也要求会计人员遵守。

2. 较多关注公众利益

会计职业的一个显著特征是会计职业活动与社会公众利益密切联系。在会计工作中,会计确认、计量、记录和报告的程序、标准和方法,在选择和运用上发生任何变化,都会引起与经济主体有关的各方经济利益受到直接的影响。由于会计人员自身的经济利益往往与其所处的经济主体的利益一致,当经济主体利益与国家利益和社会公众利益出现矛盾时,会计人员的利益指向如果偏向经济主体,那么国家和社会公众的利益就会受损,便产生了会计职业道德危机。因此,会计职业的特殊性,对会计职业道德提出了更高的要求,要求会计人员客观公正,在会计职业活动中,发生道德冲突时要坚持准则,把社会公众利益放在第一位。

(三) 会计职业道德的作用

会计职业道德的作用,主要体现在以下几个方面:

1. 会计职业道德是规范会计行为的基础

动机是行为的先导,有什么样的动机就有什么样的行为。会计职业道德对会计的行为动机提出了相应的要求,如诚实守信、客观公正等,引导、规劝、约束会计人员树立正确的职业观念,建立良好的职业品行,从而达到规范会计行为的目的。

2. 会计职业道德是实现会计目标的重要保证

从会计职业关系角度讲,会计目标就是为会计职业关系中的各个服务对象提供真实、可靠的会计信息。由于会计职业活动既是技术性的处理过程,同时又涉及对多种经济利益关系的调整。会计目标能否顺利实现,既取决于会计从业者专业技能水平,也取决于会计从业者的能否严格履行职业行为准则。如果会计从业者故意或非故意地提供了不真实、不可靠的会计信息,就会导致服务对象的决策失误,甚至导致社会经济秩序混乱。因此,依靠会计职业道德规范约束会计从业者的职业行为,是实现会计目标的重要保证。

3. 会计职业道德是对会计法律制度的重要补充

在现实生活中,人们的很多行为很难由法律作出规定。例如,会计法律只能对会计人员不得违法的行为作出规定,不宜对他们如何爱岗敬业、诚实守信、提高技能等提出具体要求,但是,如果会计人员缺乏爱岗敬业的热情和态度,缺乏诚实守信的做人准则,缺乏必要的职业技能,则很难保证会计信息达到真实、完整的法定要求。很显然,会计职业道德是其他会计法律制度所不能替代的。会计职业道德是对会计法律规范的重要补充。

(四) 会计职业道德规范的主要内容

1. 爱岗敬业

(1) 爱岗敬业的含义。爱岗敬业指的是忠于职守的职业精神,这是会计职业道德的基础。爱岗就是会计人员应该热爱自己的本职工作,安心于本职岗位,稳定、持久地在会计天地中耕耘,恪尽职守地做好本职工作。敬业就是会计人员应该充分认识本职工作在社会经济活动中的地位和作用,认识本职工作的社会意义和道德价值,具有会计职业的荣誉感和自豪感,在职业活动中具有高度的劳动热情和创造性，以强烈的事业心、责任感，从事会计工作。

爱岗敬业是爱岗与敬业的总称。爱岗和敬业互为前提、相互支持、相辅相成。"爱岗"是"敬业"的基石，"敬业"是"爱岗"的升华。如果会计人员对所从事的会计工作不热爱，工作中就难以做到兢兢业业，就不会主动刻苦钻研业务，更新专业知识，提高业务技能；就不会珍惜会计这份工作，努力维护会计职业的声誉和形象；就无法具备与其职务相适应的业务素质和能力，更谈不上坚持准则、客观公正、文明服务，维护国家和集体的利益，为国家和企业承担责任。反之，会计人员虽有热爱会计职业的一腔热情，但如果没有勤奋踏实的工作作风和忠于职守的实际行动，敬业也就成为一句空话。

（2）爱岗敬业的基本要求。

第一，正确认识会计职业，树立职业荣誉感。爱岗敬业精神，自始至终都是以人们对职业的认识程度以及所采取的态度作为行动的指导并体现在实际工作中的。如果会计人员对所从事的会计职业缺乏正确的认识，认为会计不过是简单的"写写算算"、"收收支支"的琐碎工作，或者有"会计难当，职权难用，成绩难见，违纪难免"的想法，就必然会自觉不自觉地把这些意识反映到其工作行动之中，就会表现出"懒"、"惰"、"拖"的不良行为，给会计职业及其声誉造成不良影响。

会计人员只有正确地认识会计职业本质，明确会计在经济管理工作中的地位和重要性，树立职业荣誉感，才有可能去爱岗敬业。这是做到爱岗敬业的前提，也是首要要求。

第二，热爱会计工作，敬重会计职业。热爱一项工作，首先就意味着对这项工作有一种职业的荣誉感，有自信心和自尊心；其次是对这项工作抱有浓厚的兴趣，把职业生活看成是一种乐趣。于是平凡的、甚至是琐碎的日常工作，就成为生活中不可缺少的内容，并且能在工作中时时感受到它的乐趣。只要人们是根据自己的爱好、兴趣和特长来选择职业，通常都对所选职业充满情感，喜爱这一职业。但是，任何社会、任何时候都难以绝对保证人们所选择的职业是自己满意的。因而，在所从事的职业与自己的兴趣、爱好不一致时，要求人们对其所从事的职业有一个正确的认识态度。如果做了会计，就应该热爱会计工作，正视会计职业。

在我国各行各业的无数职业道德标兵的先进事迹告诉我们，对自己的工作是否热爱，对自己的岗位是否敬重，是做好本职工作的前提。会计人员只要树立了"干一行爱一行"的思想，就会发现会计职业中的乐趣；只有树立"干一行爱一行"的思想，才会刻苦钻研会计业务技能，才会努力学习会计业务知识，才会发现在会计核算、企业理财领域中有许多值得人们去研究探索的东西。有了对本职工作的热爱，就会激发出一种敬业精神，自觉自愿地遵守职业道德的各种规范，不断改进自己的工作，在平凡的岗位上做出不平凡的业绩。

第三，安心工作，任劳任怨。安心本职工作，就是以从事会计工作为"乐"，而不是"这山望着那山高"。只有安心本职工作，才能潜下心来"勤学多思，勤问多练"，才能对会计工作中不断出现的新问题去探索和研究，也才能真正做到敬业。任劳任怨，要求会计人员具有不怕吃苦的精神和不计较个人得失的思想境界。会计人员在进行会计事项的处理中，有时会出现两难的境地，当集体利益与职工个人利益或国家利益与单位利益发生冲突时，会计人员如果维护了国家利益或集体利益，就可能不被人们理解甚至抱怨；反之，则会有道德危机。会计职业道德要求会计人员既任劳也任怨。

第四，严肃认真、一丝不苟。从业者对自己本职工作的热爱，必定会体现在对工作所必需的职业技能的态度上，体现在对自己工作成果的追求上，这就是对工作严肃认真、一丝不苟，对技术精益求精。会计工作是一项严肃细致的工作,没有严肃认真的工作态度和一丝不苟的工作作风,就容易出现偏差。对一些损失浪费、违法乱纪的行为和一切不合法不合理的业务开支,要严肃认真地对待,把好费用支出关。严肃认真、一丝不苟的职业作风贯穿于会计工作的始终,不仅要求数字计算准确,手续清楚完备,而且绝不能有"都是熟人不会错"的麻痹思想和"马马虎虎"的工作作风。

第五,忠于职守,尽职尽责。忠于职守,不仅要求会计人员认真地执行岗位规范,而且要求会计人员在各种复杂的情况下,能够抵制各种诱惑,忠实地履行岗位职责。尽职尽责具体表现为会计人员对自己应承担责任和义务所表现出的一种责任感和义务感,这种责任感和义务感包含两方面的内容:一是社会或他人对会计人员规定的责任;二是会计人员对社会或他人所负的道义责任。

在现代经济生活中,会计职业因其所处的环境具有其特殊性,不同的岗位要求承担的责任和义务不尽相同。注册会计师接受单位委托对委托者进行审计、鉴证或咨询,要维护委托人的权益,保守商业秘密,依法出具审计报告。单位内部会计人员不仅要尽职尽责地履行会计职能,客观真实地记录反映服务主体的经济活动状况,负责其资金的有效运作,积极参与经营和决策,而且还应抵制不当的开支,防止有人侵占单位资产,保护财产安全完整。在对单位(或雇主)的忠诚与国家及社会公众利益发生冲突时,会计人员应该忠实于国家、忠实于社会公众,承担起维护国家和社会公众的责任。单位会计人员应对外提供有关服务主体真实可靠地会计信息;注册会计师不仅要对委托人负责,更应对广大的信息使用者负责,对被审计单位的财务状况和经营成果作出客观、公允的审计报告。

【单项选择】 下列各项中,体现会计职业道德关于"爱岗敬业"要求的有(　　)。

A. 工作一丝不苟　　　　　　　　B. 工作尽职尽责

C. 工作精益求精　　　　　　　　D. 工作兢兢业业

【答案】 ABCD

2. 诚实守信

(1) 诚实守信的含义。诚实是指言行跟内心思想一致,不弄虚作假、不欺上瞒下,做老实人,说老实话,办老实事。守信就是遵守自己所作出的承诺,讲信用,重信用,信守诺言,保守秘密。诚实守信是做人的基本准则,是人们在古往今来的交往中产生的最根本的道德规范,也是会计职业道德的精髓。

诚实与守信具有内在的因果联系,一般来说,诚实即为守信,守信就是诚实。有诚无信,道德品质得不到推广和延伸;有信无诚,信就失去了根基,德就失去了依托。诚实必须守信。

中国现代会计学之父潘序伦先生认为,"诚信"是会计职业道德的重要内容。他终身倡导:"信以立志,信以守身,信以处事,信以待人,毋忘'立信',当必有成",并将其作为立信会计学校的校训。为突显并倡导会计职业的诚信,潘序伦先生一生的实业,皆冠之以"立信",如立信会计事务所、立信会计学校、立信会计出版社等。

人无信不立,国无信不强。在现代市场经济社会,"诚信"尤为重要。市场经济是"信用经济"、"契约经济",注重的就是"诚实守信"。可以说,信用是维护市场经济步入良性发展轨道的前提和基础,是市场经济社会赖以生存的基石。江泽民同志指出:"没有信用,就没有秩序,市场经济就不能健康发展。"朱镕基同志在2001年视察国家会计学院时,为国家会计学院题词:"诚信为本,操守为重,坚持准则,不做假账。"这是对广大会计人员和注册会计师最基本的要求。

（2）诚实守信的基本要求。

第一，做老实人，说老实话，办老实事，不搞虚假。做老实人，要求会计人员言行一致，表里如一，光明正大。说老实话，要求会计人员说话诚实，是一说一，是二说二，不夸大，不缩小，不隐瞒，如实反映和披露单位经济业务事项。办老实事，要求会计人员工作踏踏实实，不弄虚作假，不欺上瞒下。总之，会计人员应言行一致，实事求是，如实反映单位经济业务活动情况，不为个人和小集团利益，伪造账目，弄虚作假，损害国家和社会公众利益。

近年来，在财政部进行的会计信息质量抽查中，假凭证、假账簿、假报表比较普遍。而虚假信息均是出自单位管理层和会计人员之手，而且一些注册会计师也扮演了不光彩的角色，严重影响了会计职业的社会信誉。会计人员要树立良好的职业形象，就必须恪守诚实守信的基本道德准则。

第二，保密守信，不为利益所诱惑。所谓保守秘密就是指会计人员在履行自己的职责时，应树立保密观念，做到保守商业秘密，对机密资料不外传、不外泄，守口如瓶。在市场经济中，秘密可以带来经济利益，严守单位的商业秘密是极其重要的，它往往关系到单位的生死存亡。而会计人员因职业特点经常接触到单位和客户的一些秘密，如单位的财务状况、经营情况、成本资料及重要单据、经济合同等。因而，会计人员应依法保守单位秘密，这是会计人员应尽的义务，也是诚实守信的具体体现。

泄密，不仅是一种不道德的行为，也是违法行为，是会计职业的大忌。会计人员在没有得到法律规定或经单位规定程序批准时，不能以任何借口或方式把单位商业秘密泄露出去。我国有关法律制度对会计人员保守秘密作了相关的规定。如《中华人民共和国注册会计师法》第19条规定："注册会计师对执行业务中知悉的商业秘密，负有保密义务"；财政部印发的《会计基础工作规范》第23条规定："会计人员应当保守本单位的商业秘密。除法律规定和单位领导人同意外，不能私自向外界提供或者泄露单位的会计信息。"

会计人员如果泄露本单位的商业秘密，不仅会对单位的利益产生威胁，同时也会损害会计人员自身的形象和利益。一是会计人员是单位里的一分子，泄露单位的商业秘密后会使单位利益受损，单位的损失最终将不同程度地反映到每位员工身上，会计人员因此也会身受其害。二是泄露商业秘密属于违法行为，一旦查出，泄露秘密的会计人员将承担法律责任。三是会计人员泄露商业秘密将对整个会计职业的社会声誉产生负面影响，使会计职业信誉"受到怀疑"，整个行业的利益将会蒙受损失。在这一点上，对注册会计师的影响尤为显著。

会计人员要做到保密守信，就要注意不在工作岗位以外的场所谈论、评价企业的经营状况和财务数据，此外，在日常生活中会计人员也应保持必要的警惕，防止无意泄密。俗话说，说者无意，听者有心。人们在日常交流中经常会对熟知的事情脱口而出，而没有想到后果。为了防止这种情况的发生，会计人员要了解自己所知道的信息中，哪些是商业秘密，哪些是无关紧要的事项，以防止无意泄密的情况发生。而且要抵制住各种各样的利益诱惑，绝对不能用商业秘密作为谋利的手段。

3. 廉洁自律

（1）廉洁自律的含义。廉洁就是不贪污钱财，不收受贿赂，保持清白。自律是指自律主体按照一定的标准，自己约束自己、自己控制自己的言行和思想的过程。廉洁自律是会计职业道德的前提,也是会计职业道德的内在要求,这是会计工作的特点决定的。

作为整天与钱财打交道的会计人员,必须两袖清风,不取不义之财,做到面对金钱不眼红。会计人员只有首先做到自身廉洁,严格约束自己,才能要求别人廉洁,才能理直气壮地阻止或防止别人侵占集体利益,正确行使反映和监督的会计职责,保证各项经济活动正常进行。

自律的核心就是用道德观念自觉地抵制自己的不良欲望。一个能自律的人,能保持清醒的头脑,把持住自我不迷失方向;而不能自律的人则头脑昏昏,丧失警惕,终将成为权、财的奴隶。在我们身边这方面事例有很多。惩治腐败,打击会计职业活动中的各种违法活动和违反职业道德的行为,除了要靠法制手段,建立坚强和完善的法律外。会计人员严格自律,防微杜渐,构筑思想道德防线,也是防止腐败和非职业道德行为的有效手段。

会计人员的廉洁是会计职业道德自律的基础,而自律是廉洁的保证。自律性不强就很难做到廉洁,不廉洁就谈不上自律。“吃了人家的嘴软,拿了人家的手短”。会计人员必须既廉洁又自律,二者不可偏废。

（2）廉洁自律的基本要求。

第一,树立正确的人生观和价值观。廉洁自律,首先要求会计人员必须加强世界观的改造,树立正确的人生观和价值观。人生观是人们对人生的目的和意义的总的观点和看法。价值观是指人们对于价值的根本观点和看法,它是世界观的一个重要组成部分,包括对价值的本质、功能、创造、认识、实现等有关价值的一系列问题的基本观点和看法。会计人员应以马克思主义、毛泽东思想、邓小平理论、“三个代表”重要思想为指导,树立科学的人生观和价值观,自觉抵制享乐主义、个人主义、拜金主义等错误的思想,这是在会计工作中做到廉洁自律的思想基础。

第二,公私分明,不贪不占。公私分明就是指严格划分公与私的界线,公是公,私是私。如果公私分明,就能够廉洁奉公,一尘不染,做到“常在河边走,就是不湿鞋”。如果公私不分,就会出现以权谋私的腐败现象,甚至出现违法违纪行为。

廉洁自律的天敌就是“贪”、“欲”。在会计工作中,由于大量的钱财要经过会计人员之手,因此,很容易诱发会计人员的“贪”、“欲”。一些会计人员贪图金钱和物质上的享受,利用职务之便,自觉或不自觉地行“贪”。有的被动受贿,有的主动索贿,有的贪污、挪用公款,有的监守自盗,有的集体贪污。究其根本原因是这些会计人员忽视了世界观的自我改造,放松了道德的自我修养,弱化了职业道德的自律。

第三,遵纪守法,尽职尽责。遵纪守法,正确处理会计职业权利与职业义务的关系,增强抵制行业不正之风的能力,是会计人员廉洁自律的又一个基本要求。会计人员的权利和义务在《中华人民共和国会计法》中作了明确规定。会计人员不仅要遵纪守法,不违法乱纪、以权谋私,做到廉洁自律;而且要敢于、善于运用法律所赋予的权利,尽职尽责,勇于承担职业责任,履行职业义务,保证廉洁自律。

4. 客观公正

（1）客观公正的含义。客观是指按事物的本来面目去反映,不掺杂个人的主观意愿,也不为他人意见所左右。公正就是平等、公平、正直,没有偏失。但公正是相对的,世上没有绝对的公正。客观公正是会计职业道德所追求的理想目标。

对于会计职业活动而言,客观主要包括两层含义:一是真实性,即以实际发生的经济活动为依据,对会计事项进行确认、计量、记录和报告;二是可靠性,即会计核算要准确,记录要可靠,凭证要合法。

在会计职业活动中,由于涉及对多方利益的协调处理,因此,公正就是要求各企、事业单位管理层和会计人员不仅应当具备诚实的品质,而且应公正地开展会计核算和会计监督工作,即在履行会计职能时,摒弃单位、个人私利,公平公正,不偏不倚地对待相关利益各方。作为注册会计师在进行审计鉴证时,应以超然独立的姿态,进行公平公正的判断和评价,出具客观、适当的审计意见。

客观是公正的基础,公正是客观的反映。要达到公正,仅仅做到客观是不够的。公正不仅仅单指诚实、真实、可靠,还包括在真实、可靠中作出公正选择。这种选择不仅是建立在客观的基础之上,还需要在主观上作出公平合理的选择。是否公平、合理,既取决于客观的选择标准,也取决于选择者的道德品质和职业态度。

(2) 客观公正的基本要求。

第一,端正态度。坚持客观公正原则的基础是会计人员的态度、专业知识和专业技能。没有客观公正的态度,不可能尊重事实。有了正确的态度之后,没有扎实的理论功底和较高的专业技能,工作也会出现失误,感到力不从心。

第二,依法办事。依法办事,认真遵守法律法规,是保证会计工作客观公正的前提。当会计人员有了端正的态度和专业知识技能之后,必须依据《中华人民共和国会计法》、《企业会计准则》、《企业会计制度》等法律、法规和制度的规定进行会计业务处理,并对复杂疑难的经济业务,作出客观的会计职业判断。总之,只有熟练掌握并严格遵守会计法律法规,才能客观公正地处理会计业务。

第三,实事求是,不偏不倚。社会经济是复杂多变的,会计法律制度不可能对所有的经济事项作出规定,那么会计人员对经济事项的职业判断,就可能会出现偏差。因此,客观公正是会计工作和会计人员追求的目标,通过不断提高专业技能,正确理解、把握并严格执行会计准则、制度,不断消除非客观、非公正因素的影响,做到最大限度的客观公正。

在实际生活中,要做到"客观公正",最根本的是要有"实事求是"的科学态度。没有实事求是的严谨态度,主观地片面地表面地看问题,就无法做到"情况明白",也就无法根据客观情况来公正地处理问题。即使主观上想"客观公正",客观上也无从实现。

客观公正应贯穿于会计活动的整个过程:一是在处理会计业务的过程中或进行职业判断时,应保持客观公正的态度,实事求是、不偏不倚。二是指会计人员对经济业务的处理结果是公正的。例如,某人因公出差丢失了报销用的车票,在业务处理时,不能因为无报销凭证就不报销,也不能随意报销,而要求出差人员办理各种合法合理的证明手续后,才能报销,即最终结果是客观公正地进行会计处理。不报销或随意报销,都是不客观公正的。总之,会计核算过程的客观公正和最终结果的客观公正都是十分重要的,没有客观公正的会计核算过程作为保证,结果的客观公正性就难以保证;没有客观公正的结果,业务操作过程的客观公正就没有意义。

注册会计师的职业特征是维护国家和社会公众利益。注册会计师在进行职业判断时,将会涉及多方的利益,在处理这些复杂的利益关系时,绝不能采取折中的态度和方法。注册会计师应始终站在第三者的独立立场上,不偏不倚地对待有关利益各方,不以牺牲一方利益为条件而使另一方受益,超然独立地对企业遵守会计准则、制度的具体情况进行客观公正的评价并作出恰当的审计意见。只有这样,财务报告的使用者才能确定企业财务报告的可信度,并作出适当的投资决策或信贷决策。

第四,保持独立性。客观公正是会计职业者的一种工作态度。它要求会计人员对会计业务的处理,对会计政策和会计方法的选择,以及对财务会计报告的编制、披露和评价,必须独立进行职业判断,做到客观、公平、理智、诚实。

保持独立性,对于注册会计师行业尤为重要。由于工作关系和经济利益等问题,决定了单位会计人员在形式上或实质上都难以保证绝对的独立性。所以这里所说的独立性主要是指注册会计师在执行审计业务的过程中,与相关利益当事人应保持独立。独立是客观、公正的基础,也是注册会计师行业存在的基础。根据《中国注册会计师职业道德规范指导意见》,注册会计师保持其独立性应当做到以下两点:

一是注册会计师应当回避可能影响独立性的审计事项,实现形式上的独立。注册会计师在履行其职责时,保持独立性固然十分重要,但财务报表的使用者对这种独立性的信任也很重要。如果审计人员在执业过程中实质上是独立的,但报表的使用者认为他们是客户的辩护人,则审计职业的大部分价值将随之丧失。

二是注册会计师应当恪守职业良心,保持实质上的独立。形式上独立是实质上独立的必要条件,形式上不独立,就不能保证实质上独立,而形式上独立也不一定能够保持实质上独立。注册会计师更重要的是保持实质上的独立。

5. 坚持准则

(1)坚持准则的含义。坚持准则是指会计人员在处理业务过程中,要严格按照会计法律制度办事,不为主观或他人意志左右。这里所说的"准则"不仅指会计准则,而且包括会计法律、法规、国家统一的会计制度以及与会计工作相关的法律制度。坚持准则是会计职业道德的核心。

会计人员在进行核算和监督的过程中,只有坚持准则,才能以准则作为自己的行动指南,在发生道德冲突时,应坚持准则,以维护国家利益、社会公众利益和正常的经济秩序。注册会计师在进行审计业务时,应严格按照独立审计准则的有关要求和国家统一会计制度的规定,出具客观公正的审计报告。

现实生活中经常会出现单位、社会公众和国家利益发生冲突的情况。面对不同的情况会计人员应如何处理,国际会计师联合会发布的《职业会计师道德守则》提出了如下建议:第一,如遇到严重的职业道德问题时,职业会计师首先应遵循所在组织的已有政策加以解决;如果这些政策不能解决道德冲突,则可私下向独立的咨询师或会计职业团体寻求帮助,以便采取可行的行动步骤。

第二,若自己无法独立解决,可与最直接的上级一起研究解决这种冲突的办法。

第三,若仍无法解决,则在通知直接上级的情况下,可请教更高一级的管理层。若有迹象表明,上级已卷入这种冲突,职业会计师必须和更高一级的管理当局商讨该问题。

第四,如果在经过内部所有各级审议之后道德冲突仍然存在,那么对于一些重大问题(如舞弊)职业会计师可能没有其他选择。作为最后手段,他只能诉诸辞职,并向该组织的相关代表提交一份信息备忘录。

国际会计师联合会发布的《职业会计师道德守则》中提出的道德冲突时解决的途径值得借鉴。我国会计人员如果遇到道德冲突时,首先要对发生的事件作出"是"、"非"判断,如涉及严重的道德冲突时,应维护国家和社会公众利益。

(2)坚持准则的基本要求。

第一,熟悉准则。熟悉准则是指会计人员应了解和掌握《中华人民共和国会计法》和国家统一的会计制度及与会计相关的法律制度,这是遵循准则、坚持准则的前提。只有熟悉准则,才能按准则办事,才能遵纪守法,才能保证会计信息的真实性、完整性。

第二,遵循准则。遵循准则即执行准则。准则是会计人员开展会计工作的外在标准和参照物。会计人员在会计核算和监督时要自觉地严格遵守各项准则,将单位具体的经济业务事项与准则相对照,先作出是否合法合规的判断,对不合法的经济业务不予受理。在实际工作中,由于经济的发展和社会环境的变化,会计业务日趋复杂,因而准则规范的内容也会不断变化和完善。这就要求会计人员不仅要经常学习、掌握准则的最新变化,了解本部门、本单位的实际情况,准确地理解和执行准则,还要在面对经济活动中出现的新情况、新问题以及准则未涉及的经济业务或事项时,通过运用所掌握的会计专业理论和技能,作出客观的职业判断,予以妥善地处理。

第三,坚持准则。市场经济是利益经济。在会计工作中,常常由于各种利益的交织,引起会计人员道德上的冲突。如果会计人员为了自己的个人利益不受影响,放弃原则,做"老好人",就会使会计工作严重偏离准则,会计信息的真实性、完整性就无法保证,作为会计人员,也应当承担相应责任。如果会计人员坚持准则,往往会受到单位负责人和其他方面的阻挠、刁难甚至打击报复。

为了切实维护会计人员的合法权益,《中华人民共和国会计法》强化了单位负责人对单位会计工作的法律责任,赋予了会计人员相应的权利,规范了会计人员的执法环境。会计人员应认真执行国家统一的会计制度,依法发行会计监督职责,发生冲突时,应坚持准则,对法律负责,对国家和社会公众负责,敢于同违反会计法律法规和财务制度的现象作斗争,确保会计信息的真实性和完整性。

6. 提高技能

(1)提高技能的含义。会计人员是会计工作的主体。会计工作质量的好坏,一方面受会计人员职业技能水平的影响;另一方面受会计人员道德品行的影响。会计人员的道德品行是会计职业道德的根本和核心,会计人员的职业技能水平是会计人员职业道德水平的保证。会计工作是一门专业性和技术性很强的工作,从业人员必须"具备一定的会计专业知识和技能",才能胜任会计工作。作为一名会计工作者必须不断地提高其职业技能,这既是会计人员的义务,也是在职业活动中做到客观公正、坚持准则的基础,是参与管理的前提。

职业技能,也可称为职业能力,是人们进行职业活动、承担职业责任的能力和手段。就会计职业而言,职业技能包括会计理论水平,实务操作能力,职业判断能力,自动更新知识能力,提供会计信息的能力,沟通交流能力以及职业经验等。提高技能就是指会计人员通过学习、培训和实践等途径,持续提高上述职业技能,以达到和维持足够的专业胜任能力的活动。

会计人员在对会计事项进行确认、计量、记录和报告以及对单位内部会计控制制度设计中等都需要有扎实的理论功底和丰富的实践经验;在进行具体业务处理时对会计处理方法的选择、会计信息的变更、会计信息电算化的处理、网络化传输等都是技术性很强的工作。没有娴熟的专业技能,是无法开展会计工作、履行会计职责的。特别是我国加入世界贸易组织以后,中国经济逐渐融入全球经济体系,要求会计准则、会计制度与国际会计惯例充分协调,需要会计人员不断地学习新的会计理论和新的准则制度,熟悉和掌握新的法律法规。会计人员只有不断地学习,才能保持持续的专业胜任能力、职业判断能力和交流沟通能力,不断地提高会计专业技能,以适应我国深化会计改革和会计国际化的要求。

(2) 提高技能的基本要求。

第一,具有不断提高会计专业技能的意识和愿望。随着市场经济的发展、全球经济一体化以及科学技术日新月异,会计在经济发展中的作用越来越明显,对会计的要求也越来越高,会计人才的竞争也越来越激烈。会计人员要想生存和发展,就必须具有不断提高会计专业技能的意识和愿望,才能不断进取,才会主动地求知、求学,刻苦钻研,使自身的专业技能不断提高,使自己的知识不断更新,从而掌握过硬的本领,在会计人才的竞争中立于不败之地。

第二,具有勤学苦练的精神和科学的学习方法。专业技能的提高和学习不可能是一劳永逸之事,必须持之以恒,不间断地学习、充实和提高,"活到老学到老"。只有锲而不舍地"勤学",同时掌握科学的学习方法,在学中思,在思中学,在实践中不断锤炼,才能不断地提高自己的业务水平,才能推动会计工作和会计职业的发展,以适应不断变化的新形势和新情况的需要。谦虚好学、刻苦钻研、锲而不舍,是练就高超的专业技术和过硬本领的唯一途径,也是衡量会计人员职业道德水准高低的重要标准之一。

【多项选择】　根据会计职业道德要求,下列各项中,有利于会计人员提高技能的有(　　)。

    A. 参加财政部门组织的会计法规制度培训

    B. 参加会计国际研讨会

    C. 参加单位组织的业务比赛和经验交流

    D. 参加会计专业技术资格考试

【答案】　ABCD

【多项选择】　下列各项中,符合会计职业道德"提高技能"要求的有(　　)。

    A. 出纳人员向银行工作人员请教辨别假钞的技术

    B. 会计人员向计算机专家学习会计电算化操作方法

    C. 会计主管与其他单位财务人员交流隐瞒业务收入的做法

    D. 总会计师通过自学提高会计专业判断、财务分析和政策水平

【答案】　ABD

7. 参与管理

(1) 参与管理的含义。参与管理简单地讲就是参加管理活动,为管理者当参谋,为管理活动服务。会计管理是企业管理的重要组成部分,在企业管理中具有十分重要的作用。但会计工作的性质决定了会计在企业管理活动中,更多的是间接从事管理活动。参与管理就是要求会计人员积极主动地向单位领导反映本单位的财务、经营状况及存在的问题,主动提出合理化建议,积极地参与市场调研和预测,参与决策方案的制订和选择,参与决策的执行、检查和监督,为领导的经营管理和决策活动,当好助手和参谋。如果没有会计人员的积极参与,企业的经营管理就会出现问题,决策就可能出现失误。会计人员特别是会计部门的负责人,必须强化

自己参与管理、当好参谋的角色意识和责任意识。

(2) 参与管理的基本要求。

第一,努力钻研业务,熟悉财经法规和相关制度,提高业务技能,为参与管理打下坚实的基础。

娴熟的业务,精湛的技能,是会计人员参与管理的前提。会计人员只有努力钻研业务,不断提高业务技能,深刻领会财经法规和相关制度,才能有效地参与管理,为改善经营管理,提高经济效益服务。首先,要求会计人员要有扎实的基本功,掌握会计的基本理论、基本方法和基本技能,做好会计核算的各项基础性工作,确保会计信息真实、完整。其次,要充分利用掌握的大量会计信息,运用各种管理分析方法,对单位的经营管理活动进行分析、预测,找出经营管理中的问题和薄弱环节,提出改进意见和措施,把管理结合在日常工作之中。从而使会计的事后反映变为事前的预测和事中的控制,真正起到当家理财的作用,成为决策层的参谋助手。

第二,熟悉服务对象的经营活动和业务流程,使管理活动更具针对性和有效性。

会计人员应当了解本单位的整体情况,特别是要熟悉本单位的生产经营、业务流程和管理情况,掌握单位的生产经营能力、技术设备条件、产品市场及资源状况等情况。只有如此,才能充分利用会计工作的优势,更好地满足经营管理的需要,才能在参与管理的活动中有针对性地拟定可行性方案,从而提高经营决策的合理性和科学性,更有效的服务于单位的总体发展目标。

【多项选择】 会计人员参与企业管理主要体现在( )。

A. 向领导反映经营管理活动中的情况和存在的问题

B. 做好记账、算账和报账工作

C. 一切按领导的要求去办

D. 主动提供合理化建议

【答案】 AD

【多项选择】 下列各项中,符合会计职业道德"参与管理"的行为有( )。

A. 对公司财务会计报告进行综合分析并提交风险预警报告

B. 参加公司重大投资项目的可行性研究和投资效益论证

C. 分析坏账形成原因,提出加强授信管理、加快货款回收的建议

D. 分析现金流量状况,查找存在的问题,提出改进措施

【答案】 ABCD

8. 强化服务

(1) 强化服务的含义。强化服务就是要求会计人员具有文明的服务态度、强烈的服务意识和优良的服务质量。服务态度是服务者的行为表现,"文明服务,以礼待人",不仅仅是对服务行业提出的道德要求,而是对所有职业活动提出的道德要求。在我们的社会生活中,各岗位上的就业者都处于服务他人和接受他人服务的地位。在服务他人的过程中,人们承担对他人的责任和义务的同时,也接受着他人的服务。

会计工作虽不能说是"窗口"行业,但其工作涉及面广,又往往需要服务对象和其他部门的协作及配合,而且会计工作的政策性又很强,在工作交往和处理业务过程中,容易同其他部门及服务对象发生利益冲突或意见分歧。这样会计人员待人处世的态度直接关系到工作能否顺

利开展和工作的成效。这就要求会计人员不仅要有热情、耐心、诚恳的工作态度,待人平等礼貌,而且遇到问题要以商量的口吻,充分尊重服务对象和其他部门的意见。做到大事讲原则,小事讲风格,沟通讲策略,用语讲准确,建议看场合。

强化服务的结果,就是奉献社会。任何职业的利益、职业劳动者个人的利益都必须服从社会的利益、国家的利益。如果说爱岗敬业是职业道德的出发点,那么,强化服务、奉献社会就是职业道德的归宿点。

(2)强化服务的基本要求。

第一,强化服务意识。会计人员要树立强烈的服务意识,为管理者服务、为所有者服务、为社会公众服务、为人民服务。不论服务对象的地位高低,都要摆正自己的工作位置,管钱管账是自己的工作职责,参与管理是自己的义务。只有树立了强烈的服务意识,才能做好会计工作,履行会计职能,为单位和社会经济的发展作出应有的贡献。

第二,提高服务质量。强化服务的关键是提高服务质量。单位会计人员的服务质量表现在是否真实地记录单位的经济活动,向有关方面提供可靠的会计信息,是否积极主动地向单位领导反映经营活动情况和存在的问题,提出合理化建议,协助领导决策,参与经营管理活动。注册会计师的服务质量表现在,是否以客观、公正的态度正确评价委托单位的财务状况、经营成果,出具恰当的审计报告,为社会公众及信息使用者提供良好的服务。

需要注意的是,在会计工作中提供上乘的服务质量,并非是无原则地满足服务主体的需要,而是在坚持原则、坚持准则的基础上尽量满足用户或服务主体的需要。

【单项选择】 职业道德的出发点和归宿是( )。

A. 爱岗敬业　　　　B. 办事公道　　　　C. 服务群众　　　　D. 奉献社会

【答案】 D

【单项选择】 下列各项中,属于《公民道德建设实施纲要》中提出的职业道德主要内容有( )。

A. 诚信为本、依法治国、民主理财、科学决策、奉献社会

B. 爱岗敬业、诚实守信、办事公道、服务群众、奉献社会

C. 文明礼貌、助人为乐、爱护公物、保护环境、遵纪守法

D. 爱岗敬业、诚实守信、廉洁自律、客观公正、坚持准则、提高技能、参与管理、强化服务

【答案】 B

【多项选择】 下列各项中,符合会计职业道德"强化服务"要求的有( )。

A. 出纳人员对前来报销差旅费的人员笑脸相迎,并耐心解释凭证粘贴要求

B. 会计人员向生产车间工人宣讲会计基础知识,推动了班组核算制度的顺利开展

C. 稽核人员认真检查凭证内容与格式,并就规范领导审批程序提出建议

D. 总会计师和会计机构负责人认真组织财务分析和财务控制,提出推行全面预算管理、促进增收节支、提高经济效益的建议

【答案】 ABCD

任务二　会计职业道德与会计法律制度的关系

会计职业道德与会计法律制度都属于会计人员行为规范的范畴,两者既有联系,也有区别。

一、会计职业道德与会计法律制度的联系

会计职业道德与会计法律制度有着共同的目标、相同的调整对象,承担着同样的职责,两者联系密切。主要表现在:

1. 两者在作用上相互补充、协调

在规范会计行为中,我们不可能完全依赖会计法律制度的强制功能而排斥会计职业道德的教化功能,会计行为不可能都由会计法律制度进行规范,不需要或不宜由会计法律制度进行规范的行为,可通过会计职业道德规范来实现。同样,那些基本的会计行为必须运用会计法律制度强制遵守。

2. 两者在内容上相互渗透、相互重叠

会计法律制度中含有会计职业道德规范的内容,同时,会计职业道德规范中也包含会计法律制度的某些条款。

3. 两者在地位上相互转化、相互吸收

最初的会计职业道德规范就是对会计职业行为约定俗成的基本要求,后来制定的会计法律制度吸收了这些基本要求,便形成了会计法律制度。

总之,会计法律制度和会计职业道德在实施过程中相互作用,会计职业道德是会计法律规范实施的重要社会和思想基础,会计法律制度是促进会计职业道德规范形成和遵守的制度保障。

二、会计职业道德与会计法律制度的区别

会计职业道德与会计法律制度的主要区别表现在:

(一) 两者的性质不同

会计法律制度反映统治者的意志和愿望,因而在同一社会内,只允许存在一种会计法律制度,并通过国家机器强制执行。

凡违法者,轻者被罚款,重者触犯刑法的则被判刑,失去人身自由乃至失去生命。会计法律具有很强的他律性。而会计职业道德并不都代表统治者的意志,很多来自于职业习惯和约定俗成。在同一社会里,会计职业道德不是唯一的。会计职业道德依靠会计从业人员的自觉性,自愿地执行,并依靠社会舆论和良心来实现,基本上是非强制执行的,具有很强的自律性。

(二) 两者的作用范围不同

会计法律制度侧重于调整会计人员的外在行为和结果的合法化,具有较强的客观性。会计职业道德不仅要求调整会计人员的外在行为,还要调整会计人员内在的精神世界,其调节的范围远比法律广泛。会计人员某些错误的行为,只要它还不到触犯会计法律的地步,法律可以不予追究、制裁,但从道德方面来说,却要受到社会舆论的批评、谴责。可以这么说,受到会计职业道德谴责的,不一定会受到会计法律的制裁;而受到会计法律制裁的,一般都会受到道德

的谴责(某些过失犯罪除外)。

(三)两者的表现形式不同

会计法律制度是通过一定的程序由国家立法部门或行政管理部门制定和颁布的,其表现形式是具体的、正式形成文字的成文条款。而会计职业道德源自会计人员的职业生活和职业实践,日积月累、约定俗成。其表现形式既有明确成文的规定,也有不成文的只存在于会计人员内心的意识和信念。即使是那些成文的会计职业道德,与会计法律制度相比,在表现形式上也缺乏具体性和精确性,通常只是指出会计人员应当做或不应当做某种行为的一般原则和要求。

(四)实施的保障机制不同

会计法律制度由国家强制力保障实施;会计职业道德既有国家法律的相应要求,又需要会计人员自觉的遵守。

(五)两者的评价标准不同

会计法律是以会计人员享有的权利和义务为标准来判定其行为是否违法。会计法律规定会计人员享有一定的权利,如果这种权利遭受侵犯,造成不良后果,那么侵权者就要受到会计法律制裁;会计法律同时规定了会计人员要承担的义务,如果会计人员不尽义务,造成不良后果,同样要受到会计法律的制裁。而会计职业道德则以善恶为标准来判定人们的行为是否违背道德规范。如果一个会计人员的职业行为符合会计职业的道德规范,就是善的,就会受到社会舆论的赞扬、鼓励,自己内心也会受到激励;反之,就是恶的、不道德的,就会受到社会舆论的批评、谴责,其内心将是痛苦的,内疚不安的。一般地说,道德重在确认人们的义务,而不讲权利,即不以谋取个人某种权利作为履行义务的前提和归宿,这点与兼顾权利与义务的法律规范也是不同的。

表5.1　会计法律制度与会计职业道德的主要区别

主要区别	会计法律制度	会计职业道德
性质不同	反映统治者的意志和愿望,因而在同一社会内,只允许存在一种会计法律制度,并通过国家机器强制执行,具有很强的他律性。	并不都代表统治者的意志,很多来自于职业习惯和约定俗成,不是唯一的。会计职业道德依靠会计从业人员的自觉性,自愿地执行,并依靠社会舆论和良心来实现,基本上是非强制执行的,具有很强的自律性。
作用范围不同	侧重于调整会计人员的外在行为和结果的合法化,具有较强的客观性。	不仅要求调整会计人员的外在行为,还要调整会计人员内在的精神世界,其调节的范围远比法律广泛。
表现形式不同	是通过一定的程序由国家立法部门或行政管理部门制定和颁布的,其表现形式是具体的、正式形成文字的成文条款。	其表现形式既有明确成文的规定,也有不成文的只存在于会计人员内心的意识和信念。即使是那些成文的会计职业道德,与会计法律制度相比,在表现形式上也缺乏具体性和精确性,通常只是指出会计人员应当做或不应当做某种行为的一般原则和要求。
保障机制不同	由国家强制力保障实施	既有国家法律的相应要求,又需要会计人员自觉的遵守。
评价标准不同	以会计人员享有的权利和义务为标准来判定其行为是否违法。	以善恶为标准来判定人们的行为是否违背道德规范。

【思考题】 举例说明会计职业道德与会计法律制度的区别与联系?

任务三　会计职业道德教育

实现以"诚信"为核心的会计职业道德目标,必须要多管齐下,开展全方位、多形式、多渠道的会计职业道德教育,从而有利于逐步培养会计人员的会计职业道德情感,树立会计职业道德观念,提高会计职业道德水平,促进会计职业健康发展。

一、会计职业道德教育形式

会计职业道德教育的主要形式包括接受教育和自我教育。

(一) 接受教育

接受教育即外在教育;是指通过学校或培训单位对会计从业人员进行以职业责任、职业义务为核心内容的正面灌输,以规范其职业行为,维护国家和社会公众利益的教育。接受教育具有导向作用,行业部门或行业协会通常是职业道德教育的组织者,由其对从业人员开展正面职业道德教育和灌输;接受教育是一种被动学习、被动授受教育。

(二) 自我教育

自我教育是内在教育,是从业人员自我学习、自我改造、提高自身道德修养的行为活动。自我教育是把外在的职业道德的要求,逐步转变为会计从业人员内在的职业道德情感、职业道德意志和职业道德信念。要大力提倡和引导会计人员自我教育,在社会实践中不断地加强职业道德修养,养成良好的道德行为,从而实现道德境界的升华。

二、会计职业道德教育内容

(一) 会计职业道德观念教育

就是广泛宣传会计职业道德基本常识,使广大会计人员懂得什么是会计职业道德,了解会计职业道德对社会经济秩序、会计信息质量的影响,以及违反会计职业道德将受到的惩戒和处罚。并利用广播电视、报刊等媒介,表彰坚持原则、德才兼备的会计人员,鞭笞违法违纪的会计行为。形成遵守职业道德光荣,违反职业道德可耻的社会氛围。

(二) 会计职业道德规范教育

就是指对会计人员开展以会计职业道德规范为内容的教育。会计职业道德规范的主要内容包括爱岗敬业、诚实守信、廉洁自律、客观公正、坚持准则、提高技能、参与管理和强化服务等。这是会计职业道德教育的核心内容,应贯穿于会计职业道德教育的始终。

(三) 会计职业道德警示教育

就是指通过开展对违反会计职业道德行为和对违法会计行为典型案例的讨论和剖析,给会计人员以启发和警示,从而增强会计人员的法律意识和会计职业道德观念,提高会计人员辨别是非的能力。

(四) 其他与会计职业道德相关的教育

其他与会计职业道德相关的教育包括:形势教育、品德教育、法制教育等。

三、会计职业道德教育途径

(一)岗前职业道德教育

岗前职业道德教育是指对将要从事会计职业的人员进行的道德教育。包括会计专业学历教育及获取会计从业资格中的职业道德教育。教育的侧重点应放在职业观念、职业情感及职业规范等方面。

1. 会计学历教育中的职业道德教育

《公民道德建设实施纲要》中指出："学校是进行系统道德教育的重要阵地。各级各类学校必须认真贯彻党的教育方针,全面推进素质教育"。在我国大专院校是培养各类专门人才的基地,其会计类专业在读的学生,是会计队伍的预备人员,他们当中大部分将走入会计队伍,从事会计工作。会计学历教育的阶段是他们的会计职业情感、道德观念和是非善恶判断标准初步形成的时期,所以会计专业类大专院校是会计职业道德教育的重要阵地,是会计人员岗前道德教育的主要场所,在会计职业道德教育中具有基础性地位。据统计,我国每年有10万名左右的大中专毕业生进入会计队伍的行列。为保证进入到会计队伍的新鲜血液具有良好的职业道德观念,会计职业道德教育必须从会计学历教育阶段抓起。

2. 获取会计从业资格中的职业道德教育

在我国,根据财政部门的有关规定,从事会计工作必须持证上岗。对于要从事会计工作的从业人员来说,必须通过考试取得会计从业资格。为了使希望从事会计职业的人员在进入会计岗位时具备一定的会计职业道德,财政部在会计从业资格考试科目中增加了《财经法规与会计职业道德》。我国注册会计师资格《审计》科目的考试中,也加入了注册会计师职业规范体系和注册会计师法律责任的内容。这就是说从事会计工作,就要接受必要的会计职业道德教育。

(二)岗位职业道德继续教育

继续教育是指从业人员在完成某一阶段的工作和学习后,继续接受一定形式的、有组织的、知识更新的教育和培训活动。会计人员继续教育是强化会计职业教育的有效形式。

会计职业道德教育应贯穿于整个会计人员继续教育的始终。在职业首先的继续教育中应体现出社会经济的发展变化对道德的要求,也就是说在不同的阶段,道德教育的侧重点应有所不同。就现阶段而言,会计人员继续教育中的会计职业道德教育目标是适应新的市场经济形势的发展变化,在不断更新、补充、拓展会计人员业务能力的同时,使其政治素质、职业道德水平不断提高,具体包括以下内容:

1. 形势教育

教育的重点是要贯彻"以德治国"重要思想和"诚信为本,操守为重,坚持准则,不做假账"的指示精神,进一步全面、系统地加强会计职业道德培训,提高广大会计人员的政治水平和思想道德意识。

2. 品德教育

教育的重点是引导会计人员自觉地用会计职业道德规范指导和约束自身的行为,提高职业道德自律能力,最终形成良好的、稳定的道德品行。

3. 法制教育

教育的重点是引导会计人员熟悉并了解不同历史时期的会计法律法规政策,学会运用法律的手段处理会计事务。

(三) 会计职业道德的自我教育与修养

1. 自我教育

自我教育是会计职业道德教育的一种重要形式,是会计职业道德的作用得以顺利实现的重要环节。通过自我教育有利于培养会计职业道德情感;锻炼会计职业道德意志;树立会计职业道德信念;养成良好的会计职业道德行为,从而凝结成会计职业道德品质。

(1) 自我教育的内容。自我教育包括以下内容:

第一,职业义务教育。会计职业客观上要求会计人员承担起本职工作对社会和国家的道德使命与职责。会计人员自我教育的目的,就在于提高会计人员对本职工作社会责任的认识,使会计人员具有强烈的职业道德义务感,能做到在没有社会舆论压力、没有他人监督的情况下,都能很好地履行自己应尽的职业道德义务。

第二,职业荣誉教育。就是通过会计实践活动,使会计人员充分认识到本职工作在社会经济活动中的重要社会地位和真正的职业价值,从而逐步形成对自己所从事职业的光荣感、自豪感、幸福感。

第三,职业节操教育。节操,也叫志气、气节。会计职业节操,就是要不畏压力、不为利诱,在任何时候、任何情况下都要坚持诚信为本,坚持准则,廉洁自律,严格把关,尽职尽责,一尘不染。

(2) 自我教育的方法。要达到会计人员职业道德自我教育的目的,需要借助正确的自我教育方法。

第一,自我解剖法。就是会计人员对自己所做的会计工作要进行自我批评、自我解剖,用会计职业道德这面镜子对照检查,认真找出自己的缺点、差距,并通过主观努力来加以改正,使自己的行为纳入职业道德规范和要求的轨道,用自我批评的方法来加强自身的职业道德修养的同时还要虚心听取别人意见。对待别人的批评,要态度诚恳,虚心接受。

第二,自重自省法。就是会计人员通过注意自己的言行,反省自己的缺点,不断摒除杂念,严于自我剖析,敢于做到是非观、价值观、知行观的自我斗争,逐步树立起正确的道德观念,培养高尚的道德品质,提高自己的精神境界。

第三,自警自励法。自警就是要随时警醒、告诫自己,要警钟长鸣。防止各种不良思想对自己的侵袭。自励就是要以崇高的会计职业道德理想、信念激励自己、教育自己。经常用会计职业道德规范这把标尺,认真度量自己在职业实践中的一切言行,树立起正确的会计职业道德观。

第四,自律慎独法。慎独就是在单独处事、无人监督时,仍能坚持道德准则,不做任何对国家、对社会、对他人不道德的事情。慎独,既是一种道德修养方法,又是一种很高的道德境界。通过自我约束、自我监督,可以更好地培养、锻炼坚强的职业道德信念和意志。慎独的最基本特征是以高度自觉性为前提,要求会计人员在独立工作、无人监督的环境下,也能够严格按照会计职业道德规范行事。

2. 会计职业道德修养

(1) 会计职业道德修养的概念。良好的会计职业道德的形成,离不开职业道德的教育与灌输。教育灌输使会计从业人员将会计职业规范看作是外在的、不受内心支配的东西,而被动地去遵守、服从。教育灌输并不必然使道德规范这种外在要求转化为从业人员的内在要求,也难以让人们自觉地产生符合道德要求的道德行为和道德情感。因此,要达到职业道德的更高境界,就应该向以职业良心为特征的自律型职业道德发展。职业良心是对职业责任的自觉意识,是认识和情感、意志和信念的统一,它不仅会使从业人员表现出强烈的道德责任感,而且能够使其自觉地依据一定的职业道德原则和规范选择和决定其职业行为,这种发自内心的巨大精神动力,在从业人员的职业活动中起主导作用。实施这种转换的途径,就是要开展会计人员的职业道德修养。

会计职业道德修养是指会计人员在会计职业活动中,按照会计职业道德的基本要求,在自身道德品质方面进行的自我教育、自我改造、自我锻炼、自我提高,从而达到一定的职业道德境界。

会计职业道德修养要求会计人员学习职业道德的知识,培养自己的职业情感,在履行义务时,克服困难障碍,磨炼职业道德意志,树立坚定的职业道德信念。职业道德修养的最终目的,在于把职业道德原则和规范逐步地转化为自己的职业道德品质,从而将职业实践中对职业道德的意识情感和信念上升为职业道德习惯,使其贯穿于职业活动的始终。此时,会计人员对职业道德规范的遵守,已成为自己的职业本能。

会计职业道德修养和会计职业道德教育是相辅相成的两个方面。在我国经济体制转型期间,先进与落后的道德思想并存,因此,必须通过教育、灌输和培养,使得先进的道德思想发扬光大。而道德觉悟和道德境界的形成,最终必须通过自我修养和自我改造,甚至要经过一个非常复杂的自我磨炼过程。因此,会计职业道德教育是外因,会计职业道德修养是内因,职业道德原则和规范转化为会计人员的职业道德品质和行为,是一个内外结合、外因通过内因起作用的过程。所以,在我国的会计职业道德体系的建设中,对职业道德教育和职业道德修养要齐抓共建。

(2)会计职业道德修养的途径。高尚的会计职业品德的形成,不是一蹴而就的,而是刻苦进行道德修养的结果。会计职业道德修养,虽然是道德品质和思想素质方面的自我锻炼,但绝非"闭门思过",我们所说的修养,是在社会实践中的自我锻炼。

在会计职业活动中,会计人员会遇到各种利益关系和人际关系的协调处理,有成功的经验,也有失败的教训,这就需要加强意志的修养;在会计职业活动中,会计人员还会遇到现实的义利关系、理欲关系,要抵制社会各种不良风气和错误思潮的侵袭,就需要加强品质的修养;在会计职业活动中,会计人员为了更好地与职业对象打交道,还要注意自身形象的修养。总之,会计职业道德修养一刻也离不开社会实践,只有在社会实践中不断磨炼,才能不断提高会计职业道德修养。

(3)会计职业道德修养的境界和方法。

第一,慎独。会计职业道德修养的最高境界在于做到"慎独"。即在一个人单独处事、无人监督的情况下,也应该自觉地按照道德准则去办事。慎独的前提是坚定的职业信念和职业良心。会计职业道德修养讲"慎独",就是要求每个会计人员严格要求自己,在履行职责时自律谨慎,不管财经法规、制度是否有漏洞,也不管是否有人监督,领导管理是否严格,都按照职业道德的要求去办。

第二,慎欲。就是指用正当的手段获得物质利益。会计人员做到慎欲,一是要把国家、社会公众和集体利益放在首位,在追求自身利益的时候,不损害国家和他人利益。二是做到节欲,对利益的追求要适度适当,要合理合法,反对用不正当手段达到利己的目的。

第三,慎微。就是指在微处、小处自律,从微处、小处着眼,积小善成大德。慎微,首先要求从微处自律,俗话说"千里之堤,溃于蚁穴";其次要求从小事着手,从一点一滴的小事做起,日积月累,就能获得良好的修养。

第四,慎省。就是认真自省,通过自我反思、自我解剖、自我总结而发扬长处、克服短处,不断地自我升华、自我超越。

【多项选择】 下列属于会计职业道德修养的方法的有( )。

A. 不断地进行"内省" B. 虚心向先进人物学习

C. 要互相监督、指导 D. 要提倡"慎独"精神

【答案】 ABD

【多项选择】 会计职业道德教育的途径包括( )两方面。

A. 学历教育 B. 岗前职业道德教育

C. 自我教育 D. 岗位职业道德继续教育

【答案】 BD

【多项选择】 岗前职业道德教育包括( )。

A. 会计专业学历教育 B. 形势教育

C. 法制教育 D. 获取会计从业资格中的职业道德教育

【答案】 AD

【多项选择】 会计职业道德修养的环节( )。

A. 形成正确的会计职业道德认知 B. 培养高尚的会计职业道德情感

C. 树立坚定的会计职业道德信念 D. 养成良好的会计职业道德行为

【答案】 ABCD

任务四 会计职业道德的检查与奖惩

为了充分发挥会计职业道德的作用,健全会计职业道德体系,应在建立会计职业道德规范和加强职业道德教育的基础上,强化对会计人员职业道德规范遵循情况的检查,并根据检查的结果进行相应的表彰和惩罚,建立会计职业道德的奖惩机制,这是会计职业道德他律机制的重要组成部分。

一、会计职业道德检查与奖惩的意义

开展会计职业道德检查与奖惩是道德规范付诸实施的必要方式,也是促使道德力量发挥作用的必要手段,有很重要的现实意义。

(1)会计职业道德的检查与奖惩,具有促使会计人员遵守职业道德规范的作用。奖惩机制利用人类趋利避害的特点,以利益的给予或剥夺为砝码,对会计人员起着引导或威慑的作用,使会计行为主体不论出于什么样的动机,都必须遵循会计职业道德规范,否则就会遭受利益上的损失。奖惩机制把会计职业道德要求与个人利益结合起来,体现了义利统一的原则。

(2)会计职业道德的检查与奖惩,可以对各种会计行为进行裁决,对会计人员具有深刻的教育作用。作为会计人员哪些会计行为是对的,哪些会计行为是不对的,均可通过会计职业道德的检查与奖惩作出裁决。在这里,会计职业道德的检查与奖惩起着道德法庭的作用。它是

运用各种会计法规、条例及道德要求等一系列标准,鞭笞违反道德的行为,同时褒奖那些符合职业道德要求的行为,并使其发扬光大,蔚为风气,人之效尤,互相砥砺。因此,通过会计职业道德的检查与奖惩,使广大会计人员生动而直接地感受到道德的价值分量,其教育的作用是不可低估的。

(3) 会计职业道德的检查与奖惩,有利于形成抑恶扬善的社会环境。会计职业道德是整个社会道德的一个组成部分,因此,会计职业道德的好坏,对社会道德环境的优劣会产生一定的影响;反之,社会道德环境的好坏,也影响着会计的职业行为。奖惩机制是抑恶扬善的杠杆。对会计行为而言,判断善恶的标准就是会计职业道德规范。那些遵守职业道德规范的行为,就可称之为善行;反之,那些违背职业道德规范的行为,就可称之为恶行。通过倡导、赞扬、鼓励自觉遵守会计职业道德规范的行为,贬抑、鞭挞、谴责、查处会计造假等不良行为,有助于人们分清是非,形成良好的社会风气,从而进一步促进会计职业道德的发展。

就道德规范自身特点而言,它主要是依靠传统习俗、社会舆论和内心信念来维系的。这种非刚性的特征也就决定了它的落实、实施还必须同时借助政府部门的行政监管、职业团体自律性监管和企事业单位内部纪律等外在的硬性他律机制。只有这样才能有效地发挥道德规范潜在的裁判和激励效力。

二、会计职业道德检查与奖惩机制

会计职业道德检查与奖惩机制的建立是一个复杂的系统工程,需要政府部门、行业组织、有关单位的积极参与,运用经济、法律、行政、自律等综合治理手段。在我国,会计职业道德检查与奖惩机制的建立尚处探索阶段,需要在理论上深入研究,实践中不断摸索。

(一) 财政部门对会计职业道德进行监督检查

《中华人民共和国会计法》规定,国务院财政部门主管全国的会计工作,县级以上财政部门管理本行政区域内的会计工作。《中华人民共和国注册会计师法》规定,财政部对注册会计师、会计师事务所和注册会计师协会进行监督指导。会计职业道德建设是会计管理工作的重要组成部分,因此,各级财政部门应负起组织和推动本地区会计职业道德建设的责任。财政部门可以利用行政管理上的优势,对会计职业道德情况实施必要的行政监管。

(1) 执法检查与会计职业道德检查相结合。财政部门作为《中华人民共和国会计法》的执法主体,可以依法对社会各单位执行会计法律制度情况及会计信息质量进行不同形式的检查或抽查。通过检查,一方面督促各单位严格执行会计法律法规;另一方面也是对各单位会计人员执行会计职业道德情况的检查和检验。

改革开放以来,我国财政部经常开展全国性的财经大检查,2001 年 1 月,财政部在全国范围内又组织开展了《中华人民共和国会计法》执行情况的检查。财政部门对执法检查过程中查出的违法违规行为,按照《中华人民共和国会计法》相关规定进行了严格处理。有违反《中华人民共和国会计法》的行为,同时也一定是违反了会计职业道德要求的行为。会计人员若存在这种行为,不仅要承担《中华人民共和国会计法》规定的法律责任,受到行政处罚或刑事处罚,同时还必须接受相应的道德制裁,可以采取在会计行业范围内通报批评、指令其参加一定学时的继续教育课程、暂停从业资格、在行业内部的公开刊物上予以曝光等制裁行动。法律惩罚和道德惩罚两者是并行不悖、不可替代的,应同时并举。

（2）会计从业资格证书注册登记、年检制度与会计职业道德检查相结合。会计从业资格证书注册登记制度，是指取得会计从业资格的人员，被单位聘用从事会计工作时，应由本人或本人所在单位提出申请，按照会计从业资格管理部门规定的时间到会计从业资格管理部门进行注册登记。年检即年度检查验证制度，根据《会计从业资格管理办法》的规定，会计从业资格证书实行定期年检制度。年检时审查的内容包括持证人员遵守财经纪律、法规和会计职业纪律情况，依法履行会计职责情况。不符合有关规定的不予通过年检。

《会计基础工作规范》第24条规定："财政部门、业务主管部门和各单位应当定期检查会计人员遵守职业道德的情况，并作为会计人员晋升、晋级、聘任专业职务，表彰奖励的重要考核依据。会计人员违反职业道德的，由所在单位进行处罚；情节严重的，由会计从业资格证书发证机关吊销其会计从业资格证书。"

因此，将会计从业资格证书注册登记和年检制度与会计职业道德检查结合起来，有利于强化对会计人员行为的约束，强制规范会计人员遵守会计职业道德。对那些不遵守会计职业道德规范、道德考核不合格的人，不予通过年检，这样就会使会计人员像重视自己的从业资格一样重视自身的职业道德操守，自觉遵守会计职业道德规范的要求。

为了加强对会计人员职业道德情况的考核检查，财政部门正在考虑建立会计持证人员诚信档案。目前，财政部门对会计从业资格证书档案实行电子计算机管理，为建立会计人员诚信档案创造了有利条件。可以结合会计从业资格证书注册登记、年检和其他行政检查工作，将会计人员执行会计法规制度和会计职业道德情况，以及受到的奖惩情况等输入电子档案，形成会计人员的诚信档案，不仅作为财政部门监管会计人员的依据，也可以向用人单位和社会公众公开，从而督促、约束、激励会计人员严格自律，认真执行会计职业道德规范。

（3）会计专业技术资格考评、聘用与会计职业道德检查相结合。根据财政部、人事部联合印发的《会计专业技术资格考试暂行规定》及其实施办法规定，报考初级资格、中级资格的会计人员，应"坚持原则，具备良好的职业道德品质"等。会计专业技术资格考试管理机构在组织报名时，应对参加报名的会计人员职业道德情况进行检查，对有不遵循会计职业道德记录的，应取消其报名资格。

目前，高级会计师资格实行评审方式，但有不少地方已开始试行高级会计师资格考试与评审相结合的方式。由于高级会计师资格的取得是采取考试和评审相结合，因此有必要在考试和评审两个方面对其会计职业道德进行检查、考核。一是在考试方面。考虑到职业道德对高级会计师的重要性，有必要增设会计职业道德的内容，从理论上加深其对会计职业道德的理解和认识。二是在评审方面。要对申报人的会计职业道德情况严格审查。三是规定一些关于会计职业道德规范的否决条款。比如申报人曾因违法犯罪行为受过刑事处罚，不能参加高级会计师资格的评审。将会计职业道德奖惩与会计专业技术资格的考、评、聘联系起来，必将使广大会计人员像重视自己专业技术职称一样重视自己的职业道德形象，在日常的学习工作中不断提高自身的职业道德修养。

（二）会计行业组织对会计职业道德进行自律管理与约束

对会计职业道德情况的检查，除了依靠政府监管外，行业自律也是一种重要手段。会计行业自律是一个群体概念，是会计职业组织对整个会计职业的会计行为进行自我约束、自我控制的过程。在会计职业较发达的市场经济国家，会计职业道德准则一般由会计职业组织制定、颁布与督导实施。有些做法和经验值得我们借鉴。

在日常会计工作中,经常发生这样的情况,一些会计人员缺乏必要的专业胜任能力,业务素质低下,专业知识贫乏,对新颁布的会计准则、会计制度知之甚少,从而导致记账不符合规范,账簿混乱,账账、账表不符,报表挤数现象时有发生。还有一些会计人员按照领导的意志,放弃了客观性原则,钻准则、制度的空子,通过改变会计估计或会计方法,调节利润或亏损,从而达到隐瞒拖欠或逃避应交税利的目的。这些做法有的虽然没有触犯法律,但却违反了会计职业道德的要求。在会计行业自律组织比较健全的情况下,可以由职业团体通过自律性监管,对违反会计职业道德规范的行为进行相应的惩罚,根据情节轻重程度采取通报批评、罚款、支付费用、取消其会员资格、警告、退回向客户收取的费用,参加后续教育等方式。目前,我国会计职业的行业自律机制尚不健全,对违反会计职业道德的会计人员和会计师事务所惩处力度不够。所以,必须建立健全会计职业团体自律性监管机制,确保会计职业的健康发展。

当然,近些年来,我国通过会计行业组织强化自律管理和行业惩戒也已取得了一定进展。中国注册会计师协会作为注册会计师行业自律组织,为提高我国注册会计师职业道德水平作出了积极努力,先后发布了《中国注册会计师职业道德基本准则》、《中国注册会计师职业道德规范指导意见》以及《注册会计师、注册资产评估师行业诚信建设实施纲要》等。研究建立调查委员会、技术鉴定委员会、惩戒委员会等行业自律性决策组织。由于我国会计职业组织建立比较晚,自律性监管还比较薄弱,在注册会计师职业道德规范的实施与惩戒过程中仍存在不少问题。要求注册会计师职业组织从行业整体利益和社会责任出发,切实改进管理和服务,把行业建设好。

(三)激励机制的建立

依据会计法等法律法规,建立激励机制,对会计人员遵守职业道德情况进行考核和奖惩,对自觉遵守会计职业道德的优秀会计工作者进行表彰、宣传,可以使受表彰者感到遵守道德规范的回报和社会肯定,从而促使其强化道德行为。同时,还可以树立本行业的楷模、榜样,使会计职业道德原则和规范具体化、人格化,使广大会计工作者从这些富于感染力、可行性的道德榜样中获得启示、获得动力,在潜移默化中逐渐提高自身的职业道德素质。奖励是积极的,是对一个人的肯定。它利用人的上进心,调动人的荣誉感,使其遵纪守法、尽职尽责,并发挥内在的潜能。它带给人的是满足、自尊、自豪感。而惩罚则是消极的,它利用人的恐惧心理,使人循规蹈矩。过分的惩罚会使人产生挫折感,损伤自尊心和自信心。

实践中的大量事实表明,奖励和惩罚相结合的方法优于只奖不罚或只罚不奖。赏罚结合可以带来双重的激励效果。因此,在对违反会计职业道德的行为进行惩戒的同时,还应对自觉遵守会计职业道德的先进人物进行表彰。

我国会计人员表彰制度早在1963年就已实现制度化。1963年1月,国务院发布了《会计人员职权试行条例》,确立了会计人员奖惩制度;1985年1月,全国人大常委会通过的《中华人民共和国会计法》规定:"对认真执行本法,忠于职守,坚持原则,作出显著成绩的会计人员,给予精神的或者物质的奖励。"1988年6月,财政部印发《颁发会计人员荣誉证书试行规定》,为在全民所有制企业、事业单位、国家机关、军队、社会团体、县以上集体所有制企业、事业单位以及中外合资、合作和外资经营企业从事财务会计工作满30年的会计人员颁发会计人员荣誉证书。财政部先后于1990年、1995年组织了两次全国先进财会工作集体和先进会计工作者表彰大会,共评选出全国先进会计工作者900名。对先进集体授予"全国先进财会工作集体"荣誉称号,颁发奖牌;对先进个人授予"全国先进会计工作者"荣誉称号,颁发奖章和证书。这些表彰活动,调动了广大会计人员的工作积极性和开拓创新的精神,增强了会计人员的职业荣誉感,树立了可信、可学的楷模,推动了会计职业道德建设活动。

会计职业道德激励机制应当与会计人员表彰制度相结合,以起到弘扬正气、激励先进、鞭策后进的作用。对会计职业道德检查中涌现出的先进人物事迹进行表彰奖励,应注意将物质奖励和精神奖励相结合。

我国会计人员的庞大队伍,其中蕴藏着许许多多优秀的先进人物和动人事迹。在会计职业道德检查中,应善于发现典型、树立榜样。通过对优秀会计工作者进行表彰、奖励,营造抑恶扬善的环境,从而在潜移默化中提高全体会计人员的职业道德素质。

任务五　会计职业道德建设组织与实施

会计职业道德建设是一项复杂的系统工程,要抓好会计职业道德建设,关键在于加强和改善会计职业道德建设的组织和领导,并且要切实贯彻和实施。

(1)财政部门组织和推动会计职业道德建设,依法行政,探索会计职业道德建设的有效途径和实现形式。

会计职业道德建设是会计管理工作的重要组成部分,作为会计工作管理部门的各级财政部门应当将会计职业道德建设纳入重要议事日程,负起组织和推动本地区会计职业道德建设的责任,要深入实际,调查研究,了解新情况,分析新问题,及时发现、总结和推广会计职业道德建设的新经验,在内容、形式、方法、手段、机制等方面积极创新,与时俱进,探索新的有效途径和实践形式。

会计管理工作者要以高度的责任感和事业心,适应新时期的要求,努力学习会计法律知识,不断提高自身的政策理论水平和服务质量,在工作中应求真务实,依法办事,廉洁奉公,勤政为民,率先垂范,以身作则,树立良好的会计职业道德风尚。

各级财政部门要把会计职业道德建设与会计法制建设紧密结合起来。在认真宣传贯彻《中华人民共和国会计法》和国家统一的会计制度的同时,加大执法力度,严厉打击违法会计行为,维护国家和社会公众利益,维护正常经济秩序,为会计职业道德建设提供强有力的法律支撑和政策保障。

各级财政部门应当根据会计法律制度,积极探索会计职业道德建设与会计从业人员管理相结合的机制,逐步完善会计从业人员的资格准入、考核、奖惩、培训、退出等制度,同时通过会计从业资格发证、注册、年检等手段,建立会计从业人员诚信档案。各地在组织开展会计人员继续教育中,要将会计职业道德作为一项重要内容。通过组织一定学时的继续教育,使会计人员了解和掌握会计职业道德的主要内容。

(2)会计职业组织建立行业自律机制和会计职业道德惩戒制度。

会计职业组织起着联系会员与政府的桥梁作用,应充分发挥协会等会计职业组织的作用,改革和完善会计职业组织自律机制,有效发挥自律机制在会计职业道德建设中的促进作用。

我国可以借鉴国外通过会计职业组织实施职业道德约束的做法和经验,在注册会计师协会、会计学会、总会计师协会等职业组织中设立职业道德委员会,专司职业道德规范的制定、解释、修订和实施之职。对涉及会计职业道德的案件由会计职业组织中的职业道德委员会进行处罚。

（3）企事业单位任用合格会计人员，开展会计人员职业道德教育，建立和完善内部控制制度。形成内部约束机制，防范舞弊和经营风险，支持并督促会计人员遵循会计职业道德，依法开展会计工作。

各企事业单位必须任用具备会计从业资格的人员从事会计工作，在任用重要会计岗位的人员时，应审查其职业记录和诚信档案，选择业务素质高、职业道德好的会计人员；在日常工作中，应注意开展对会计人员的道德和纪律教育，并加强检查，督促会计人员坚持原则，诚实守信；在制度建设上要加强单位内部控制制度的建立和完善，形成内部约束机制，依法开展会计工作，为会计人员遵守职业道德提供良好的执业环境，从而可以有效地防范舞弊和经营风险，规避道德失范。同时，单位负责人要做遵纪守法的表率，支持会计人员依法开展工作。

（4）社会各界各尽其责相互配合，齐抓共管。

加强会计职业道德建设，既是提高广大会计人员素质的一项基础性工作，又是一项复杂的社会系统工程，不仅是某一个单位、某一个部门的任务，也是各地区、各部门、各单位的共同责任。正如《公民道德建设实施纲要》指出："推进公民道德建设，需要社会各方面的共同努力。各级宣传、教育、文化、科技、组织人事、纪检监察等党政部门，工会、共青团、妇联等群众团体以及社会各界，都应当在党委的统一领导下，各尽其责，相互配合，把道德建设与业务工作紧密结合起来，纳入目标管理责任制，制定规划，完善措施，扎实推进。要充分发挥各民主党派和工商联在公民道德建设中的作用。"因此，加强会计职业道德建设，不仅各级党组织要管，各级机关、群众组织等也要管。只有重视和加强各级组织、广大群众和新闻媒体的监督作用，齐抓共管，形成合力，才能有效地搞好会计职业道德建设，更好地提高广大会计人员的思想道德素质。

（5）社会舆论监督，形成良好的社会氛围。

良好会计职业道德风尚的树立，离不开社会舆论的支持和监督。"银广夏"等会计造假案的曝光，媒体的追踪报道功不可没。强化舆论监督，有利于在全社会形成诚实守信的氛围。要以新闻媒体为阵地，广泛开展会计职业道德的宣传教育，使社会各界了解会计职业道德规范的内容，促进良好的会计职业道德深入人心。要在全社会会计人员中倡导诚信为荣、失信为耻的职业道德意识，引导会计人员加强职业修养。通过会计职业道德建设中正反典型的宣传，弘扬正气，打击歪风。

【判断题】　会计人员遵守会计职业道德情况是会计人员晋升、晋级、聘任会计专业职务、表彰奖励的重要考核依据（　　）。

【答案】　对

【判断题】　对认真执行《会计法》，忠于职守，坚持原则，做出显著成绩的会计人员，应给予精神的或者物质的奖励（　　）。

【答案】　对

【多项选择】　在会计职业道德建设的组织与实施中，应当发挥作用的部门或单位有（　　）。

A. 财政部门　　　　　　　　　　B. 会计职业团体

  C. 企事业单位   D. 会计学术团体

【答案】 ABCD

【思考题】

  某有限公司财务部在一次会务学习的讨论中,大家踊跃发言。小徐在议论会计职业道德概念时说"会计职业道德是规范从事会计职业的工作人员在社会交往和公共生活中,人与人、个人与社会、人与自然的行为"。老王在谈到会计职业道德与会计法律制度关系时说"会计职业道德与会计法律制度只是作用范围不同,但性质和实现形式是一样的"。老邓在谈论会计职业道德教育途径时,认为"应通过会计学历教育进行"。刘部长最后总结说"对我们会计人员职业道德的监督只能依靠政府财政部门"。根据会计职业道德的相关内容,分析小徐、老王、老邓、刘部长的观点是否正确。

任务六　会计职业道德案例分析

案例一

"安然"唱起悲歌,会计路在何方

一、基本案情

  1. "安然"的神话。1985 年 7 月,美国休斯顿天然气公司与奥马哈的安然天然气公司合并,成立了后来的安然石油天然气公司。15 年以后,该公司成为美国、一度也是全球的头号能源交易商,其市值曾高达 700 亿美元、年收入达 1 000 亿美元。2000 年 12 月 28 日,安然公司的股票价格达到 84.87 美元(有资料说是 90.75 美元)。2001 年初,被美国《财富》杂志连续四年评为美国"最具创新精神的公司"。

  2. "安然"的轰然倒地。美国创造了"安然","安然"创造了现代神话。可谁知美梦苦短,一瞬间"安然"大厦轰然倒地:2001 年 10 月 16 日,"安然"公布其第三季度亏损 6.38 亿美元;11 月"安然"向美国证券交易委员会承认,自 1997 年以来,共虚报利润 5.86 亿美元;当月 29 日,"安然"股价一天之内猛跌超过 75%,创下纽约股票交易所和纳斯达克市场有史以来的单日下跌之最;次日,"安然"股票暴跌至每股 0.26 美元,成为名副其实的垃圾股,其股价缩水近 360 倍!两天后,即 12 月 2 日,"安然"向纽约破产法院申请破产保护,其申请文件中开列的资产总额 468 亿美元。"安然"又创造两个之最——美国(或许是世界)有史以来最大宗的破产申请记录;最快的破产速度。

  3. "安然"到底做了什么。一是在财务报表上隐瞒并矫饰公司的真实财务状况;二是利用错综复杂的关联方交易虚构利润,利用现行财务规则漏洞"不进入资产负债表"隐藏债务,以其回避法律和规则对其提出的信息披露要求;三是夸大公司业绩并向投资者隐瞒公司业务等违法手段来误导投资者。而世界"五大"会计师公司之一的安达信公司又为其提供了不实的审计报告,从而使"安然"神话套上了"皇帝的新衣"。

二、案例评析

(一)"安然"轰倒的原因

"安然"轰倒的根本原因是什么呢？媒体认为主要有两点：

1. 制度腐败："安然"事件，其实是现代企业制度、公司治理制度、现代会计制度、证券及金融市场制度、社会审计制度等存在问题，使内部人滥用职权而没有有效的监督和约束机制。此案不仅涉及美国两党政要，而且涉及那么多政府高官和国会议员，可以说，这与其社会制度不无关系，安然公司的破产揭示了现代资本主义的各种弊端。

2. 道德沦丧：媒体披露，安然公司与布什家族、众多政府要员、国会议员关系非同一般，在其破产前后，更是接触频繁。公司总裁肯尼斯·莱在公司破产前已经秘密抛售了其掌握的全部股票，那些持有安然公司股份的现任布什政府某些部长、副部长们，也在公司倒闭前卖出了自己手中的股票。安然公司的一般雇员们却因为金字塔顶的少数人把钱抽走，一夜之间数亿美元的退休金化为乌有，失去了他们一生的积蓄。骇人听闻的暗箱操作，毫无社会责任感和诚信可言，亦毫无恻隐之心，道德沦丧殆尽，这就是某些西方大公司！

(二)"安然"轰倒的启示

1. 恪守职业道德，保持职业尊严。从会计的角度上看"安然"事件，主要不是会计标准和会计人员的专业水平问题，而是如何坚守职业道德的问题。应该建立健全行业自律组织，制定行业自律规范，并确保有效实施（奖惩、准入、退出等）。不论公司财务会计人员，还是社会审计人员都应坚守职业道德底线，保持职业尊严，做高尚的会计人，"诚信为本，操守为重"。有人说，会计没有了诚实就像战士没有了勇敢，科学家没有了智慧，官员没有了廉洁。比喻形象，言之有理。总之做人与做事，做人应为先。

2. 规范社会审计，保持审计的独立性。自20世纪90年代中期以来，"安达信"既是"安然"的外部审计人，又是内部审计人和提供管理咨询服务人；既一只手教其做账，另一只手证明这只做账的手。换言之，"安达信"既是"安然"的裁判员，又是"安然"的运动员。为此，"安达信"每年从"安然"得到上千万美元的丰厚报酬，就这样，"安达信"还能保持最起码的独立性吗？因此，"安然"的丑闻同时也必定成为"安达信"的丑闻。"安然"轰倒后，安然公司在销毁重要文件，为"安然"出具审计报告的安达信首席审计师大卫邓肯（已被解雇）也在销毁资料。这些充分说明，即使在美国这样市场经济比较健全的国家，在1997年就成立了独立性准则委员会的国家，连"五大"会计师事务所都时有严重违规、严重违反"独立性"的事件发生。虽然美国证监会（SEC）于2000年6月27日就提出了修改独立性规则的动议，但会计师真正做到独立、公正从业仍然路途遥远。

3. 建立健全法制，加强政府监管。从"安然"轰倒及"安达信"丑闻，我们不仅看到了道德严重失范，更看到了法制的缺漏和政府监管乏力。因此，应该建立健全法制，既要规范企业，又要规范社会中介；对政府官员、对注册会计师进入企业任职，要有严格规定、具体要求，政府监督、监察部门也要严格执法，违者严惩不贷。2001年年底，中国证监会发布的《A股公司实行补充审计的暂行规定》，可以视为是以中国注册会计师审计不可信或不完全可信为前提的监管措施。

✍ **案例二**

<h2 style="text-align:center">差距只在一个"信"字</h2>

一、基本案情

据《文汇报》2002 年 3 月 15 日报道,地处黄河口的广饶县和利津县同处山东省东营市,相隔不过数十公里,10 年前,两地经济状况还难分伯仲,可如今,广饶人在经济上已经远远走在了前面。前年,广饶县实现工业总产值接近 90 亿元,而利津县只有 30 亿元。两县工业基础相差无几,发展模式也基本相同。为何会产生如此大的差距?

前些年,适逢我国经济结构调整之际,银行紧缩银根,许多乡镇和地方企业步履艰难。此时,不少地方和企业纷纷刮起了借改制为名逃避金融债务之风。广饶县委、县政府则要求企业不能借改制逃避金融债务。对那些濒临关停倒闭的企业,从全县信用环境的大局出发,由县政府出面,让一些效益好的大企业先把其债务全部承担落实下来,由政府部门想办法逐步消化。连续 5 年,广饶县金融机构家家赢利。良好的信用环境,使银行敢于向企业贷款。这为广饶的经济发展提供了强大的金融后盾。

同样的处境,一些利津人却采取了截然不同的措施。从 1995 年起,利津县的一些企业在改制过程中采取母体分离、嫁接改造等形式,"悬空"银行债务,进而又以破产为名,另组建新企业,逃避银行债务。在利津县,有近半数的县属企业存在逃债的行为。这种状况,使银行损失惨重。短期利益行为,破坏了利津县长期的信用环境。信用根基的动摇与损坏,使利津的经济发展受到了影响。利津那些通过逃避债务而得以一时喘息的企业,也因为失去了银行长久的支持,很快再次陷入困境。

二、案例评析

讲诚信是市场经济的黄金规则。市场经济是信用经济,信用是市场经济的基石。市场经济越发达越要求诚实守信,这是市场经济的内在要求,是人们进行经济活动和从事职业活动应该遵循的基本行为准则。

市场经济是信誉经济。利津的经济发展与广饶的经济发展差距巨大,是因为利津县一些企业采取欺诈行为逃避银行债务,破坏了市场经济的游戏规则,也破坏了利津县长期的信用环境,真可谓咎由自取。而广饶县全面承担所有的债务,并积极设法归还,他们终于以诚信赢得了信任,也赢得了市场。

经济学家萧灼基讲过一则小故事,颇有意味:一位留学生在国外乘公共汽车逃票,当时并没有对他进行罚款,他洋洋得意,谁料毕业找工作时候才发现已被记录在案,虽然学习成绩优秀,求职却遇到障碍。他因小失大,后悔不及。这则故事令人回味,也令人深思。今天我们的会计师为了抢客户、为了一个红包、为了不得罪领导而忘记了职业道德,可能明天失去的将是立足于社会的信用诚信,失去的将是我们曾拥有的以此谋生,以此为荣的会计天地。诚信是会计师的灵魂,一旦失去,整个行业将遭毁灭。

案例三

麦科特为什么能上市圈了5个多亿

一、基本案情

1. 麦科特上市了。2000年8月7日,一只新股在上海股市走得很火,那就是麦科特。麦科特通过伪造进出口设备融资租赁合同,虚构固定资产9074万港币。就是这么一家"虚构"的公司,竟然顺利出炉了,竟然招摇上市了。

2. 谁来帮助他。在麦科特发行上市的过程中,深圳华鹏会计师事务所为其出具了严重失实的审计报告,广东正大联合资产评估有限责任公司为其出具了严重失实的法律意见书,南方证券有限公司参与编制了严重失实的发行申报文件。对麦科特及其上述中介机构涉嫌犯罪的有关责任人员,中国证监会依法移送公安机关追究其刑事责任。

麦科特欺诈上市一案中,有关中介机构都深入其中。如果没有这么多中介机构"配合",麦科特是不可能招股上市的。如此多的机构、如此多的关口,任何一个"NO"都可能使麦科特的美梦变成一枕黄粱。遗憾的是在这条"造假流水线"上,所有的中介机构都扮演着极其不光彩的角色。

3. 全为五斗米折腰。华鹏会计师事务所知情不报还参与造假,原因很简单,那就是利益的诱惑,当然其他关联机构也是如此。麦科特发行股票圈了5亿多人民币,发行费总额也有1760万元。1760万元和5亿元相比,只能算九牛一毛。造假成本与造假收益之间的巨额反差,正是我国证券市场造假泛滥的一个重要原因。一个生动的注释是,几家中介机构就是为了这区区1760万元折了腰,当然,分摊到每家中介机构自然也不是小数额。

二、案例评析

古代文人虽然穷酸,但是却不为五斗米折腰,现代"经济警察"虽然高雅却为了金钱就能把自己给卖了,真是悲哀。过好"金钱"关,保证会计师队伍的廉洁性,这是至关重要的,只有这样才能保证其公信力。作为经济社会的成员,除了薪金收入外,会计人员也可以得到法律许可的其他收入,如合法投资的收入、继承遗产收入、稿费收入等。但不能获得影响会计职业行为的不合法收入。否则,必然影响到守法、执法的公正性。有人以会计师严格执法会失去客户之由,为不法的会计行为开脱,这是没有理由的。正如人们不能原谅家贫而去偷盗的行为一样,更何况比较社会各阶层收入水平,会计师行业是公认的高收入行业。高收入,意味着应该承担更多的责任和义务,要求会计人员保持清正廉洁的品质,清正廉洁是非常重要的职业道德规范。

案例四

公生明,廉生威

一、基本案情

刘新华,一个极普通的会计人,在近十年的财会工作中,恪尽职守,勤奋敬业,甘于清贫,淡泊名利。多年的职业生涯使他树立了一个职场信念：没有人能打败你，能打败你的只有你自己。无论对个人还是对公司而言都是如此，必须从自身做起，廉洁自律、诚实守信、坚持原则。他最欣赏的一句话就是"会计人员要有一双透射的眼睛，要知道数字背后是什么，这就需要不断了解企业的运营，了解企业的战略，并结合企业战略制定财务战略，转而达到提升企业的目的"。刘新华供职的上市公司是一家历史悠久的大型国有企业，但公司的产品质量与国外的同类产品有很大的差距。产品的重要原料有80%靠进口，自己生产的原料质量达不到国内重要大客户的要求。由于进口原料价格昂贵，导致成本居高不下，在市场中价格没有竞争优势，同时进口原料的产量波动也会对其产品造成直接影响。根据当时情况，公司要生存下去，就必须对原材料自行生产，进行技术改造，提高原料质量。但进行技术改造，企业就得投入大量的资金，而且相应的生产设备也要大量进口，并且在技术上需要专家指导。公司虽然在目前的情况下还不至于亏损，可是公司现金不充足，技术改造的大量资金要从银行贷款，这是一个左右为难的事，偏偏也是会计人员经常遇到的问题。对这个问题我的一贯处理方式就是站在财务部门立场，坚持程序处理但可以有变通。我决定仍然签发支票，然后由公司司机陪同这位营销部门主管到银行支取现金。作为主管部门遇到问题，解决问题是天职，可惜这位营销部门经理并不领情也不买账，因为她认为有后台靠山，气冲冲地带着尖锐的高跟鞋声走出了我的办公室。我知道过一会儿外籍总经理将会驻足我的财务总监办公室，于是我准备好有关资料，等待老总驾到。

果不出我所料，十分钟后总经理亲自来到，我礼貌地请老总坐下，老总手拿付款申请书质疑地说："为什么我批准的差旅费预支申请表，备用金保管人拒绝支付？"回答这个问题需要有技巧。我回答："请总经理在该申请预支表上再签一次名，我就马上支付。"他老人家愣住了。他又质疑地问："为什么？"于是我把早就准备好的"公司备用金操作规定及其实施程序"文件亮了出来，我说："这个程序是我设计的，经过总经理您批准而实施，同时也通知了各部门，现在这张预支申请表虽经您批准，但已超过我们备用金规定的限额，如果我照付，则属违反已批准实施的规定。不过，若您再签一次名那就代表您"特批"，特别批准您自己批准事件的越权。事实上，我已经与营销部经理解释过，同时也做好两全的安排，但她不同意，其他部门主管都是按照这种规定执行。我认为还是按照您批准的规定执行，应该不能有所例外。"

听完这番话，明白事理的总经理同意我的两全安排，同时并没有因为这事而有不高兴的脸色，因为这是合情合理与合法的变通处理，在不影响基本原则（即内部控制制度）的前提下，要采取对方最能理解、最易接纳的办法实施。这就是工作的艺术，也是做人的方法。最后，我们的营销经理也只得按规定办事了。

从实例中，我们可以体会出内部控制制度对于企业的重要性，尤其是对于财会部门或会计人员执行工作的准绳起了很大的明确作用，避免了人为因素的介入。因此，我们经常强调企业要有一套健全的内部控制制度，那么会计人员就好落实工作；外审人员好查账，同时降低审计风险；内审人员好实行，工作起来轻松。

二、案例评析

在会计工作中，会计人员经常会遇到一些处理起来感到"两难"的事情，坚持按制度办事会得罪上级或周围的同事；反之，又会使工作丧失原则，使制度形同虚设。本案例告诉我们，在会计工作中也应该讲究工作艺术，以达到最好的工作效果。本案例中财务总监对事务的处理方法，既体现了会计人员坚持准则的道德规范要求，也体现了会计人员参与管理的道德规范要求。当然对于工作中遇到的违法事项必须坚决抵制，绝不能变通。

【工作评价与反馈】

项目		任务完成程度		
		全部完成	部分完成	未完成
自我评价	任务一			
	任务二			
	任务三			
	任务四			
	任务五			
项目任务完成心得				
存在的问题				
教师评价				

强 化 练 习

一、单项选择题

1.《公民职业道德建设实施纲要》中提出的职业道德的主要内容是（   ）。
   A. 爱岗敬业、诚实守信、廉洁自律、客观公正、坚持准则
   B. 爱岗敬业、诚实守信、办事公道、服务群众、奉献社会
   C. 诚信为本、依法治国、民主理财、科学决策、奉献社会
   D. 文明礼貌、助人为乐、爱护公物、保护环境、遵纪守法

2. 下列各项中,不属于会计职业道德功能的是（   ）。
   A. 指导功能　　　B. 评价功能　　　C. 教化功能　　　D. 宣传功能

3. 会计人员对于工作中知悉的商业秘密应依法保守秘密,不得泄露,这是会计职业道德中（   ）的具体体现。
   A. 客观公正　　　B. 诚实守信　　　C. 坚持准则　　　D. 客观公正

4. 在会计职业中,（   ）是会计人员必须具备的行为品德,是会计职业道德规范的灵魂。
   A. 廉洁自律　　　B. 客观公正　　　C. 坚持准则　　　D. 提高技能

5. 会计职业道德教育的各种途径中,具有基础性地位的是（   ）。
   A. 会计学历教育　　B. 会计继续教育　　C. 会计自我教育　　D. 会计职业荣誉教育

6. 会计法律制度是会计职业道德的（   ）。
   A. 最高要求　　　B. 较高要求　　　C. 一般要求　　　D. 最低要求

7.（   ）利用行政管理上的优势,对会计职业道德情况实施必要的行政监督检查。
   A. 政府部门　　　B. 行业组织　　　C. 财政部门　　　D. 人事部门

8. 良好会计职业道德风尚的树立,离不开（   ）的支持和监督。

A. 单位负责人　　　　　　　　　B. 纪检监察等党政部门
C. 社会舆论　　　　　　　　　　D. 各级财政部门

9. （　　）可以配合国家法律制度,调整职业关系中的经济利益关系,维护正常的市场经济秩序。

A. 会计职业教育　　B. 会计职业修养　　C. 会计职业纪律　　D. 会计职业道德

10. "常在河边走,就是不湿鞋"体现的会计职业道德是(　　)。

A. 参与管理　　　　B. 廉洁自律　　　　C. 提高技能　　　　D. 强化服务

二、多项选择题

1. 会计职业道德中提倡的爱岗敬业的基本要求包括(　　)。

A. 安心本职工作,任劳任怨　　　　B. 忠于职守,尽职尽责
C. 热爱会计工作,敬重会计职业　　D. 严肃认真,尽心尽力

2. 廉洁自律的基本要求可以概述为(　　)。

A. 保持会计人员从业的独立性　　　B. 公私分明,不贪不占
C. 遵纪守法,抵制行业不正之风　　D. 重视会计职业声望

3. 会计职业道德"参与管理"的基本要求包括(　　)。

A. 具备较高的业务水平　　　　　　B. 熟悉财经法规和相关制度
C. 熟悉本单位经营活动　　　　　　D. 积极主动地提供合理化建议

4. 会计职业道德的内容中有"坚持准则"一项,这里的"准则"是指(　　)。

A. 会计法律　　　　　　　　　　　B. 会计准则
C. 与会计相关的法律制度　　　　　D. 会计行政法规

5. 会计职业技能的主要内容包括(　　)。

A. 会计专业基础知识　　　　　　　B. 会计专业操作的创新能力
C. 组织协调能力　　　　　　　　　D. 提供会计信息的能力

6. 会计人员参与企业管理主要体现在(　　)。

A. 向领导反映经营管理活动中的情况和存在的问题
B. 主动提供合理化建议
C. 做好记账、算账和报账工作
D. 一切按领导的要求去办

7. 会计职业道德修养的基本环节包括(　　)。

A. 形成正确的会计职业道德认知　　B. 培养高尚的会计职业道德情感
C. 树立坚定的会计职业道德信念　　D. 养成良好的会计职业道德行为

8. 会计职业道德与会计法律制度的联系主要体现在(　　)。

A. 实施过程中相互作用、相互促进
B. 两者有着共同目标、相同的调整对象
C. 两者在作用上互相补充
D. 两者在内容上相互渗透、相互重叠、相互吸收

9. 会计职业道德与会计法律制度的区别主要包括(　　)。

A. 实施保障机制不同　　　　　　　B. 实现形式不同
C. 作用范围不同　　　　　　　　　D. 性质不同

10. 客观公正的基本要求包括( )。

    A. 实事求是   B. 不偏不倚   C. 依法办事   D. 保持独立性

三、判断题

1. 违反了会计职业道德,也就违反了会计法律制度。 （ ）

2. 会计职业道德与会计法律制度有着不同的性质、作用和表现形式,但保障实施机制是相同的。 （ ）

3. 财政部门是会计工作的主管部门,因此,会计人员职业道德教育主要应由财政部门来实施,其他部门配合。 （ ）

4. 会计职业组织起着联系会员与政府的桥梁作用,会计职业组织主要通过他律的形式实现对会员的职业道德约束。 （ ）

5. 对于那些自觉遵守会计职业道德规范的优秀会计人员,《会计法》明确规定应当给予物质奖励。 （ ）

6. 会计职业道德教育的主要形式包括接受教育和自我教育。 （ ）

7. 由于高级会计师资格的取得是采取考试与评审相结合的方式,因此,有必要在考试和评审两个方面对其会计职业道德进行检查。 （ ）

8. 会计职业道德作为一种良性调整会计职业关系的方式,调整面宽、作用面广,从某种意义上来说,会计职业道德比会计法律制度更加重要。 （ ）

9. 会计职业道德规范是一般社会职业道德在会计职业行为活动中的具体体现,是由会计职业活动的具体内容、方式、所涉及的权责利益等关系所决定的。 （ ）

10. 会计职业道德教育的主要任务是帮助和引导会计人员培养会计职业道德情感,树立会计职业道德信念,遵守会计职业道德规范。 （ ）

四、案例分析题

小杨2006年毕业于某高职学院会计专业,初到公司就接任成本核算。为了做好本职工作,他利用业余时间学习产品生产知识,并深入生产一线了解工艺流程、技术参数等,在短短半年时间内基本掌握了全公司的生产工艺流程和工艺操作规程。由于出色的工作表现,2011年杨伟被提为财务经理。上任后他继续努力学习,并多次参加各种培训,还取得了会计专业硕士学位。小杨在带领本部门职工高质高效完成本职工作的同时,积极投身到企业管理之中。多年来,他开展了一系列经济活动分析,为企业生产、经营和管理决策及时提供了大量的依据。

根据会计职业道德规范的相关内容回答下列问题:

（1）会计人员应如何参与管理?

（2）积极主动参与企业管理的基本要求是什么?

（3）小杨是如何具体参与企业管理活动?

微信扫一扫
本章练习解析

附录一　中华人民共和国会计法

（1985 年 1 月 21 日第六届全国人民代表大会常务委员会第九次会议通过，根据 1993 年 12 月 29 日第八届全国人民代表大会常务委员会第五次会议《关于修改〈中华人民共和国会计法〉的决定》修正，1999 年 10 月 31 日第九届全国人民代表大会常务委员会第十二次会议修订）

第一章　总　则

第一条　为了规范会计行为，保证会计资料真实、完整，加强经济管理和财务管理，提高经济效益，维护社会主义市场经济秩序，制定本法。

第二条　国家机关、社会团体、公司、企业、事业单位和其他组织（以下统称单位）必须依照本法办理会计事务。

第三条　各单位必须依法设置会计账簿，并保证其真实、完整。

第四条　单位负责人对本单位的会计工作和会计资料的真实性、完整性负责。

第五条　会计机构、会计人员依照本法规定进行会计核算，实行会计监督。

任何单位或者个人不得以任何方式授意、指使、强令会计机构、会计人员伪造、变造会计凭证、会计账簿和其他会计资料，提供虚假财务会计报告。

任何单位或者个人不得对依法履行职责、抵制违反本法规定行为的会计人员实行打击报复。

第六条　对认真执行本法，忠于职守，坚持原则，做出显著成绩的会计人员，给予精神的或者物质的奖励。

第七条　国务院财政部门主管全国的会计工作。

县级以上地方各级人民政府财政部门管理本行政区域内的会计工作。

第八条　国家实行统一的会计制度。国家统一的会计制度由国务院财政部门根据本法制定并公布。

国务院有关部门可以依照本法和国家统一的会计制度制定对会计核算和会计监督有特殊要求的行业实施国家统一的会计制度的具体办法或者补充规定，报国务院财政部门审核批准。

中国人民解放军总后勤部可以依照本法和国家统一的会计制度制定军队实施国家统一的会计制度的具体办法，报国务院财政部门备案。

第二章　会计核算

第九条　各单位必须根据实际发生的经济业务事项进行会计核算，填制会计凭证，登记会计账簿，编制财务会计报告。

任何单位不得以虚假的经济业务事项或者资料进行会计核算。

第十条　下列经济业务事项，应当办理会计手续，进行会计核算：（一）款项和有价证券的收付；（二）财物的收发、增减和使用；（三）债权债务的发生和结算；（四）资本、基金的增减；

（五）收入、支出、费用、成本的计算；（六）财务成果的计算和处理；（七）需要办理会计手续、进行会计核算的其他事项。

第十一条　会计年度自公历1月1日起至12月31日止。

第十二条　会计核算以人民币为记账本位币。

业务收支以人民币以外的货币为主的单位，可以选定其中一种货币作为记账本位币，但是编报的财务会计报告应当折算为人民币。

第十三条　会计凭证、会计账簿、财务会计报告和其他会计资料，必须符合国家统一的会计制度的规定。

使用电子计算机进行会计核算的，其软件及其生成的会计凭证、会计账簿、财务会计报告和其他会计资料，也必须符合国家统一的会计制度的规定。

任何单位和个人不得伪造、变造会计凭证、会计账簿及其他会计资料，不得提供虚假的财务会计报告。

第十四条　会计凭证包括原始凭证和记账凭证。

办理本法第十条所列的经济业务事项，必须填制或者取得原始凭证并及时送交会计机构。

会计机构、会计人员必须按照国家统一的会计制度的规定对原始凭证进行审核，对不真实、不合法的原始凭证有权不予接受，并向单位负责人报告；对记载不准确、不完整的原始凭证予以退回，并要求按照国家统一的会计制度的规定更正、补充。

原始凭证记载的各项内容均不得涂改；原始凭证有错误的，应当由出具单位重开或者更正，更正处应当加盖出具单位印章。原始凭证金额有错误的，应当由出具单位重开，不得在原始凭证上更正。

记账凭证应当根据经过审核的原始凭证及有关资料编制。

第十五条　会计账簿登记，必须以经过审核的会计凭证为依据，并符合有关法律、行政法规和国家统一的会计制度的规定。会计账簿包括总账、明细账、日记账和其他辅助性账簿。

会计账簿应当按照连续编号的页码顺序登记。会计账簿记录发生错误或者隔页、缺号、跳行的，应当按照国家统一的会计制度规定的方法更正，并由会计人员和会计机构负责人（会计主管人员）在更正处盖章。

使用电子计算机进行会计核算的，其会计账簿的登记、更正，应当符合国家统一的会计制度的规定。

第十六条　各单位发生的各项经济业务事项应当在依法设置的会计账簿上统一登记、核算，不得违反本法和国家统一的会计制度的规定私设会计账簿登记、核算。

第十七条　各单位应当定期将会计账簿记录与实物、款项及有关资料相互核对，保证会计账簿记录与实物及款项的实有数额相符、会计账簿记录与会计凭证的有关内容相符、会计账簿之间相对应的记录相符、会计账簿记录与会计报表的有关内容相符。

第十八条　各单位采用的会计处理方法，前后各期应当一致，不得随意变更；确有必要变更的，应当按照国家统一的会计制度的规定变更，并将变更的原因、情况及影响在财务会计报告中说明。

第十九条　单位提供的担保、未决诉讼等，应当按照国家统一的会计制度的规定，在财务会计报告中予以说明。

第二十条　财务会计报告应当根据经过审核的会计账簿记录和有关资料编制，并符合本法和国家统一的会计制度关于财务会计报告的编制要求、提供对象和提供期限的规定;其他法律、行政法规另有规定的,从其规定。

财务会计报告由会计报表、会计报表附注和财务情况说明书组成。向不同的会计资料使用者提供的财务会计报告,其编制依据应当一致。有关法律、行政法规规定会计报表、会计报表附注和财务情况说明书须经注册会计师审计的,注册会计师及其所在的会计师事务所出具的审计报告应当随同财务会计报告一并提供。

第二十一条 财务会计报告应当由单位负责人和主管会计工作的负责人、会计机构负责人(会计主管人员)签名并盖章;设置总会计师的单位,还须由总会计师签名并盖章。单位负责人应当保证财务会计报告真实、完整。

第二十二条 会计记录的文字应当使用中文。在民族自治地方,会计记录可以同时使用当地通用的一种民族文字。在中华人民共和国境内的外商投资企业、外国企业和其他外国组织的会计记录可以同时使用一种外国文字。

第二十三条 各单位对会计凭证、会计账簿、财务会计报告和其他会计资料应当建立档案,妥善保管。会计档案的保管期限和销毁办法,由国务院财政部门会同有关部门制定。

第三章 公司、企业会计核算的特别规定

第二十四条 公司、企业进行会计核算,除应当遵守本法第二章的规定外,还应当遵守本章规定。

第二十五条 公司、企业必须根据实际发生的经济业务事项,按照国家统一的会计制度的规定确认、计量和记录资产、负债、所有者权益、收入、费用、成本和利润。

第二十六条 公司、企业进行会计核算不得有下列行为:(一)随意改变资产、负债、所有者权益的确认标准或者计量方法、虚列、多列、不列或者少列资产、负债、所有者权益;(二)虚列或者隐瞒收入,推迟或者提前确认收入;(三)随意改变费用、成本的确认标准或者计量方法、虚列、多列、不列或者少列费用、成本;(四)随意调整利润的计算、分配方法,编造虚假利润或者隐瞒利润;(五)违反国家统一的会计制度规定的其他行为。

第四章 会计监督

第二十七条 各单位应当建立健全本单位内部会计监督制度。单位内部会计监督制度应当符合下列要求:(一)记账人员与经济业务事项和会计事项的审批人员、经办人员、财物保管人员的职责权限应当明确,并相互分离、相互制约;(二)重大对外投资、资产处置、资金调度和其他重要经济业务事项的决策和执行的相互监督、相互制约程序应当明确;(三)财产清查的范围、期限和组织程序应当明确;(四)对会计资料定期进行内部审计的办法和程序应当明确。

第二十八条 单位负责人应当保证会计机构、会计人员依法履行职责,不得授意、指使、强令会计机构、会计人员违法办理会计事项。

会计机构、会计人员对违反本法和国家统一的会计制度规定的会计事项,有权拒绝办理或者按照职权予以纠正。

第二十九条 会计机构、会计人员发现会计账簿记录与实物、款项及有关资料不相符的,按照国家统一的会计制度的规定有权自行处理的,应当及时处理;无权处理的,应当立即向单位负责人报告,请求查明原因,作出处理。

第三十条　任何单位和个人对违反本法和国家统一的会计制度规定的行为,有权检举。收到检举的部门有权处理的,应当依法按照职责分工及时处理;无权处理的,应当及时移送有权处理的部门处理。收到检举的部门、负责处理的部门应当为检举人保密,不得将检举人姓名和检举材料转给被检举单位和被检举人个人。

第三十一条　有关法律、行政法规规定,须经注册会计师进行审计的单位,应当向受委托的会计师事务所如实提供会计凭证、会计账簿、财务会计报告和其他会计资料以及有关情况。

任何单位或者个人不得以任何方式要求或者示意注册会计师及其所在的会计师事务所出具不实或者不当的审计报告。

财政部门有权对会计师事务所出具审计报告的程序和内容进行监督。

第三十二条　财政部门对各单位的下列情况实施监督:(一)是否依法设置会计账簿;(二)会计凭证、会计账簿、财务会计报告和其他会计资料是否真实、完整;(三)会计核算是否符合本法和国家统一的会计制度的规定;(四)从事会计工作的人员是否具备从业资格。

在对前款第(二)项所列事项实施监督,发现重大违法嫌疑时,国务院财政部门及其派出机构可以向与被监督单位有经济业务往来的单位和被监督单位开立账户的金融机构查询有关情况,有关单位和金融机构应当给予支持。

第三十三条　财政、审计、税务、人民银行、证券监管、保险监管等部门应当依照有关法律、行政法规规定的职责,对有关单位的会计资料实施监督检查。

前款所列监督检查部门对有关单位的会计资料依法实施监督检查后,应当出具检查结论。有关监督检查部门已经作出的检查结论能够满足其他监督检查部门履行本部门职责需要的,其他监督检查部门应当加以利用,避免重复查账。

第三十四条　依法对有关单位的会计资料实施监督检查的部门及其工作人员对在监督检查中知悉的国家秘密和商业秘密负有保密义务。

第三十五条　各单位必须依照有关法律、行政法规的规定,接受有关监督检查部门依法实施的监督检查,如实提供会计凭证、会计账簿、财务会计报告和其他会计资料以及有关情况,不得拒绝、隐匿、谎报。

第五章　会计机构和会计人员

第三十六条　各单位应当根据会计业务的需要,设置会计机构,或者在有关机构中设置会计人员并指定会计主管人员;不具备设置条件的,应当委托经批准设立从事会计代理记账业务的中介机构代理记账。

国有的和国有资产占控股地位或者主导地位的大、中型企业必须设置总会计师。总会计师的任职资格、任免程序、职责权限由国务院规定。

第三十七条　会计机构内部应当建立稽核制度。

出纳人员不得兼任稽核、会计档案保管和收入、支出、费用、债权债务账目的登记工作。

第三十八条　从事会计工作的人员,必须取得会计从业资格证书。

担任单位会计机构负责人(会计主管人员)的,除取得会计从业资格证书外,还应当具备会计师以上专业技术职务资格或者从事会计工作三年以上经历。

会计人员从业资格管理办法由国务院财政部门规定。

第三十九条　会计人员应当遵守职业道德,提高业务素质。对会计人员的教育和培训工作应当加强。

第四十条　因有提供虚假财务会计报告，做假账，隐匿或者故意销毁会计凭证、会计账簿、财务会计报告，贪污，挪用公款，职务侵占等与会计职务有关的违法行为被依法追究刑事责任的人员，不得取得或者重新取得会计从业资格证书。

除前款规定的人员外，因违法违纪行为被吊销会计从业资格证书的人员，自被吊销会计从业资格证书之日起五年内，不得重新取得会计从业资格证书。

第四十一条　会计人员调动工作或者离职，必须与接管人员办清交接手续。

一般会计人员办理交接手续，由会计机构负责人（会计主管人员）监交；会计机构负责人（会计主管人员）办理交接手续，由单位负责人监交，必要时主管单位可以派人会同监交。

第六章　法律责任

第四十二条　违反本法规定，有下列行为之一的，由县级以上人民政府财政部门责令限期改正，可以对单位并处三千元以上五万元以下的罚款；对其直接负责的主管人员和其他直接责任人员，可以处二千元以上二万元以下的罚款；属于国家工作人员的，还应当由其所在单位或者有关单位依法给予行政处分：（一）不依法设置会计账簿的；（二）私设会计账簿的；（三）未按照规定填制、取得原始凭证或者填制、取得的原始凭证不符合规定的；（四）以未经审核的会计凭证为依据登记会计账簿或者登记会计账簿不符合规定的；（五）随意变更会计处理方法的；（六）向不同的会计资料使用者提供的财务会计报告编制依据不一致的；（七）未按照规定使用会计记录文字或者记账本位币的；（八）未按照规定保管会计资料，致使会计资料毁损、灭失的；（九）未按照规定建立并实施单位内部会计监督制度或者拒绝依法实施的监督或者不如实提供有关会计资料及有关情况的；（十）任用会计人员不符合本法规定的。

有前款所列行为之一，构成犯罪的，依法追究刑事责任。

会计人员有第一款所列行为之一，情节严重的，由县级以上人民政府财政部门吊销会计从业资格证书。

有关法律对第一款所列行为的处罚另有规定的，依照有关法律的规定办理。

第四十三条　伪造、变造会计凭证、会计账簿，编制虚假财务会计报告，构成犯罪的，依法追究刑事责任。

有前款行为，尚不构成犯罪的，由县级以上人民政府财政部门予以通报，可以对单位并处五千元以上十万元以下的罚款；对其直接负责的主管人员和其他直接责任人员，可以处三千元以上五万元以下的罚款；属于国家工作人员的，还应当由其所在单位或者有关单位依法给予撤职直至开除的行政处分；对其中的会计人员，并由县级以上人民政府财政部门吊销会计从业资格证书。

第四十四条　隐匿或者故意销毁依法应当保存的会计凭证、会计账簿、财务会计报告，构成犯罪的，依法追究刑事责任。

有前款行为，尚不构成犯罪的，由县级以上人民政府财政部门予以通报，可以对单位并处五千元以上十万元以下的罚款；对其直接负责的主管人员和其他直接责任人员，可以处三千元以上五万元以下的罚款；属于国家工作人员的，还应当由其所在单位或者有关单位依法给予撤职直至开除的行政处分；对其中的会计人员，并由县级以上人民政府财政部门吊销会计从业资格证书。

第四十五条　授意、指使、强令会计机构、会计人员及其他人员伪造、变造会计凭证、会计账簿，编制虚假财务会计报告或者隐匿、故意销毁依法应当保存的会计凭证、会计账簿、财务会计报告，构成犯罪的，依法追究刑事责任；尚不构成犯罪的，可以处五千元以上五万元以下的罚款；属于国家工作人员的，还应当由其所在单位或者有关单位依法给予降级、撤职、开除的行政处分。

第四十六条　单位负责人对依法履行职责、抵制违反本法规定行为的会计人员以降级、撤职、调离工作岗位、解聘或者开除等方式实行打击报复，构成犯罪的，依法追究刑事责任；尚不构成犯罪的，由其所在单位或者有关单位依法给予行政处分。对受打击报复的会计人员，应当恢复其名誉和原有职务、级别。

第四十七条　财政部门及有关行政部门的工作人员在实施监督管理中滥用职权、玩忽职守、徇私舞弊或者泄露国家秘密、商业秘密，构成犯罪的，依法追究刑事责任；尚不构成犯罪的，依法给予行政处分。

第四十八条　违反本法第三十条规定，将检举人姓名和检举材料转给被检举单位和被检举人个人的，由所在单位或者有关单位依法给予行政处分。

第四十九条　违反本法规定，同时违反其他法律规定的，由有关部门在各自职权范围内依法进行处罚。

第七章　附　则

第五十条　本法下列用语的含义：

单位负责人，是指单位法定代表人或者法律、行政法规规定代表单位行使职权的主要负责人。

国家统一的会计制度，是指国务院财政部门根据本法制定的关于会计核算、会计监督、会计机构和会计人员以及会计工作管理的制度。

第五十一条　个体工商户会计管理的具体办法，由国务院财政部门根据本法的原则另行规定。

第五十二条　本法自 2000 年 7 月 1 日起施行。

附录二 会计基础工作规范

（1996 年 6 月 17 日财政部财会字 19 号发布）

第一章 总 则

第一条 为了加强会计基础工作，建立规范的会计工作秩序，提高会计工作水平，根据《中华人民共和国会计法》的有关规定，制定本规范。

第二条 国家机关、社会团体、企业、事业单位、个体工商户和其他组织的会计基础工作，应当符合本规范的规定。

第三条 各单位应当依据有关法律、法规和本规范的规定，加强会计基础工作，严格执行会计法规制度，保证会计工作依法有序地进行。

第四条 单位领导人对本单位的会计基础工作负有领导责任。

第五条 各省，自治区、直辖市财政厅（局）要加强对会计基础工作的管理和指导，通过政策引导、经验交流、监督检查等措施，促进基层单位加强会计基础工作，不断提高会计工作水平。

国务院各业务主管部门根据职责权限管理本部门的会计基础工作。

第二章 会计机构和会计人员

第一节 会计机构设置和会计人员配备

第六条 各单位应当根据会计业务的需要设置会计机构；不具备单独设置会计机构条件的，应当在有关机构中配备专职会计人员。

事业行政单位会计机构的设置和会计人员的配备，应当符合国家统一事业行政单位会计制度的规定。

设置会计机构，应当配备会计机构负责人；在有关机构中配备专职会计人员，应当在专职会计人员中指定会计主管人员。

会计机构负责人、会计主管人员的任免，应当符合《中华人民共和国会计法》和有关法律的规定。

第七条 会计机构负责人、会计主管人员应当具备下列基本条件：

（一）坚持原则，廉洁奉公；

（二）具有会计专业技术资格；

（三）主管一个单位或者单位内一个重要方面的财务会计工作时间不少于 2 年；

（四）熟悉国家财经法律、法规、规章和方针、政策，掌握本行业业务管理的有关知识；

（五）有较强的组织能力；

（六）身体状况能够适应本职工作的要求。

第八条 没有设置会计机构和配备会计人员的单位，应当根据《代理记账管理暂行办法》委托会计师事务所或者持有代理记账许可证书的其他代理记账机构进行代理记账。

第九条　大、中型企业、事业单位、业务主管部门应当根据法律和国家有关规定设置总会计师。总会计师由具有会计师以上专业技术资格的人员担任。

总会计师行使《总会计师条例》规定的职责、权限。

总会计师的任命(聘任)、免职(解聘)依照《总会计师条例》和有关法律的规定办理。

第十条　各单位应当根据会计业务需要配备持有会计证的会计人员。未取得会计证的人员,不得从事会计工作。

第十一条　各单位应当根据会计业务需要设置会计工作岗位。

会计工作岗位一般可分为:会计机构负责人或者会计主管人员,出纳,财产物资核算,工资核算,成本费用核算,财务成果核算,资金核算,往来结算,总账报表,稽核,档案管理等。开展会计电算化和管理会计的单位,可以根据需要设置相应工作岗位,也可以与其他工作岗位相结合。

第十二条　会计工作岗位,可以一人一岗、一人多岗或者一岗多人。但出纳人员不得兼管稽核、会计档案保管和收入、费用、债权债务账目的登记工作。

第十三条　会计人员的工作岗位应当有计划地进行轮换。

第十四条　会计人员应当具备必要的专业知识和专业技能,熟悉国家有关法律、法规,规章和国家统一会计制度,遵守职业道德。

会计人员应当按照国家有关规定参加会计业务的培训。各单位应当合理安排会计人员的培训,保证会计人员每年有一定时间用于学习和参加培训。

第十五条　各单位领导人应当支持会计机构、会计人员依法行使职权;对忠于职守,坚持原则,做出显著成绩的会计机构、会计人员,应当给予精神的和物质的奖励。

第十六条　国家机关、国有企业、事业单位任用会计人员应当实行回避制度。

单位领导人的直系亲属不得担任本单位的会计机构负责人、会计主管人员。会计机构负责人、会计主管人员的直系亲属不得在本单位会计机构中担任出纳工作。

需要回避的直系亲属为:夫妻关系、直系血亲关系、三代以内旁系血亲以及配偶关系。

第二节　会计人员职业道德

第十七条　会计人员在会计工作中应当遵守职业道德,树立良好的职业品质、严谨的工作作风,严守工作纪律,努力提高工作效率和工作质量。

第十八条　会计人员应当热爱本职工作,努力钻研业务,使自己的知识和技能适应所从事工作的要求。

第十九条　会计人员应当熟悉财经法律、法规、规章和国家统一会计制度,并结合会计工作进行广泛宣传。

第二十条　会计人员应当按照会计法律、法规和国家统一会计制度规定的程序和要求进行会计工作,保证所提供的会计信息合法、真实、准确、及时、完整。

第二十一条　会计人员办理会计事务应当实事求是、客观公正。

第二十二条　会计人员应当熟悉本单位的生产经营和业务管理情况,运用掌握的会计信息和会计方法,为改善单位内部管理、提高经济效益服务。

第二十三条　会计人员应当保守本单位的商业秘密。除法律规定和单位领导人同意外,不能私自向外界提供或者泄露单位的会计信息。

第二十四条　财政部门、业务主管部门和各单位应当定期检查会计人员遵守职业道德的情况,并作为会计人员晋升、晋级、聘任专业职务、表彰奖励的重要考核依据。

会计人员违反职业道德的,由所在单位进行处罚;情节严重的,由会计证发证机关吊销其会计证。

第三节 会计工作交接

第二十五条 会计人员工作调动或者因故离职,必须将本人所经管的会计工作全部移交给接替人员。没有办清交接手续的,不得调动或者离职。

第二十六条 接替人员应当认真接管移交工作,并继续办理移交的未了事项。

第二十七条 会计人员办理移交手续前,必须及时做好以下工作:

(一)已经受理的经济业务尚未填制会计凭证的,应当填制完毕。

(二)尚未登记的账目,应当登记完毕,并在最后一笔余额后加盖经办人员印章。

(三)整理应该移交的各项资料,对未了事项写出书面材料。

(四)编制移交清册,列明应当移交的会计凭证、会计账簿、会计报表、印章、现金、有价证券、支票簿、发票、文件、其他会计资料和物品等内容;实行会计电算化的单位,从事该项工作的移交人员还应当在移交清册中列明会计软件及密码、会计软件数据磁盘(磁带等)及有关资料、实物等内容。

第二十八条 会计人员办理交接手续,必须有监交人负责监交。一般会计人员交接,由单位会计机构负责人、会计主管人员负责监交;会计机构负责人、会计主管人员交接,由单位领导人负责监交,必要时可由上级主管部门派人会同监交。

第二十九条 移交人员在办理移交时,要按移交清册逐项移交;接替人员要逐项核对点收。

(一)现金、有价证券要根据会计账簿有关记录进行点交。库存现金、有价证券必须与会计账簿记录保持一致。不一致时,移交人员必须限期查清。

(二)会计凭证、会计账簿、会计报表和其他会计资料必须完整无缺。如有短缺,必须查清原因,并在移交清册中注明,由移交人员负责。

(三)银行存款账户余额要与银行对账单核对,如不一致,应当编制银行存款余额调节表调节相符,各种财产物资和债权债务的明细账户余额要与总账有关账户余额核对相符;必要时,要抽查个别账户的余额,与实物核对相符,或者与往来单位、个人核对清楚。

(四)移交人员经管的票据、印章和其他实物等,必须交接清楚;移交人员从事会计电算化工作的,要对有关电子数据在实际操作状态下进行交接。

第三十条 会计机构负责人、会计主管人员移交时,还必须将全部财务会计工作、重大财务收支和会计人员的情况等,向接替人员详细介绍。对需要移交的遗留问题,应当写出书面材料。

第三十一条 交接完毕后,交接双方和监交人员要在移交注册上签名或者盖章,并应在移交注册上注明:单位名称,交接日期,交接双方和监交人员的职务、姓名,移交清册页数以及需要说明的问题和意见等。

移交清册一般应当填制一式三份,交接双方各执一份,存档一份。

第三十二条 接替人员应当继续使用移交的会计账簿,不得自行另立新账,以保持会计记录的连续性。

第三十三条 会计人员临时离职或者因病不能工作且需要接替或者代理的,会计机构负责人、会计主管人员或者单位领导人必须指定有关人员接替或者代理,并办理交接手续。

临时离职或者因病不能工作的会计人员恢复工作的,应当与接替或者代理人员办理交接手续。

移交人员因病或者其他特殊原因不能亲自办理移交的,经单位领导人批准,可由移交人员委托他人代办移交,但委托人应当承担本规范第三十五条规定的责任。

第三十四条 单位撤销时,必须留有必要的会计人员,会同有关人员办理清理工作,编制决算。未移交前,不得离职。接收单位和移交日期由主管部门确定。

单位合并、分立的,其会计工作交接手续比照上述有关规定办理。

第三十五条 移交人员对所移交的会计凭证、会计账簿、会计报表和其他有关资料的合法性、真实性承担法律责任。

第三章 会计核算

第一节 会计核算一般要求

第三十六条 各单位应当按照《中华人民共和国会计法》和国家统一会计制度的规定建立会计账册,进行会计核算,及时提供合法、真实、准确、完整的会计信息。

第三十七条 各单位发生的下列事项,应当及时办理会计手续、进行会计核算:

(一)款项和有价证券的收付;

(二)财物的收发、增减和使用;

(三)债权债务的发生和结算;

(四)资本、基金的增减;

(五)收入、支出、费用、成本的计算;

(六)财务成果的计算和处理;

(七)其他需要办理会计手续、进行会计核算的事项。

第三十八条 各单位的会计核算应当以实际发生的经济业务为依据,按照规定的会计处理方法进行,保证会计指标的口径一致、相互可比和会计处理方法的前后各期相一致。

第三十九条 会计年度自公历1月1日起至12月31日止。

第四十条 会计核算以人民币为记账本位币。

收支业务以外国货币为主的单位,也可以选定某种外国货币作为记账本位币,但是编制的会计报表应当折算为人民币反映。

境外单位向国内有关部门编报的会计报表,应当折算为人民币反映。

第四十一条 各单位根据国家统一会计制度的要求,在不影响会计核算要求、会计报表指标汇总和对外统一会计报表的前提下,可以根据实际情况自行设置和使用会计科目。

事业行政单位会计科目的设置和使用,应当符合国家统一事业行政单位会计制度的规定。

第四十二条 会计凭证、会计账簿、会计报表和其他会计资料的内容和要求必须符合国家统一会计制度的规定,不得伪造、变造会计凭证和会计账簿,不得设置账外账,不得报送虚假会计报表。

第四十三条 各单位对外报送的会计报表格式由财政部统一规定。

第四十四条 实行会计电算化的单位,对使用的会计软件及其生成的会计凭证、会计账簿、会计报表和其他会计资料的要求,应当符合财政部关于会计电算化的有关规定。

第四十五条 各单位的会计凭证、会计账簿、会计报表和其他会计资料,应当建立档案,妥善保管。会计档案建档要求、保管期限、销毁办法等依据《会计档案管理办法》的规定进行。

实行会计电算化的单位,有关电子数据、会计软件资料等应当作为会计档案进行管理。

第四十六条 会计记录的文字应当使用中文,少数民族自治地区可以同时使用少数民族文字。中国境内的外商投资企业、外国企业和其他外国经济组织也可以同时使用一种外国文字。

第二节 填制会计凭证

第四十七条 各单位办理本规范第三十七条规定的事项,必须取得或者填制原始凭证,并及时送交会计机构。

第四十八条 原始凭证的基本要求是:

(一)原始凭证的内容必须具备:凭证的名称;填制凭证的日期;填制凭证单位名称或者填制人姓名;经办人员的签名或者盖章;接受凭证单位名称;经济业务内容;数量、单价和金额。

(二)从外单位取得的原始凭证,必须盖有填制单位的公章;从个人取得的原始凭证,必须有填制人员的签名或者盖章。自制原始凭证必须有经办单位领导人或者其指定的人员签名或者盖章。对外开出的原始凭证,必须加盖本单位公章。

(三)凡填有大写和小写金额的原始凭证,大写与小写金额必须相符。购买实物的原始凭证,必须有验收证明。支付款项的原始凭证。必须有收款单位和收款人的收款证明。

(四)一式几联的原始凭证,应当注明各联的用途,只能以一联作为报销凭证。

一式几联的发票和收据,必须用双面复写纸(发票和收据本身具备复写纸功能的除外)套写,并连续编号。作废时应当加盖"作废"戳记,连同存根一起保存,不得撕毁。

(五)发生销货退回的,除填制退货发票外,还必须有退货验收证明;退款时,必须取得对方的收款收据或者汇款银行的凭证,不得以退货发票代替收据。

(六)职工公出借款凭据,必须附在记账凭证之后。收回借款时,应当另开收据或者退还借据副本,不得退还原借款收据。

(七)经上级有关部门批准的经济业务,应当将批准文件作为原始凭证附件。如果批准文件需要单独归档的,应当在凭证上注明批准机关名称、日期和文件字号。

第四十九条 原始凭证不得涂改、挖补。发现原始凭证有错误的,应当由开出单位重开或者更正,更正处应当加盖开出单位的公章。

第五十条 会计机构、会计人员要根据审核无误的原始凭证填制记账凭证。

记账凭证可以分为收款凭证、付款凭证和转账凭证,也可以使用通用记账凭证。

第五十一条 记账凭证的基本要求是:

(一)记账凭证的内容必须具备:填制凭证的日期;凭证编号;经济业务摘要;会计科目;金额;所附原始凭证张数;填制凭证人员、稽核人员、记账人员、会计机构负责人、会计主管人员签名或者盖章。收款和付款记账凭证还应当由出纳人员签名或者盖章。

以自制的原始凭证或者原始凭证汇总表代替记账凭证的,也必须具备记账凭证应有的项目。

(二)填制记账凭证时,应当对记账凭证进行连续编号。一笔经济业务需要填制两张以上记账凭证的,可以采用分数编号法编号。

(三)记账凭证可以根据每一张原始凭证填制,或者根据若干张同类原始凭证汇总填制,也可以根据原始凭证汇总表填制。但不得将不同内容和类别的原始凭证汇总填制在一张记账凭证上。

（四）除结账和更正错误的记账凭证可以不附原始凭证外，其他记账凭证必须附有原始凭证。如果一张原始凭证涉及几张记账凭证，可以把原始凭证附在一张主要的记账凭证后面，并在其他记账凭证上注明附有该原始凭证的记账凭证的编号或者附原始凭证复印件。

一张原始凭证所列支出需要几个单位共同负担的，应当将其他单位负担的部分，开给对方原始凭证分割单，进行结算。原始凭证分割单必须具备原始凭证的基本内容：凭证名称、填制凭证日期、填制凭证单位名称或者填制人姓名、经办人的签名或者盖章、接受凭证单位名称、经济业务内容、数量、单价、金额和费用分摊情况等。

（五）如果在填制记账凭证时发生错误，应当重新填制。已经登记入账的记账凭证，在当年内发现填写错误时，可以用红字填写一张与原内容相同的记账凭证，在摘要栏注明"注销某月某日某号凭证"字样，同时再用蓝字重新填制一张正确的记账凭证，注明"订正某月某日某号凭证"字样。如果会计科目没有错误，只是金额错误，也可以将正确数字与错误数字之间的差额，另编一张调整的记账凭证，调增金额用蓝字，调减金额用红字。发现以前年度记账凭证有错误的，应当用蓝字填制一张更正的记账凭证。

（六）记账凭证填制完经济业务事项后，如有空行，应当自金额栏最后一笔金额数字下的空行处至合计数上的空行处划线注销。

第五十二条　填制会计凭证，字迹必须清晰、工整，并符合下列要求：

（一）阿拉伯数字应当一个一个地写，不得连笔写。阿拉伯金额数字前面应当书写币种符号或者货币名称简写和币种符号。币种符号与阿拉伯金额数字之间不得留有空白。凡阿拉伯数字前写有币种符号的，数字后面不再写货币单位。

（二）所有以元为单位（其他货币种类为货币基本单位，下同）的阿拉伯数字，除表示单价等情况外，一律填写到角分；无角分的，角位和分位可写"00"，或者符号"——"；有角无分的，分位应当写"0"，不得用符号"——"代替。

（三）汉字大写数字金额如零、壹、贰、叁、肆、伍、陆、柒、捌、玖、拾、佰、仟、万、亿等，一律用正楷或者行书体书写，不得用0、一、二、三、四、五、六、七、八、九、十等简化字代替，不得任意自造简化字。大写金额数字到元或者角为止的，在"元"或者"角"字之后应当写"整"字或者"正"字；大写金额数字有分的，分字后面不写"整"或者"正"字。

（四）大写金额数字前未印有货币名称的，应当加填货币名称，货币名称与金额数字之间不得留有空白。

（五）阿拉伯金额数字中间有"0"时，汉字大写金额要写"零"字；阿拉伯数字金额中间连续有几个"0"时，汉字大写金额中可以只写一个"零"字；阿拉伯金额数字元位是"0"，或者数字中间连续有几个"0"、元位也是"0"但角位不是"0"时，汉字大写金额可以只写一个"零"字，也可以不写"零"字。

第五十三条　实行会计电算化的单位，对于机制记账凭证，要认真审核，做到会计科目使用正确，数字准确无误。打印出的机制记账凭证要加盖制单人员、审核人员、记账人员及会计机构负责人、会计主管人员印章或者签字。

第五十四条　各单位会计凭证的传递程序应当科学、合理，具体办法由各单位根据会计业务需要自行规定。

第五十五条　会计机构、会计人员要妥善保管会计凭证。

（一）会计凭证应当及时传递，不得积压。

（二）会计凭证登记完毕后，应当按照分类和编号顺序保管，不得散乱丢失。

（三）记账凭证应当连同所附的原始凭证或者原始凭证汇总表，按照编号顺序，折叠整齐，按期装订成册，并加具封面，注明单位名称、年度、月份和起讫日期、凭证种类、起讫号码，由装订人在装订线封签外签名或者盖章。

对于数量过多的原始凭证，可以单独装订保管，在封面上注明记账凭证日期、编号、种类，同时在记账凭证上注明"附件另订"和原始凭证名称及编号。

各种经济合同、存出保证金收据以及涉外文件等重要原始凭证，应当另编目录，单独登记保管，并在有关的记账凭证和原始凭证上均注明日期和编号。

（四）原始凭证不得外借，其他单位如因特殊原因需要使用原始凭证时，经本单位会计机构负责人、会计主管人员批准，可以复制。向外单位提供的原始凭证复制件，应当在专设的登记簿上登记，并由提供人员和收取人员共同签名或者盖章。

（五）从外单位取得的原始凭证如有遗失，应当取得原开出单位盖有公章的证明，并注明原来凭证的号码、金额和内容等，由经办单位会计机构负责人、会计主管人员和单位领导人批准后，才能代作原始凭证。如果确实无法取得证明的，如火车、轮船、飞机票等凭证，由当事人写出详细情况，由经办单位会计机构负责人、会计主管人员和单位领导人批准后，代作原始凭证。

第三节　登记会计账簿

第五十六条　各单位应当按照国家统一会计制度的规定和会计业务的需要设置会计账簿。会计账簿包括总账、明细账、日记账和其他辅助性账簿。

第五十七条　现金日记账和银行存款日记账必须采用订本式账簿。不得用银行对账单或者其他方法代替日记账。

第五十八条　实行会计电算化的单位，用计算机打印的会计账簿必须连续编号，经审核无误后装订成册，并由记账人员和会计机构负责人、会计主管人员签字或者盖章。

第五十九条　启用会计账簿时，应当在账簿封面上写明单位名称和账簿名称。在账簿扉页上应当附启用表，内容包括：启用日期、账簿页数、记账人员和会计机构负责人、会计主管人员姓名，并加盖姓名章和单位公章。记账人员或者会计机构负责人、会计主管人员调动工作时，应当注明交接日期、接办人员或者监交人员姓名，并由交接双方人员签名或者盖章。

启用订本式账簿，应当从第一页到最后一页顺序编定页数，不得跳页、缺号。使用活页式账页，应当按账户顺序编号，并须定期装订成册。装订后再按实际使用的账页顺序编定页码，另加目录，记明每个账户的名称和页次。

第六十条　会计人员应当根据审核无误的会计凭证登记会计账簿。登记账簿的基本要求是：

（一）登记会计账簿时，应当将会计凭证日期、编号、业务内容摘要、金额和其他有关资料逐项记入账内；做到数字准确、摘要清楚、登记及时、字迹工整。

（二）登记完毕后，要在记账凭证上签名或者盖章，并注明已经登账的符号，表示已经记账。

（三）账簿中书写的文字和数字上面要留有适当空格，不要写满格；一般应占格距的二分之一。

（四）登记账簿要用蓝黑墨水或者碳素墨水书写,不得使用圆珠笔(银行的复写账簿除外)或者铅笔书写。

（五）下列情况,可以用红色墨水记账:

1. 按照红字冲账的记账凭证,冲销错误记录;

2. 在不设借贷等栏的多栏式账页中,登记减少数;

3. 在三栏式账户的余额栏前,如未印明余额方面的,在余额栏内登记负数余额;

4. 根据国家统一会计制度的规定可以用红字登记的其他会计记录。

（六）各种账簿按页次顺序连续登记,不得跳行、隔页。如果发生跳行、隔页,应当将空行、空页划线注销,或者注明"此行空白"、"此页空白"字样,并由记账人员签名或者盖章。

（七）凡需要结出余额的账户,结出余额后。应当在"借或贷"等栏内写明"借"或者"贷"等字样。没有余额的账户,应当在"借或贷"等栏内写"平"字,并在余额栏内用"Q"表示。

现金日记账和银行存款日记账必须逐日结出余额。

（八）每一账页登记完毕结转下页时,应当结出本页合计数及余额,写在本页最后一行和下页第一行有关栏内,并在摘要栏内注明"过次页"和"承前页"字样;也可以将本页合计数及金额只写在下页第一行有关栏内,并在摘要栏内注明"承前页"字样。

对需要结计本月发生额的账户,结计"过次页"的本页合计数应当为自本月初起至本页末止的发生额合计数;对需要结计本年累计发生额的账户,结计"过次页"的本页合计数应当为自年初起至本页末止的累计数;对既不需要结计本月发生额也不需要结计本年累计发生额的账户,可以只将每页末的余额结转次页。

第六十一条　实行会计电算化的单位,总账和明细账应当定期打印。

发生收款和付款业务的,在输入收款凭证和付款凭证的当天必须打印出现金日记账和银行存款日记账,并与库存现金核对无误。

第六十二条　账簿记录发生错误,不准涂改、挖补、刮擦或者用药水消除字迹,不准重新抄写,必须按照下列方法进行更正:

（一）登记账簿时发生错误,应当将错误的文字或者数字划红线注销,但必须使原有字迹仍可辨认;然后在划线上方填写正确的文字或者数字,并由记账人员在更正处盖章。对于错误的数字,应当全部划红线更正,不得只更正其中的错误数字。对于文字错误,可只划去错误的部分。

（二）由于记账凭证错误而使账簿记录发生错误,应当按更正的记账凭证登记账簿。

第六十三条　各单位应当定期对会计账簿记录的有关数字与库存实物、货币资金、有价证券、往来单位或者个人等进行相互核对,保证账证相符、账账相符、账实相符。对账工作每年至少进行一次。

（一）账证核对。核对会计账簿记录与原始凭证、记账凭证的时间、凭证字号、内容、金额是否一致,记账方向是否相符。

（二）账账核对。核对不同会计账簿之间的账簿记录是否相符,包括:总账有关账户的余额核对,总账与明细账核对,总账与日记账核对,会计部门的财产物资明细账与财产物资保管和使用部门的有关明细账核对等。

（三）账实核对。核对会计账簿记录与财产等实有数额是否相符。包括:现金日记账账面余额与现金实际库存数相核对;银行存款日记账账面余额定期与银行对账单相核对;各种财物明细账账面余额与财物实存数额相核对;各种应收、应付款明细账账面余额与有关债务、债权单位或者个人核对等。

第六十四条 各单位应当按照规定定期结账。

(一)结账前,必须将本期内所发生的各项经济业务全部登记入账。

(二)结账时,应当结出每个账户的期末余额。需要结出当月发生额的,应当在摘要栏内注明"本月合计"字样,并在下面通栏划单红线。需要结出本年累计发生额的,应当在摘要栏内注明"本年累计"字样,并在下面通栏划单红线;12月末的"本年累计"就是全年累计发生额。全年累计发生额下面应当通栏划双红线。年度终了结账时,所有总账账户都应当结出全年发生额和年末余额。

(三)年度终了,要把各账户的余额结转到下一会计年度,并在摘要栏注明"结转下年"字样;在下一会计年度新建有关会计账簿的第一行余额栏内填写上年结转的余额,并在摘要栏注明"上年结转"字样。

第四节 编制财务报告

第六十五条 各单位必须按照国家统一会计制度的规定,定期编制财务报告。

财务报告包括会计报表及其说明。会计报表包括会计报表主表、会计报表附表、会计报表附注。

第六十六条 各单位对外报送的财务报告应当根据国家统一会计制度规定的格式和要求编制。

单位内部使用的财务报告,其格式和要求由各单位自行规定。

第六十七条 会计报表应当根据登记完整、核对无误的会计账簿记录和其他有关资料编制,做到数字真实、计算准确、内容完整、说明清楚。

任何人不得篡改或者授意、指使、强令他人篡改会计报表的有关数字。

第六十八条 会计报表之间、会计报表各项目之间,凡有对应关系的数字,应当相互一致。本期会计报表与上期会计报表之间有关的数字应当相互衔接。如果不同会计年度会计报表中各项目的内容和核算方法有变更的,应当在年度会计报表中加以说明。

第六十九条 各单位应当按照国家统一会计制度的规定认真编写会计报表附注及其说明,做到项目齐全,内容完整。

第七十条 各单位应当按照国家规定的期限对外报送财务报告。

对外报送的财务报告,应当依次编定页码,加具封面,装订成册,加盖公章。封面上应当注明:单位名称,单位地址,财务报告所属年度、季度、月度,送出日期,并由单位领导人、总会计师、会计机构负责人、会计主管人员签名或者盖章。

单位领导人对财务报告的合法性、真实性负法律责任。

第七十一条 根据法律和国家有关规定应当对财务报告进行审计的,财务报告编制单位应当先行委托注册会计师进行审计,并将注册会计师出具的审计报告随同财务报告按照规定的期限报送有关部门。

第七十二条 如果发现对外报送的财务报告有错误,应当及时办理更正手续。除更正本单位留存的财务报告外,并应同时通知接受财务报告的单位更正。错误较多的,应当重新编报。

第四章　会计监督

第七十三条　各单位的会计机构、会计人员对本单位的经济活动进行会计监督。

第七十四条　会计机构、会计人员进行会计监督的依据是：

（一）财经法律、法规、规章；

（二）会计法律、法规和国家统一会计制度；

（三）各省、自治区、直辖市财政厅（局）和国务院业务主管部门根据《中华人民共和国会计法》和国家统一会计制度制定的具体实施办法或者补充规定；

（四）各单位根据《中华人民共和国会计法》和国家统一会计制度制定的单位内部会计管理制度；

（五）各单位内部的预算、财务计划、经济计划、业务计划。

第七十五条　会计机构、会计人员应当对原始凭证进行审核和监督。

对不真实、不合法的原始凭证，不予受理。对弄虚作假、严重违法的原始凭证，在不予受理的同时，应当予以扣留，并及时向单位领导人报告，请求查明原因，追究当事人的责任。

对记载不明确、不完整的原始凭证，予以退回，要求经办人员更正、补充。

第七十六条　会计机构、会计人员对伪造、变造、故意毁灭会计账簿或者账外设账行为，应当制止和纠正；制止和纠正无效的，应当向上级主管单位报告，请求作出处理。

第七十七条　会计机构、会计人员应当对实物、款项进行监督，督促建立并严格执行财产清查制度。发现账簿记录与实物、款项不符时，应当按照国家有关规定进行处理。超出会计机构、会计人员职权范围的，应当立即向本单位领导报告，请求查明原因，作出处理。

第七十八条　会计机构、会计人员对指使、强令编造、篡改财务报告行为，应当制止和纠正；制止和纠正无效的，应当向上级主管单位报告，请求处理。

第七十九条　会计机构、会计人员应当对财务收支进行监督。

（一）对审批手续不全的财务收支，应当退回，要求补充、更正；

（二）对违反规定不纳入单位统一会计核算的财务收支，应当制止和纠正；

（三）对违反国家统一的财政、财务、会计制度规定的财务收支，不予办理；

（四）对认为是违反国家统一的财政、财务、会计制度规定的财务收支，应当制止和纠正；制止和纠正无效的，应当向单位领导人提出书面意见请求处理；单位领导人应当在接到书面意见起十日内作出书面决定，并对决定承担责任；

（五）对违反国家统一的财政、财务、会计制度规定的财务收支，不予制止和纠正，又不向单位领导人提出书面意见的，也应当承担责任；

（六）对严重违反国家利益和社会公众利益的财务收支，应当向主管单位或者财政、审计、税务机关报告。

第八十条　会计机构、会计人员对违反单位内部会计管理制度的经济活动，应当制止和纠正；制止和纠正无效的，向单位领导人报告，请求处理。

第八十一条　会计机构、会计人员应当对单位制定的预算、财务计划、经济计划、业务计划的执行情况进行监督。

第八十二条　各单位必须依照法律和国家有关规定接受财政、审计、税务等机关的监督，如实提供会计凭证、会计账簿、会计报表和其他会计资料以及有关情况，不得拒绝、隐匿、谎报。

第八十三条 按照法律规定应当委托注册会计师进行审计的单位,应当委托注册会计师进行审计,并配合注册会计师的工作,如实提供会计凭证、会计账簿、会计报表和其他会计资料以及有关情况,不得拒绝、隐匿、谎报,不得示意注册会计师出具不当的审计报告。

第五章　内部会计管理制度

第八十四条 各单位应当根据《中华人民共和国会计法》和国家统一会计制度的规定,结合单位类型和内容管理的需要,建立健全相应的内部会计管理制度。

第八十五条 各单位制定内部会计管理制度应当遵循下列原则:

(一)应当执行法律、法规和国家统一的财务会计制度。

(二)应当体现本单位的生产经营、业务管理的特点和要求。

(三)应当全面规范本单位的各项会计工作,建立健全会计基础,保证会计工作的有序进行。

(四)应当科学、合理,便于操作和执行。

(五)应当定期检查执行情况。

(六)应当根据管理需要和执行中的问题不断完善。

第八十六条 各单位应当建立内部会计管理体系。主要内容包括:单位领导人、总会计师对会计工作的领导职责;会计部门及其会计机构负责人、会计主管人员的职责、权限;会计部门与其他职能部门的关系;会计核算的组织形式等。

第八十七条 各单位应当建立会计人员岗位责任制度。主要内容包括:会计人员的工作岗位设置;各会计工作岗位的职责和标准;各会计工作岗位的人员和具体分工;会计工作岗位轮换办法;对各会计工作岗位的考核办法。

第八十八条 各单位应当建立账务处理程序制度。主要内容包括:会计科目及其明细科目的设置和使用;会计凭证的格式、审核要求和传递程序;会计核算方法;会计账簿的设置;编制会计报表的种类和要求;单位会计指标体系。

第八十九条 各单位应当建立内部牵制制度。主要内容包括:内部牵制制度的原则;组织分工;出纳岗位的职责和限制条件;有关岗位的职责和权限。

第九十条 各单位应当建立稽核制度。主要内容包括:稽核工作的组织形式和具体分工;稽核工作的职责、权限;审核会计凭证和复核会计账簿、会计报表的方法。

第九十一条 各单位应当建立原始记录管理制度。主要内容包括:原始记录的内容和填制方法;原始记录的格式;原始记录的审核;原始记录填制人的责任;原始记录签署、传递、汇集要求。

第九十二条 各单位应当建立定额管理制度。主要内容包括:定额管理的范围;制定和修订定额的依据、程序和方法;定额的执行;定额考核和奖惩办法等。

第九十三条 各单位应当建立计量验收制度。主要内容包括:计量检测手段和方法;计量验收管理的要求;计量验收人员的责任和奖惩办法。

第九十四条 各单位应当建立财产清查制度。主要内容包括:财产清查的范围;财产清查的组织;财产清查的期限和方法;对财产清查中发现问题的处理办法;对财产管理人员的奖惩办法。

第九十五条 各单位应当建立财务收支审批制度。主要内容包括:财务收支审批人员和审批权限;财务收支审批程序;财务收支审批人员的责任。

第九十六条 实行成本核算的单位应当建立成本核算制度。主要内容包括:成本核算的对象;成本核算的方法和程序;成本分析等。

第九十七条 各单位应当建立财务会计分析制度。主要内容包括:财务会计分析的主要内容;财务会计分析的基本要求和组织程序;财务会计分析的具体方法;财务会计分析报告的编写要求等。

第六章 附 则

第九十八条 本规范所称国家统一会计制度,是指由财政部制定,或者财政部与国务院有关部门联合制定,或者经财政部审核批准的在全国范围内统一执行的会计规章、准则、办法等规范性文件。

本规范所称会计主管人员,是指不设置会计机构、只在其他机构中设置专职会计人员的单位行使会计机构负责人职权的人员。

本规范第三章第二节和第三节关于填制会计凭证、登记会计账簿的规定,除特别指出外,一般适用于手工记账。实行会计电算化的单位,填制会计凭证和登记会计账簿的有关要求,应当符合财政部关于会计电算化的有关规定。

第九十九条 各省、自治区、直辖市财政厅(局)、国务院各业务主管部门可以根据本规范的原则,结合本地区、本部门的具体情况,制定具体实施办法,报财政部备案。

第一百条 本规范由财政部负责解释、修改。

第一百零一条 本规范自公布之日起实施。1984 年 4 月 24 日财政部发布的《会计人员工作规则》同时废止。

附录三 中华人民共和国税收征收管理法

(1992年9月4日第七届全国人民代表大会常务委员会第二十七次会议通过;根据1995年2月28日第八届全国人民代表大会常务委员会第十二次会议《关于修改〈中华人民共和国税收征收管理法〉的决定》第一次修正;根据2001年4月28日第九届全国人民代表大会常务委员会第二十一次会议修订;根据2013年6月29日第十二届全国人民代表大会常务委员会第三次会议《关于修改〈中华人民共和国文物保护法〉等十二部法律的决定》第二次修正;根据2015年4月24日第十二届全国人民代表大会常务委员会第十四次会议《关于修改〈中华人民共和国港口法〉等七部法律的决定》第三次修正)

目录

第一章　总则
第二章　税务管理
　　　　第一节　税务登记
　　　　第二节　账簿、凭证管理
　　　　第三节　纳税申报
第三章　税款征收
第四章　税务检查
第五章　法律责任
第六章　附则

第一章　总则

第一条　为了加强税收征收管理,规范税收征收和缴纳行为,保障国家税收收入,保护纳税人的合法权益,促进经济和社会发展,制定本法。

第二条　凡依法由税务机关征收的各种税收的征收管理,均适用本法。

第三条　税收的开征、停征以及减税、免税、退税、补税,依照法律的规定执行;法律授权国务院规定的,依照国务院制定的行政法规的规定执行。

任何机关、单位和个人不得违反法律、行政法规的规定,擅自作出税收开征、停征以及减税、免税、退税、补税和其他同税收法律、行政法规相抵触的决定。

第四条　法律、行政法规规定负有纳税义务的单位和个人为纳税人。

法律、行政法规规定负有代扣代缴、代收代缴税款义务的单位和个人为扣缴义务人。

纳税人、扣缴义务人必须依照法律、行政法规的规定缴纳税款,代扣代缴、代收代缴税款。

第五条　国务院税务主管部门主管全国税收征收管理工作。各地国家税务局和地方税务局应当按照国务院规定的税收征收管理范围分别进行征收管理。

地方各级人民政府应当依法加强对本行政区域内税收征收管理工作的领导或者协调,支持税务机关依法执行职务,依照法定税率计算税额,依法征收税款。

各有关部门和单位应当支持、协助税务机关依法执行职务。

税务机关依法执行职务,任何单位和个人不得阻挠。

第六条　国家有计划地用现代信息技术装备各级税务机关,加强税收征收管理信息系统的现代化建设,建立健全税务机关与政府其他管理机关的信息共享制度。

纳税人、扣缴义务人和其他有关单位应当按照国家有关规定如实向税务机关提供与纳税和代扣代缴、代收代缴税款有关的信息。

第七条　税务机关应当广泛宣传税收法律、行政法规,普及纳税知识,无偿地为纳税人提供纳税咨询服务。

第八条　纳税人、扣缴义务人有权向税务机关了解国家税收法律、行政法规的规定以及与纳税程序有关的情况。

纳税人、扣缴义务人有权要求税务机关为纳税人、扣缴义务人的情况保密。税务机关应当依法为纳税人、扣缴义务人的情况保密。

纳税人依法享有申请减税、免税、退税的权利。

纳税人、扣缴义务人对税务机关所作出的决定,享有陈述权、申辩权;依法享有申请行政复议、提起行政诉讼、请求国家赔偿等权利。

纳税人、扣缴义务人有权控告和检举税务机关、税务人员的违法违纪行为。

第九条　税务机关应当加强队伍建设,提高税务人员的政治业务素质。

税务机关、税务人员必须秉公执法,忠于职守,清正廉洁,礼貌待人,文明服务,尊重和保护纳税人、扣缴义务人的权利,依法接受监督。

税务人员不得索贿受贿、徇私舞弊、玩忽职守、不征或者少征应征税款;不得滥用职权多征税款或者故意刁难纳税人和扣缴义务人。

第十条　各级税务机关应当建立健全内部制约和监督管理制度。

上级税务机关应当对下级税务机关的执法活动依法进行监督。

各级税务机关应当对其工作人员执行法律、行政法规和廉洁自律准则的情况进行监督检查。

第十一条　税务机关负责征收、管理、稽查、行政复议的人员的职责应当明确,并相互分离、相互制约。

第十二条　税务人员征收税款和查处税收违法案件,与纳税人、扣缴义务人或者税收违法案件有利害关系的,应当回避。

第十三条　任何单位和个人都有权检举违反税收法律、行政法规的行为。收到检举的机关和负责查处的机关应当为检举人保密。税务机关应当按照规定对检举人给予奖励。

第十四条　本法所称税务机关是指各级税务局、税务分局、税务所和按照国务院规定设立的并向社会公告的税务机构。

第二章　税务管理

第一节　税务登记

第十五条　企业,企业在外地设立的分支机构和从事生产、经营的场所,个体工商户和从事生产、经营的事业单位(以下统称从事生产、经营的纳税人)自领取营业执照之日起三十日内,持有关证件,向税务机关申报办理税务登记。税务机关应当于收到申报的当日办理登记并发给税务登记证件。

工商行政管理机关应当将办理登记注册、核发营业执照的情况,定期向税务机关通报。

本条第一款规定以外的纳税人办理税务登记和扣缴义务人办理扣缴税款登记的范围和办法,由国务院规定。

第十六条　从事生产、经营的纳税人,税务登记内容发生变化的,自工商行政管理机关办理变更登记之日起三十日内或者在向工商行政管理机关申请办理注销登记之前,持有关证件向税务机关申报办理变更或者注销税务登记。

第十七条　从事生产、经营的纳税人应当按照国家有关规定,持税务登记证件,在银行或者其他金融机构开立基本存款账户和其他存款账户,并将其全部账号向税务机关报告。

银行和其他金融机构应当在从事生产、经营的纳税人的账户中登录税务登记证件号码,并在税务登记证件中登录从事生产、经营的纳税人的账户账号。

税务机关依法查询从事生产、经营的纳税人开立账户的情况时,有关银行和其他金融机构应当予以协助。

第十八条　纳税人按照国务院税务主管部门的规定使用税务登记证件。税务登记证件不得转借、涂改、损毁、买卖或者伪造。

第二节　账簿、凭证管理

第十九条　纳税人、扣缴义务人按照有关法律、行政法规和国务院财政、税务主管部门的规定设置账簿,根据合法、有效凭证记账,进行核算。

第二十条　从事生产、经营的纳税人的财务、会计制度或者财务、会计处理办法和会计核算软件,应当报送税务机关备案。

纳税人、扣缴义务人的财务、会计制度或者财务、会计处理办法与国务院或者国务院财政、税务主管部门有关税收的规定抵触的,依照国务院或者国务院财政、税务主管部门有关税收的规定计算应纳税款、代扣代缴和代收代缴税款。

第二十一条　税务机关是发票的主管机关,负责发票印制、领购、开具、取得、保管、缴销的管理和监督。

单位、个人在购销商品、提供或者接受经营服务以及从事其他经营活动中,应当按照规定开具、使用、取得发票。

发票的管理办法由国务院规定。

第二十二条　增值税专用发票由国务院税务主管部门指定的企业印制;其他发票,按照国务院税务主管部门的规定,分别由省、自治区、直辖市国家税务局、地方税务局指定企业印制。

未经前款规定的税务机关指定,不得印制发票。

第二十三条　国家根据税收征收管理的需要,积极推广使用税控装置。纳税人应当按照规定安装、使用税控装置,不得损毁或者擅自改动税控装置。

第二十四条　从事生产、经营的纳税人、扣缴义务人必须按照国务院财政、税务主管部门规定的保管期限保管账簿、记账凭证、完税凭证及其他有关资料。

账簿、记账凭证、完税凭证及其他有关资料不得伪造、变造或者擅自损毁。

第三节　纳税申报

第二十五条　纳税人必须依照法律、行政法规规定或者税务机关依照法律、行政法规的规定确定的申报期限、申报内容如实办理纳税申报,报送纳税申报表、财务会计报表以及税务机关根据实际需要要求纳税人报送的其他纳税资料。

扣缴义务人必须依照法律、行政法规规定或者税务机关依照法律、行政法规的规定确定的申报期限、申报内容如实报送代扣代缴、代收代缴税款报告表以及税务机关根据实际需要要求扣缴义务人报送的其他有关资料。

第二十六条　纳税人、扣缴义务人可以直接到税务机关办理纳税申报或者报送代扣代缴、代收代缴税款报告表，也可以按照规定采取邮寄、数据电文或者其他方式办理上述申报、报送事项。

第二十七条　纳税人、扣缴义务人不能按期办理纳税申报或者报送代扣代缴、代收代缴税款报告表的，经税务机关核准，可以延期申报。

经核准延期办理前款规定的申报、报送事项的，应当在纳税期内按照上期实际缴纳的税额或者税务机关核定的税额预缴税款，并在核准的延期内办理税款结算。

第三章　税款征收

第二十八条　税务机关依照法律、行政法规的规定征收税款，不得违反法律、行政法规的规定开征、停征、多征、少征、提前征收、延缓征收或者摊派税款。

农业税应纳税额按照法律、行政法规的规定核定。

第二十九条　除税务机关、税务人员以及经税务机关依照法律、行政法规委托的单位和人员外，任何单位和个人不得进行税款征收活动。

第三十条　扣缴义务人依照法律、行政法规的规定履行代扣、代收税款的义务。对法律、行政法规没有规定负有代扣、代收税款义务的单位和个人，税务机关不得要求其履行代扣、代收税款义务。

扣缴义务人依法履行代扣、代收税款义务时，纳税人不得拒绝。纳税人拒绝的，扣缴义务人应当及时报告税务机关处理。

税务机关按照规定付给扣缴义务人代扣、代收手续费。

第三十一条　纳税人、扣缴义务人按照法律、行政法规规定或者税务机关依照法律、行政法规的规定确定的期限，缴纳或者解缴税款。

纳税人因有特殊困难，不能按期缴纳税款的，经省、自治区、直辖市国家税务局、地方税务局批准，可以延期缴纳税款，但是最长不得超过三个月。

第三十二条　纳税人未按照规定期限缴纳税款的，扣缴义务人未按照规定期限解缴税款的，税务机关除责令限期缴纳外，从滞纳税款之日起，按日加收滞纳税款万分之五的滞纳金。

第三十三条　纳税人依照法律、行政法规的规定办理减税、免税。

地方各级人民政府、各级人民政府主管部门、单位和个人违反法律、行政法规规定，擅自作出的减税、免税决定无效，税务机关不得执行，并向上级税务机关报告。

第三十四条　税务机关征收税款时，必须给纳税人开具完税凭证。扣缴义务人代扣、代收税款时，纳税人要求扣缴义务人开具代扣、代收税款凭证的，扣缴义务人应当开具。

第三十五条　纳税人有下列情形之一的，税务机关有权核定其应纳税额：

（一）依照法律、行政法规的规定可以不设置账簿的；

（二）依照法律、行政法规的规定应当设置账簿但未设置的；

（三）擅自销毁账簿或者拒不提供纳税资料的；

（四）虽设置账簿，但账目混乱或者成本资料、收入凭证、费用凭证残缺不全，难以查账的；

（五）发生纳税义务，未按照规定的期限办理纳税申报，经税务机关责令限期申报，逾期仍不申报的；

（六）纳税人申报的计税依据明显偏低，又无正当理由的。

税务机关核定应纳税额的具体程序和方法由国务院税务主管部门规定。

第三十六条　企业或者外国企业在中国境内设立的从事生产、经营的机构、场所与其关联企业之间的业务往来，应当按照独立企业之间的业务往来收取或者支付价款、费用；不按照独立企业之间的业务往来收取或者支付价款、费用，而减少其应纳税的收入或者所得额的，税务机关有权进行合理调整。

第三十七条　对未按照规定办理税务登记的从事生产、经营的纳税人以及临时从事经营的纳税人，由税务机关核定其应纳税额，责令缴纳；不缴纳的，税务机关可以扣押其价值相当于应纳税款的商品、货物。扣押后缴纳应纳税款的，税务机关必须立即解除扣押，并归还所扣押的商品、货物；扣押后仍不缴纳应纳税款的，经县以上税务局（分局）局长批准，依法拍卖或者变卖所扣押的商品、货物，以拍卖或者变卖所得抵缴税款。

第三十八条　税务机关有根据认为从事生产、经营的纳税人有逃避纳税义务行为的，可以在规定的纳税期之前，责令限期缴纳应纳税款；在限期内发现纳税人有明显的转移、隐匿其应纳税的商品、货物以及其他财产或者应纳税的收入的迹象的，税务机关可以责成纳税人提供纳税担保。如果纳税人不能提供纳税担保，经县以上税务局（分局）局长批准，税务机关可以采取下列税收保全措施：

（一）书面通知纳税人开户银行或者其他金融机构冻结纳税人的金额相当于应纳税款的存款；

（二）扣押、查封纳税人的价值相当于应纳税款的商品、货物或者其他财产。

纳税人在前款规定的限期内缴纳税款的，税务机关必须立即解除税收保全措施；限期期满仍未缴纳税款的，经县以上税务局（分局）局长批准，税务机关可以书面通知纳税人开户银行或者其他金融机构从其冻结的存款中扣缴税款，或者依法拍卖或者变卖所扣押、查封的商品、货物或者其他财产，以拍卖或者变卖所得抵缴税款。

个人及其所扶养家属维持生活必需的住房和用品，不在税收保全措施的范围之内。

第三十九条　纳税人在限期内已缴纳税款，税务机关未立即解除税收保全措施，使纳税人的合法利益遭受损失的，税务机关应当承担赔偿责任。

第四十条　从事生产、经营的纳税人、扣缴义务人未按照规定的期限缴纳或者解缴税款，纳税担保人未按照规定的期限缴纳所担保的税款，由税务机关责令限期缴纳，逾期仍未缴纳的，经县以上税务局（分局）局长批准，税务机关可以采取下列强制执行措施：

（一）书面通知其开户银行或者其他金融机构从其存款中扣缴税款；

（二）扣押、查封、依法拍卖或者变卖其价值相当于应纳税款的商品、货物或者其他财产，以拍卖或者变卖所得抵缴税款。

税务机关采取强制执行措施时，对前款所列纳税人、扣缴义务人、纳税担保人未缴纳的滞纳金同时强制执行。

个人及其所扶养家属维持生活必需的住房和用品，不在强制执行措施的范围之内。

第四十一条　本法第三十七条、第三十八条、第四十条规定的采取税收保全措施、强制执行措施的权力,不得由法定的税务机关以外的单位和个人行使。

第四十二条　税务机关采取税收保全措施和强制执行措施必须依照法定权限和法定程序,不得查封、扣押纳税人个人及其所扶养家属维持生活必需的住房和用品。

第四十三条　税务机关滥用职权违法采取税收保全措施、强制执行措施,或者采取税收保全措施、强制执行措施不当,使纳税人、扣缴义务人或者纳税担保人的合法权益遭受损失的,应当依法承担赔偿责任。

第四十四条　欠缴税款的纳税人或者他的法定代表人需要出境的,应当在出境前向税务机关结清应纳税款、滞纳金或者提供担保。未结清税款、滞纳金,又不提供担保的,税务机关可以通知出境管理机关阻止其出境。

第四十五条　税务机关征收税款,税收优先于无担保债权,法律另有规定的除外;纳税人欠缴的税款发生在纳税人以其财产设定抵押、质押或者纳税人的财产被留置之前的,税收应当先于抵押权、质权、留置权执行。

纳税人欠缴税款,同时又被行政机关决定处以罚款、没收违法所得的,税收优先于罚款、没收违法所得。

税务机关应当对纳税人欠缴税款的情况定期予以公告。

第四十六条　纳税人有欠税情形而以其财产设定抵押、质押的,应当向抵押权人、质权人说明其欠税情况。抵押权人、质权人可以请求税务机关提供有关的欠税情况。

第四十七条　税务机关扣押商品、货物或者其他财产时,必须开付收据;查封商品、货物或者其他财产时,必须开付清单。

第四十八条　纳税人有合并、分立情形的,应当向税务机关报告,并依法缴清税款。纳税人合并时未缴清税款的,应当由合并后的纳税人继续履行未履行的纳税义务;纳税人分立时未缴清税款的,分立后的纳税人对未履行的纳税义务应当承担连带责任。

第四十九条　欠缴税款数额较大的纳税人在处分其不动产或者大额资产之前,应当向税务机关报告。

第五十条　欠缴税款的纳税人因怠于行使到期债权,或者放弃到期债权,或者无偿转让财产,或者以明显不合理的低价转让财产而受让人知道该情形,对国家税收造成损害的,税务机关可以依照《合同法》第七十三条、第七十四条的规定行使代位权、撤销权。

税务机关依照前款规定行使代位权、撤销权的,不免除欠缴税款的纳税人尚未履行的纳税义务和应承担的法律责任。

第五十一条　纳税人超过应纳税额缴纳的税款,税务机关发现后应当立即退还;纳税人自结算缴纳税款之日起三年内发现的,可以向税务机关要求退还多缴的税款并加算银行同期存款利息,税务机关及时查实后应当立即退还;涉及从国库中退库的,依照法律、行政法规有关国库管理的规定退还。

第五十二条　因税务机关的责任,致使纳税人、扣缴义务人未缴或者少缴税款的,税务机关在三年内可以要求纳税人、扣缴义务人补缴税款,但是不得加收滞纳金。

因纳税人、扣缴义务人计算错误等失误,未缴或者少缴税款的,税务机关在三年内可以追征税款、滞纳金;有特殊情况的,追征期可以延长到五年。

对偷税、抗税、骗税的,税务机关追征其未缴或者少缴的税款、滞纳金或者所骗取的税款,不受前款规定期限的限制。

第五十三条　国家税务局和地方税务局应当按照国家规定的税收征收管理范围和税款入库预算级次,将征收的税款缴入国库。

对审计机关、财政机关依法查出的税收违法行为,税务机关应当根据有关机关的决定、意见书,依法将应收的税款、滞纳金按照税款入库预算级次缴入国库,并将结果及时回复有关机关。

第四章　税务检查

第五十四条　税务机关有权进行下列税务检查:

(一)检查纳税人的账簿、记账凭证、报表和有关资料,检查扣缴义务人代扣代缴、代收代缴税款账簿、记账凭证和有关资料;

(二)到纳税人的生产、经营场所和货物存放地检查纳税人应纳税的商品、货物或者其他财产,检查扣缴义务人与代扣代缴、代收代缴税款有关的经营情况;

(三)责成纳税人、扣缴义务人提供与纳税或者代扣代缴、代收代缴税款有关的文件、证明材料和有关资料;

(四)询问纳税人、扣缴义务人与纳税或者代扣代缴、代收代缴税款有关的问题和情况;

(五)到车站、码头、机场、邮政企业及其分支机构检查纳税人托运、邮寄应纳税商品、货物或者其他财产的有关单据、凭证和有关资料;

(六)经县以上税务局(分局)局长批准,凭全国统一格式的检查存款账户许可证明,查询从事生产、经营的纳税人、扣缴义务人在银行或者其他金融机构的存款账户。税务机关在调查税收违法案件时,经设区的市、自治州以上税务局(分局)局长批准,可以查询案件涉嫌人员的储蓄存款。税务机关查询所获得的资料,不得用于税收以外的用途。

第五十五条　税务机关对从事生产、经营的纳税人以前纳税期的纳税情况依法进行税务检查时,发现纳税人有逃避纳税义务行为,并有明显的转移、隐匿其应纳税的商品、货物以及其他财产或者应纳税的收入的迹象的,可以按照本法规定的批准权限采取税收保全措施或者强制执行措施。

第五十六条　纳税人、扣缴义务人必须接受税务机关依法进行的税务检查,如实反映情况,提供有关资料,不得拒绝、隐瞒。

第五十七条　税务机关依法进行税务检查时,有权向有关单位和个人调查纳税人、扣缴义务人和其他当事人与纳税或者代扣代缴、代收代缴税款有关的情况,有关单位和个人有义务向税务机关如实提供有关资料及证明材料。

第五十八条　税务机关调查税务违法案件时,对与案件有关的情况和资料,可以记录、录音、录像、照相和复制。

第五十九条　税务机关派出的人员进行税务检查时,应当出示税务检查证和税务检查通知书,并有责任为被检查人保守秘密;未出示税务检查证和税务检查通知书的,被检查人有权拒绝检查。

第五章　法律责任

第六十条　纳税人有下列行为之一的,由税务机关责令限期改正,可以处二千元以下的罚款;情节严重的,处二千元以上一万元以下的罚款:

（一）未按照规定的期限申报办理税务登记、变更或者注销登记的；

（二）未按照规定设置、保管账簿或者保管记账凭证和有关资料的；

（三）未按照规定将财务、会计制度或者财务、会计处理办法和会计核算软件报送税务机关备查的；

（四）未按照规定将其全部银行账号向税务机关报告的；

（五）未按照规定安装、使用税控装置，或者损毁、擅自改动税控装置的。

纳税人不办理税务登记的，由税务机关责令限期改正；逾期不改正的，经税务机关提请，由工商行政管理机关吊销其营业执照。

纳税人未按照规定使用税务登记证件，或者转借、涂改、损毁、买卖、伪造税务登记证件的，处二千元以上一万元以下的罚款；情节严重的，处一万元以上五万元以下的罚款。

第六十一条　扣缴义务人未按照规定设置、保管代扣代缴、代收代缴税款账簿或者保管代扣代缴、代收代缴税款记账凭证及有关资料的，由税务机关责令限期改正，可以处二千元以下的罚款；情节严重的，处二千元以上五千元以下的罚款。

第六十二条　纳税人未按照规定的期限办理纳税申报和报送纳税资料的，或者扣缴义务人未按照规定的期限向税务机关报送代扣代缴、代收代缴税款报告表和有关资料的，由税务机关责令限期改正，可以处二千元以下的罚款；情节严重的，可以处二千元以上一万元以下的罚款。

第六十三条　纳税人伪造、变造、隐匿、擅自销毁账簿、记账凭证，或者在账簿上多列支出或者不列、少列收入，或者经税务机关通知申报而拒不申报或者进行虚假的纳税申报，不缴或者少缴应纳税款的，是偷税。对纳税人偷税的，由税务机关追缴其不缴或者少缴的税款、滞纳金，并处不缴或者少缴的税款百分之五十以上五倍以下的罚款；构成犯罪的，依法追究刑事责任。

扣缴义务人采取前款所列手段，不缴或者少缴已扣、已收税款，由税务机关追缴其不缴或者少缴的税款、滞纳金，并处不缴或者少缴的税款百分之五十以上五倍以下的罚款；构成犯罪的，依法追究刑事责任。

第六十四条　纳税人、扣缴义务人编造虚假计税依据的，由税务机关责令限期改正，并处五万元以下的罚款。

纳税人不进行纳税申报，不缴或者少缴应纳税款的，由税务机关追缴其不缴或者少缴的税款、滞纳金，并处不缴或者少缴的税款百分之五十以上五倍以下的罚款。

第六十五条　纳税人欠缴应纳税款，采取转移或者隐匿财产的手段，妨碍税务机关追缴欠缴的税款的，由税务机关追缴欠缴的税款、滞纳金，并处欠缴税款百分之五十以上五倍以下的罚款；构成犯罪的，依法追究刑事责任。

第六十六条　以假报出口或者其他欺骗手段，骗取国家出口退税款的，由税务机关追缴其骗取的退税款，并处骗取税款一倍以上五倍以下的罚款；构成犯罪的，依法追究刑事责任。

对骗取国家出口退税款的，税务机关可以在规定期间内停止为其办理出口退税。

第六十七条　以暴力、威胁方法拒不缴纳税款的，是抗税，除由税务机关追缴其拒缴的税款、滞纳金外，依法追究刑事责任。情节轻微，未构成犯罪的，由税务机关追缴其拒缴的税款、滞纳金，并处拒缴税款一倍以上五倍以下的罚款。

第六十八条　纳税人、扣缴义务人在规定期限内不缴或者少缴应纳或者应解缴的税款，经税务机关责令限期缴纳,逾期仍未缴纳的,税务机关除依照本法第四十条的规定采取强制执行措施追缴其不缴或者少缴的税款外,可以处不缴或者少缴的税款50％以上五倍以下的罚款。

第六十九条　扣缴义务人应扣未扣、应收而不收税款的,由税务机关向纳税人追缴税款,对扣缴义务人处应扣未扣、应收未收税款50％以上三倍以下的罚款。

第七十条　纳税人、扣缴义务人逃避、拒绝或者以其他方式阻挠税务机关检查的,由税务机关责令改正,可以处一万元以下的罚款;情节严重的,处一万元以上五万元以下的罚款。

第七十一条　违反本法第二十二条规定,非法印制发票的,由税务机关销毁非法印制的发票,没收违法所得和作案工具,并处一万元以上五万元以下的罚款;构成犯罪的,依法追究刑事责任。

第七十二条　从事生产、经营的纳税人、扣缴义务人有本法规定的税收违法行为,拒不接受税务机关处理的,税务机关可以收缴其发票或者停止向其发售发票。

第七十三条　纳税人、扣缴义务人的开户银行或者其他金融机构拒绝接受税务机关依法检查纳税人、扣缴义务人存款账户,或者拒绝执行税务机关作出的冻结存款或者扣缴税款的决定,或者在接到税务机关的书面通知后帮助纳税人、扣缴义务人转移存款,造成税款流失的,由税务机关处十万元以上五十万元以下的罚款,对直接负责的主管人员和其他直接责任人员处一千元以上一万元以下的罚款。

第七十四条　本法规定的行政处罚,罚款额在二千元以下的,可以由税务所决定。

第七十五条　税务机关和司法机关的涉税罚没收入,应当按照税款入库预算级次上缴国库。

第七十六条　税务机关违反规定擅自改变税收征收管理范围和税款入库预算级次的,责令限期改正,对直接负责的主管人员和其他直接责任人员依法给予降级或者撤职的行政处分。

第七十七条　纳税人、扣缴义务人有本法第六十三条、第六十五条、第六十六条、第六十七条、第七十一条规定的行为涉嫌犯罪的,税务机关应当依法移交司法机关追究刑事责任。

税务人员徇私舞弊,对依法应当移交司法机关追究刑事责任的不移交,情节严重的,依法追究刑事责任。

第七十八条　未经税务机关依法委托征收税款的,责令退还收取的财物,依法给予行政处分或者行政处罚;致使他人合法权益受到损失的,依法承担赔偿责任;构成犯罪的,依法追究刑事责任。

第七十九条　税务机关、税务人员查封、扣押纳税人个人及其所扶养家属维持生活必需的住房和用品的,责令退还,依法给予行政处分;构成犯罪的,依法追究刑事责任。

第八十条　税务人员与纳税人、扣缴义务人勾结,唆使或者协助纳税人、扣缴义务人有本法第六十三条、第六十五条、第六十六条规定的行为,构成犯罪的,依法追究刑事责任;尚不构成犯罪的,依法给予行政处分。

第八十一条　税务人员利用职务上的便利,收受或者索取纳税人、扣缴义务人财物或者谋取其他不正当利益,构成犯罪的,依法追究刑事责任;尚不构成犯罪的,依法给予行政处分。

第八十二条　税务人员徇私舞弊或者玩忽职守,不征或者少征应征税款,致使国家税收遭受重大损失,构成犯罪的,依法追究刑事责任;尚不构成犯罪的,依法给予行政处分。

税务人员滥用职权,故意刁难纳税人、扣缴义务人的,调离税收工作岗位,并依法给予行政处分。

税务人员对控告、检举税收违法违纪行为的纳税人、扣缴义务人以及其他检举人进行打击报复的,依法给予行政处分;构成犯罪的,依法追究刑事责任。

税务人员违反法律、行政法规的规定,故意高估或者低估农业税计税产量,致使多征或者少征税款,侵犯农民合法权益或者损害国家利益,构成犯罪的,依法追究刑事责任;尚不构成犯罪的,依法给予行政处分。

第八十三条　违反法律、行政法规的规定提前征收、延缓征收或者摊派税款的,由其上级机关或者行政监察机关责令改正,对直接负责的主管人员和其他直接责任人员依法给予行政处分。

第八十四条　违反法律、行政法规的规定,擅自作出税收的开征、停征或者减税、免税、退税、补税以及其他同税收法律、行政法规相抵触的决定的,除依照本法规定撤销其擅自作出的决定外,补征应征未征税款,退还不应征收而征收的税款,并由上级机关追究直接负责的主管人员和其他直接责任人员的行政责任;构成犯罪的,依法追究刑事责任。

第八十五条　税务人员在征收税款或者查处税收违法案件时,未按照本法规定进行回避的,对直接负责的主管人员和其他直接责任人员,依法给予行政处分。

第八十六条　违反税收法律、行政法规应当给予行政处罚的行为,在五年内未被发现的,不再给予行政处罚。

第八十七条　未按照本法规定为纳税人、扣缴义务人、检举人保密的,对直接负责的主管人员和其他直接责任人员,由所在单位或者有关单位依法给予行政处分。

第八十八条　纳税人、扣缴义务人、纳税担保人同税务机关在纳税上发生争议时,必须先依照税务机关的纳税决定缴纳或者解缴税款及滞纳金或者提供相应的担保,然后可以依法申请行政复议;对行政复议决定不服的,可以依法向人民法院起诉。

当事人对税务机关的处罚决定、强制执行措施或者税收保全措施不服的,可以依法申请行政复议,也可以依法向人民法院起诉。

当事人对税务机关的处罚决定逾期不申请行政复议也不向人民法院起诉、又不履行的,作出处罚决定的税务机关可以采取本法第四十条规定的强制执行措施,或者申请人民法院强制执行。

第六章　附则

第八十九条　纳税人、扣缴义务人可以委托税务代理人代为办理税务事宜。

第九十条　耕地占用税、契税、农业税、牧业税征收管理的具体办法,由国务院另行制定。关税及海关代征税收的征收管理,依照法律、行政法规的有关规定执行。

第九十一条　中华人民共和国同外国缔结的有关税收的条约、协定同本法有不同规定的,依照条约、协定的规定办理。

第九十二条　本法施行前颁布的税收法律与本法有不同规定的,适用本法规定。

第九十三条　国务院根据本法制定实施细则。

第九十四条　本法自 2001 年 5 月 1 日起施行。

主要参考文献

[1] 李平,刘芳主编. 财经法规与会计职业道德. 南京:南京大学出版社,2012.

[2] 会计从业资格考试辅导教材编写组. 财经法规与会计职业道德. 北京:清华大学出版社,2012.

[3] 全国人大常委会法制工作委员会审定. 中华人民共和国现行会计法律法规汇编. 上海:立信会计出版社,2015.

[4] 温璿,徐悦,苏效圣主编. 会计实务. 重庆:重庆大学出版社,2016.